HOW SHOULD
WE THEN LIVE?

프랜시스 쉐퍼 지음
김기찬 옮김

그러면 우리는
어떻게 살 것인가

서구 사상과 문화의 부흥과 쇠퇴
THE RISE AND DECLINE OF WESTERN THOUGHT AND CULTURE

생명의말씀사

HOW SHOULD WE THEN LIVE?
by Francis A. Schaeffer

Copyright ⓒ 1976 by Francis A. Schaeffer
Originally published in English under the title
How Should We Then Live?
by Fleming H. Revell, a division of Baker Book Publishing Group,
Grand Rapids, Michigan 49516 U.S.A.
All rights reserved.

Korean Edition published by Word of Life Press, Seoul, 1984, 1993, 1995, 2018.
Translated and published by permission.
Printed in Korea.

그러면 우리는
어떻게 살 것인가

ⓒ 생명의말씀사 1984, 1993, 1995, 2018

1984년 2월 10일 1판 1쇄 발행
1991년 3월 25일   7쇄 발행
1993년 6월 30일 2판 1쇄 발행
1994년 5월 30일   3쇄 발행
1995년 10월 15일 3판 1쇄 발행
2006년 11월 25일   12쇄 발행
2018년 11월 7일 4판 1쇄 발행
2024년 2월 8일   5쇄 발행

펴낸이 | 김창영
펴낸곳 | 생명의말씀사

등록 | 1962. 1. 10. No.300-1962-1
주소 | 서울시 종로구 경희궁1길 6 (03176)
전화 | 02)738-6555(본사) · 02)3159-7979(영업)
팩스 | 02)739-3824(본사) · 080-022-8585(영업)

기획편집 | 태현주, 이은정
디자인 | 조현진
인쇄 | 예원프린팅
제본 | 다인바인텍

ISBN 978-89-04-04057-5 (04230)
ISBN 978-89-04-18028-8 (전22권)

저작권자의 허락없이 이 책의 일부 또는 전체를
무단 복제, 전재, 발췌하면 저작권법에 의해 처벌을 받습니다.

그러면 우리는
어떻게 살 것인가

HOW SHOULD
WE THEN LIVE?

역자 서문

쉐퍼(Francis A. Schaeffer, 1912-1984) 박사는 이 책에서 자신이 속한 시대의 사회와 문화를 기독교적 관점에서 조망하여 그 문제점과 해결책을 제시하고 있다. 따라서 그는 서양 사회와 문화의 중심을 기독교로 생각한다. 로마 사회를 맨 처음 다룬 것도 실은 로마 사회에 기독교가 생겼기 때문이다. 그리고 중세 사회는 말할 것도 없고, 중세 교회가 성경을 왜곡함으로 중세가 끝나게 되었을 때에도 '성경적 진리로 돌아감'을 해결책으로 제시하는 데서도 역시 그의 사관(史觀)은 기독교를 맴돌고 있다.

그러나 그의 기독교적 사관은 단순히 기독교 교회가 사회와 문화를 장악해야 한다는 것을 목적으로 삼지 않고, 성경의 진리 즉 무한한 인격신이신 하나님이 계시며 그가 자기 형상으로 사람을 만드셨으며 자신과 세계에 대하여 명제로 된 계시를 사람에게 전달하셨다는 진리가 문화와 사회의 참된 기초가 되어야 한다는 것을 목적으로 삼는다.

그런 의미에서 그는 로마 사회의 세계관을 기독교 세계관과 비교하고서 그 취약한 기반 때문에 로마 사회는 무너졌다고 지적한다. 그리고 중세는 성경적 진리를 따르지 않고 그리스의 세계관에 영향을 입어 자연과 은총을 대립시킴으로써 결국 사회와 문화의 해결책을 얻지 못하여 무너졌다고 한다. 따라서 서양은 중세가 끝날 즈음에 다시금 성경의 진리로 돌아갈 수 있는 기회

곧 종교 개혁을 맞이했으나, 역사의 큰 흐름은 인본주의의 등장으로 정반대 방향으로 흘러가고 말았다고 그는 지적한다. 이 인본주의는 오직 인간만을 출발점으로 삼아 그 터 위에서 체계를 구성하려 했다. 그러나 서양 사회는 결국 이 취약한 기반으로 말미암아, 사람들은 번영과 개인적 평안을 위해 자신의 참된 자유를 포기한 반면에, 엘리트들은 조작을 통하여 사람들을 교묘히 달래면서 그들을 끝 간 데 없이 비인간화하기에 이르게 되었다. 이것이 쉐퍼가 지적한 서양 문화의 현주소이다. 여기서 쉐퍼는 이 난국에서 벗어나는 길은 기독교의 참된 진리로 돌아가는 길밖에 없음을 역설하면서 끝을 맺는다.

참된 기독교인이라면 쉐퍼의 이 책을 읽어야 한다고 생각한다. 그의 역사를 보는 안목이나 기독교인의 진정한 생활에 대한 통찰 등은 그냥 지나칠 수 없는 역사적 기독교의 유산이라 할 것이다.

이 책이 번역되어 나오기까지 김원주 선생과 양성만 선생이 교열과 수정을 맡아 주셨다. 그리고 각 장 끝에 실은 연구 문제는 역자와 임일택 두 사람이 작성한 것을 양성만 선생이 추리고 수정한 것이다. 이 책이 나오도록 수고하신 모든 분들께 감사를 드린다.

김기찬

저자의 감사글

1974년 7월, 나의 아들 프랭키(Franky)가 한 가지 제안을 했다. 그것은 그와 다른 사람들과 내가 힘을 합하여 시간과 경비와 정력을 쏟는다면 하나의 중요한 문화적이며 역사적인 일련의 기록 영화와 책을 만들어 낼 수 있을 것이라는 제안이었다.

지난 40여 년간에 걸쳐, 내가 서양 사상과 문화에 기초를 두고 연구했던 것을 이용해서, 우리는 20세기의 사상을 낳은 흐름과 발전 과정을 소개하는 시도를 할 수 있을 것이다. 그렇게 함으로써 본질적인 문제들을 파헤칠 수 있을 것이라고 기대했다. 심사숙고한 끝에 우리가 이 작업을 해야 할 책임이 있다고 생각하였다.

우선 빌리 지올리(Billy Zeoli)에게 이 계획의 가능성에 대한 즉각적인 동의와 꾸준한 후원과 지지에 감사를 드린다.

나는 먼저 영화 대본과 책을 위해 기본 교재를 썼다. 이 기본 교재는 두 가지 계획으로 구분된다. 첫째는 영화 대본이요, 둘째는 그것의 증보판인 이 책이다. 물론 이 책은 완전한 기본 교재로 이용할 수 있고, 일련의 긴 영화가 시간 제약으로 다룰 수 없는 구체적인 자료들을 제공할 수도 있다.

그러나 성공적인 책과 영화 장면을 만들기 위해서는 주의 깊은 연구가 필요했다. 역사 부분의 연구에 책임을 지고 이 책의 기본적인 부분과 참고 문헌 등을 작성하기 위해 수많은 시간을 할애해 주신 제레미 잭슨(Jeremy Jackson) 박사에게 심심한 감사를 드린다. 그의 도움과 제안들은 계속적인 격려의 원천이 되었다.

라브리 펠로십(L'Abri Fellowship)에서의 오랜 동역자이며 암스테르담 자유 대학교 미술사 교수이기도 한 로크마커르(H. R. Rookmaaker) 박사가 미술 분야 연구의 책임을 맡아 주셨다. 미술사에 대한 그의 전문적 지식과 이 계획에 대한 끊임없는 관심은 이 책과 영화를 만드는 데 매우 귀중한 것이었다.

충실한 친구요 후원자인 제인 스튜어트 스미스(Jane Stuart Smith)가 음악 부문에 헌신해 준 것에 대해 고맙게 생각한다. 음악에 대한 제인의 조예는 매우 귀중한 것이었다.

쉽게 분류할 수 없는 여러 분야에 대해 많은 연구가 필요했다. 존 바질턴(John Basilton)과 샌드라 바질턴(Sandra Basilton)이 일반 문화 분야를 연구해 준 데 대해서 심심한 사의를 표한다. 그들의 제안은 종종 많은 주제들을 명백히 구분할 수 있게 해주었다.

이러한 기본적인 연구 책임자들 외에도 계속적으로 수정되는 본문을 타자하고 교정하는 일, 영화에 관련된 수천 가지의 세부적인 일 등 너무 많아서 일일이 언급하기조차 힘든 많은 일들을 위해 수많은 사람들이 이 연구의 각 분야에 참여했다. 그들의 시간과 노력은 많은 보탬이 되었고, 그래서 그들 모두에게 감사하고자 한다.

이전과 마찬가지로 제임스 사이어(James W. Sire)는 책 본문 편집에 많은 도움을 주었다. 그에게도 심심한 감사를 표한다.

레벨(Fleming H. Revell) 출판사 사람들과 함께 일하는 것은 기쁜 일이었고, 특히 즐거웠던 것은 빌 바버(Bill Barbour)와 리처드 발첼(Richard Baltzell)의 우정과 도움이었다. 발첼은 책의 마지막 편집에 심혈을 기울였고, 또한 원고의 최종적인 교정에 많은 도움을 주었다. 우도 미델맨(Udo Middelmann), 제레미 잭슨(Jeremy Jackson), 프랭키 쉐퍼(Franky Schaeffer)도 최종적으로 정밀하게 교정하는 데 큰 도움을 주었다.

이 계획을 수행하는 2년 동안 늘어난 업무량을 감당해야 했던 라브리 펠로십 동역자들에게도 심심한 감사를 표하고자 한다. 왜냐하면 정신적인 도움 외에도 그들은 종종 아주 실질적인 도움을 주었기 때문이다.

나의 아내 이디스(Edith)에게 감사의 말을 하지 않고는 인사말을 끝낼 수 없을 것 같다. 아내는 내가 글을 쓰고 필름을 만드는 긴장된 기간 내내 말로 표현할 수 없을 만큼 잘 참고 견디었다. 아내의 계속적인 격려가 없었다면, 이 계획을 끝까지 해낼 수 없었을 것이다.

이상에 언급된 사람들의 노고와 비전은 이 책과 영화가 우리의 시대에 가져올 더 나은 구체적인 변화를 봄으로써 보상받게 될 것을 확신한다.

프랜시스 쉐퍼

저자의 노트

 이 책을 서구 문화의 완전한 연대기적 역사로 만들려는 뜻은 전혀 없다. 그런 책을 쓸 수 있을지도 의문이다. 하지만 이 책은 오늘날 우리 문화를 만들어 낸 역사의 중요한 시기와 그 시기가 있도록 한 사람들의 사상을 분석한 것이다. 이 연구는 우리 시대의 주요한 특성들을 조망해 보고 20세기 말을 향하여 나아가는 우리가 직면한 무수한 문제의 해답을 찾으려는 소망 가운데 이루어졌다.

목차

역자 서문　04
저자의 감사글　06
저자의 노트　11
화보 목록　18

제1장 고대 로마　25

역사와 문화의 흐름과 세계관 | 서구 세계의 원조, 로마 문명 | 신, 인간이 확대된 존재 | 공인된 독재 | 로마 문화를 이긴 기독교 세계관 | 로마 제국의 팽창 | 기독교인들이 핍박받은 이유 | 붕괴를 가져온 허약한 기반

제2장 중세　43

생동감 넘치는 초기 기독교 예술 | 비실재적 양식화 | 인본주의로 인한 초기 기독교의 왜곡 | 세상에 있으나 세상의 것이 아닌 | 물질 소유에 대한 대조적 사고 | 노동과 경제에 대한 가르침 | 선한 정부와 악한 정부 | 교회 권력과 국가 권력 | 중세의 기독교 사상과 고전 문화의 유산 | 카롤링거 왕조 문화 예술의 번영 | 중세 시대의 교회 음악과 세속 음악 | 대성당의 시대, 로마네스크 양식에서 고딕 양식까지 | 르네상스의 배경과 개념 | 토마스 아퀴나스의 인간관 | 자연 대 은총 | 르네상스가 가져온 왜곡에 대한 반발

제3장 르네상스   79

자연에 대한 사실적 묘사 | 문학에 나타난 자연 대 은총의 문제 | 전문적 인본주의자들의 등장 | 그리스와 로마의 고전을 향한 열정 | 고전 양식의 건축 | 공간을 표현하는 새로운 기법 | 빛과 공기를 그린 북유럽의 거장 화가들 | 제단 위에 살아 서 계신 그리스도 | 북유럽 르네상스가 남유럽 음악에 끼친 영향 | 자율적 사물에 대한 인본주의적 강조 | 스스로 바위에서 떨어져 나오려 한 인간들 | 비길 바 없이 위대한 이상적 인간 | 만능 르네상스인의 화신 | 플라톤에 대한 관심의 증가 | 인본주의적 기반에서는 그릴 수 없는 보편자

제4장 종교 개혁 I   111

종교 개혁의 선구자들 | 교회 문에 붙인 95개조의 반박문 | 동일한 문제에 대한 전혀 다른 두 가지 해답 | 오직 성경 | 인본주의가 스며들어 오는 방식 | 성경과 초대 교회의 가르침으로의 복귀 | 인간에 대한 참된 지식 | 하나님께 이르는 유일한 길 | 종교 개혁과 가시적 상징들 | 종교 개혁의 문화적 결과들 | 주께만 영광이 있을지어다 | 이후로 누가 복음을 그토록 분명히 선포하리이까 | 종교 개혁의 흐름에 따른 예술가, 뒤러 | 종교 개혁 시대 예술에 대한 오해 | 네덜란드의 종교 개혁 화가, 렘브란트 | 제자리로 돌아간 자연과 위엄 있고 아름다운 삶

제5장 종교 개혁 II   147

혼란하지 않은 자유를 누릴 수 있는 기회 | 정의는 백성을 영화롭게 한다 | 종교 개혁자들의 입헌주의적 사상 | 법이 곧 왕이다 | 성경의 가르침에 근거한 기초 | 정치적 견제와 균형에 기여한 종교 개혁 | 인종에 대한 왜곡된 견해 | 자비심 없이 사용된 부 | 교회의 침묵에 대한 비판 | 사회를 위한 교회와 기독교인들의 목소리

제6장 계몽주의   169

기독교적 사고에 기반한 정치 개혁과 인본주의적 계몽주의에 입각한 정치 개혁 | 진보에 대한 낭만적 기대 | 확실한 기반 없는 이상의 비극 | 기독교의 회복에 영향을 받지 않은 나라의 정치적 운명 | 유물론적 공산주의 개혁의 허점 | 개인 도덕과 정치 생활에 있어서의 기준

제7장 근대 과학의 발흥   185

근대 과학의 등장 | 아리스토텔레스 식 과학으로부터의 탈출 | 과학 혁명이 발생한 시기 | 기독교는 과학의 어머니 | 합리적이며 이성적인 창조주가 지으신 세계 | 근대 과학 탄생에 영향을 끼친 기독교적 요인 | 이유에 대해 의문이 없는 과학자 | 인간의 특수한 존재성에 대한 인식 | 성경이 말하는 곳에서 말하며 성경이 침묵하는 곳에서 침묵한다 | 질서 잡힌 우주라는 개념에 대한 평가 | 기독교적 기반의 세계관의 결과들 | 열린 체계에서의 자연 원인들의 제일성

제8장   철학과 과학에서의 붕괴   207

통일과 의미의 최종적 권위, 절대자 | 현대 이전 비기독교 철학자들의 공유점 | 닫힌 체계에서의 자연 원인의 제일성이라는 개념으로의 변화 | 유물론적 세계관에 대한 수용 | 가치와 의미와 본래의 인간의 죽음 | 시간과 우연이 생물학적 복잡성을 만들 수 있다는 문제 | 사회적 다윈주의로의 발전과 그 결과 | 낙관론적이었던 이전의 철학적 견해들 | 비관론적 견해로의 변화 | 인본주의의 새로운 형식 | 루소의 자율적 자유 개념 | 보헤미안적 이상 | 모든 창조물은 자연의 가슴에서 즐거움에 도취되도다 | 자연을 도덕의 기초로 삼으려는 시도의 문제 | 현상계와 본체계의 단절 | 변증법적으로 전개되는 우주와 인간의 우주 이해 | 비이성의 영역에 놓인 낙관론 | 만물은 우연의 산물이라는 현대의 개념 | 모든 것이 어디에서 시작되었는가 | 비이성적인 상층부로의 도약

제9장   현대 철학과 현대 신학   245

실존주의 철학자들이 비이성의 영역에 두었던 것들 | 이성이 배제된 체험의 공허함 | 비이성의 영역에서 의미를 발견하려는 노력 | 공공연한 약물 사용 권장 | 존재한다는 사실이 의미를 준다 | 신비주의로의 침잠 | 이분법적인 실존주의적 방법론 | 종교적 자유주의 | 초자연적 요소를 제거한 역사적 예수 연구 | 신학에 적용된 실존주의적 방법론 | 신정통주의 실존주의 신학의 등장 | 역사적 상황과 단절된 자의적 선언 | 인격적 하나님이 없으면 모든 것은 죽은 것이다

제10장　현대의 미술, 음악, 문학 그리고 영화　271

세계 도처에 전파된 현대의 비관론과 파편화 현상 | 내가 보고 있는 것에 의미가 있는가 | 절대로 되돌아가려는 시도 | 그림에 나타난 파편화 현상 | 폐허가 된 세계에 대한 예언 | 부조리한 인생으로 인도하는 파편화된 실재 | 파편화된 실재에 대한 미술적 표현 | 인간은 왜 살아남으려고 애쓰는가 | 영속적 변화와 미해결의 노선을 따르는 음악 | 우연에 의한 음악 | 자연의 흐름에 적합한 예술과 우주에 일치하지 않는 예술 | 시로 표현된 파편화된 메시지 | 실증주의 철학의 등장과 실패 | 사회학적 과학으로의 이동 | 실존주의와 언어 분석 | 비이성 영역에서의 삶에 관한 영상들 | 침묵뿐인 우주 | 인간 존재의 거룩한 부분

제11장　우리의 사회　305

개인적 평안과 풍요라는 빈약한 가치 | 환각제에 의존한 유토피아적 망상 | 자유 연설 운동 | 약물 문화의 절정과 몰락 | 무관심과 보다 깊은 전략 | 무법한 편의주의의 원인과 비극적 결과 | 마르크스-레닌주의에 대한 비이성 영역으로의 도약 | 유물론적 기반에 서 있는 체계의 위험성 | 절대가 없다는 원칙보다 더 확실한 것은 없다 | 자연에서 기반을 찾으려는 노력의 허점 | 사회학적 선에 대한 자의적 판결 | 태아에 대한 미국 연방 대법원의 결정 | 낙태 합법화 판결의 의학적 자의적 성격 | 낙태 합법화 판결의 법률적 자의적 성격 | 태어나지 않은 아이들에 대한 비인격적 선언 | 기독교적 합의를 대신한 사회학적 대안 | 엘리트에 의한 권위주의적 자의적 절대 기준 | 인본주의의 파괴적 욕망 | 쇠퇴와 멸망의 징조

제12장   조작과 새로운 엘리트   341

권위주의 정부의 조작 기술 | 심리학적 조작 기술 | 현대 결정론자들의 실제적 결과 | 인간은 조작되고 통제될 수 있다 | 비인격적 우주의 인격화 | 혁명적 주제로서의 생물학 | 선택이냐 우연이냐 | 조작에 대한 저항의 붕괴 | 자의적 가치 선택의 문제 | 화학적 조작 기술 | 조작 기술의 도약적 발전 | 잠재 의식적 조작 기술 | 편집된 영상에 의한 조작 | 조작의 수단으로서의 대중 매체 | 컴퓨터의 조작적 능력 | 통제와 조작의 범위와 한계 | 자유를 파괴하는 질서를 향한 열망

제13장   대안   371

현대인에게 가해지는 압박들 | 시대의 규칙이 된 권위주의 | 절대 원칙과 혼돈 없는 자유의 붕괴 | 왕을 저울에 달아 보니 부족함이 보였다 함이요 | 현대의 위기 상황에 대한 두 가지 대안 | 그리스 로마 세계관의 불충분성 | 유일한 희망, 혼돈에 이르지 않는 기독교적 기반

특별한 노트   386
참고 문헌   392

화보 목록

최고 신관의 복장을 한 아우구스투스.
『멍에문 아래로 지나가는 로마 군사들』, 샤를 글레르 作.
'죽어 가는 갈라티아인'이라고 불리기도 하는 조각상, 『검투사』.
로마 소재 콘스탄티누스 개선문 남쪽 면 부조.
폼페이의 유적.
로마 소재 카타콤의 프레스코화들.
하기아소피아 대성당에 그려진 전형적인 비잔틴 모자이크 벽화 중의 하나.
피렌체 대성당(산타마리아델피오레 대성당) 부속 조토 디 본도네 종탑에 새겨진 부조물들.
『선한 정부와 악한 정부의 풍유』, 암브로조 로렌체티 作.
카롤링거 왕조 시대 『로르슈 복음서』의 상아 조각품 장정 표지.
성무일도(聖務日禱) 성가집에 그려진 교황 그레고리우스 1세.
11세기 말에서 13세기 말 사이에 남부 프랑스에서 번성한 음유 시인 트루바두르.
런던 탑 화이트타워의 세인트존 예배당.
영국 잉글랜드 더럼에 소재한 더럼 대성당.
프랑스 생드니 대수도원과 샤르트르 대성당.
중세 기독교의 대표적 신학자이자 스콜라 철학자, 토마스 아퀴나스.
『아테네 학당』, 라파엘로 作.
『최후의 심판』, 조토 디 본도네 作.
『단테와 신곡』, 도메니코 디 미켈리노 作.
14세기 르네상스의 문학적 지평을 연 이탈리아의 위대한 시인, 단테.
피렌체 대성당(산타마리아델피오레 대성당)과 종탑.
건축가 레온 바티스타 알베르티의 자화상.
『어린양 경배』, 후베르트 반 에이크, 얀 반 에이크 형제 作.

『천사들에 둘러싸인 동정녀와 아기 예수』, 일명 『붉은 동정녀』, 장 푸케 作.
『포로들』 연작, 미켈란젤로 作.
『다비드』, 미켈란젤로 作.
르네상스인의 화신, 레오나르도 다 빈치의 스케치들.
미켈란젤로의 시스티나 성당 천장화 부분, '델포이의 무녀(巫女)'와 '선지자 예레미야'.
칼빈 탄생 400주년을 맞아 설치된 제네바 종교 개혁 기념비.
스위스 뇌샤텔에 소재한 기욤 파렐의 조각상.
루카스 크라나흐가 그린 마르틴 루터, 루터의 아내, 루터의 부친과 모친.
독일 아른슈타트 바흐 교회의 오르간.
오르간을 연주하는 요한 제바스티안 바흐.
알브레히트 뒤러의 『부엉이』와 『코뿔소』.
『십자가를 올림』, 렘브란트 作.
네덜란드의 종교 개혁 화가, 렘브란트의 동판화들.
17세기 네덜란드 정물화의 대가, 피터르 클라스의 정물화들.
『정의는 백성을 영화롭게 한다』, 폴 로버트 作.
미국 펜실베이니아주 필라델피아에 소재한 미국 독립 기념관.
『군주론』을 저술한 니콜로 마키아벨리와 『군주론』에서 이상적인 군주로 꼽힌 체사레 보르자.
산업 혁명 시대의 수력과 증기력.
산업 혁명 당시 방직 공장의 풍경.
노예 해방 운동에 헌신한 영국의 양심, 윌리엄 윌버포스.
『테니스 코트의 서약』, 자크-루이 다비드 作.
단두대 처형.
단두대의 공포를 그린 상징적인 판화 『신랄한 형상들』.

1961년에 세워진 베를린 장벽.
『천문학자 코페르니쿠스 또는 하나님과의 대화』, 얀 마테이코 作.
『종교 재판에 회부된 갈릴레오 갈릴레이』, 크리스티아노 반티 作.
기호 논리학의 대가, 앨프레드 노스 화이트헤드.
원자 폭탄 개발 계획에 참여했던 이론 물리학자, 로버트 오펜하이머.
근대 과학의 기초자들, 아이작 뉴턴과 블레즈 파스칼.
공개 실험을 하는 마이클 패러데이.
다수의 실험으로 전자기학 이해에 크게 공헌한 마이클 패러데이.
케네디 우주 센터.
프랑스의 실존주의 철학자, 장-폴 사르트르와 그와 계약 결혼 관계였던 작가, 시몬 드 보부아르.
독일의 작곡가이자 지휘자, 리하르트 바그너.
바이에른 왕국의 국왕이자 바그너의 열렬한 숭배자였던 루트비히 2세.
현대 진화론의 창시자, 찰스 다윈.
국가 사회주의 독일 노동당(나치스) 총통을 지낸 아돌프 히틀러.
프랑스 페르네의 볼테르 저택에 소재한 볼테르와 루소의 조각상.
볼테르 저택 전경.
『캄파냐에서의 괴테』, 요한 하인리히 빌헬름 티슈바인 作.
『우리는 어디서 왔는가? 우리는 무엇인가? 우리는 어디로 가는가?』, 폴 고갱 作.
실존주의 철학의 선구자로 평가받는 덴마크의 철학자이자 신학자, 쇠렌 키에르케고르.
독일 실존 철학의 대표자, 카를 야스퍼스.
'행동하는 지식인'으로 불린 프랑스의 작가이자 정치가, 앙드레 말로.
『최후의 만찬』, 살바도르 달리 作.
탐욕스럽고 파괴적인 힌두교 여신 칼리.

실존주의 철학을 선도한 독일의 철학자이자 시인, 프리드리히 니체.
『해돋이 무렵, 지베르니의 포플러』, 클로드 모네 作.
『목욕하는 사람들』, 폴 세잔 作.
『아비뇽의 여인들』, 파블로 피카소 作.
『계단을 내려오는 나부(裸婦)』, 마르셀 뒤샹 作.
『기성품』, 일명 『자전거 바퀴』, 마르셀 뒤샹 作.
『수렵』, 잭슨 폴록 作.
인상파 음악을 창시한 클로드 드뷔시.
영국의 항공기 설계가 아치볼드 러셀.
1969년, 아치볼드 러셀이 설계한 콩코드 여객기 1호기의 첫 출항.
영화 『확대』, 『늑대의 시간들』, 『침묵』의 포스터.
우드스톡 개막일 풍경.
1974년 서독 쾰른에서의 알렉산드르 솔제니친.
좌절된 프라하의 봄.
1956년 헝가리 반소(反蘇) 항쟁 때 체포된 여의사 토트 일로나의 재판 광경.
미국 연방 대법원 대법관을 지낸 법사상가 올리버 웬들 홈스 2세.
미국 워싱턴시에 소재한 미국 연방 대법원 건물.
1970년대 미국, 여성의 낙태권 보장을 촉구하는 여성들.
문화 전반에 큰 영향을 끼친 『로마 제국 쇠망사』를 쓴 영국의 역사가, 에드워드 기번.
'사디즘'이라는 용어를 낳은 프랑스의 작가이자 사상가, 사드 후작.
1962년 노벨상 시상식에 참석한 모리스 윌킨스, 제임스 왓슨, 프랜시스 크릭.
DNA 이중 나선 구조를 규명한 제임스 왓슨과 프랜시스 크릭.
로마 공화정을 제정으로 바꾼 로마 제국 제1대 황제, 아우구스투스.

역사와 문화에는 어떤 흐름이 있다. 이 흐름은 사람들의 사상 속에 뿌리박고 있으며, 거기에 원천을 두고 있다. 사람은 마음의 내면 생활이 있다는 점에서 독특하다. 즉 그들의 사상 세계가 그들의 행동 방식을 결정한다. 이 사실은 그들의 가치 체계에서도, 그들의 창조성에서도 그렇다. 정치적 결정과 같은 단체 행동에서도, 그들의 개인 생활에서도 마찬가지이다. 그들의 사상 세계의 결과들은 그들의 손가락을 통해서 또는 그들의 입을 통해서 외부 세계로 흘러간다. 이 점은 미켈란젤로의 끌에도 마찬가지이며 독재자의 칼에도 마찬가지이다. 사람들은 전제를 가지고 있는데, 스스로 인식하는 것보다도 더 일관성 있게 이 전제들에 따라서 살아간다. 사람들의 전제들은 그들이 외부 세계에 내놓는 모든 것에 어떤 틀을 제공한다. 그 전제는 또한 그들의 가치들을 떠받치는 기초가 되며, 그러므로 그들의 결정의 기초가 된다.

제1장

고대 로마

역사와 문화의 흐름과 세계관

역사와 문화에는 어떤 흐름이 있다. 이 흐름은 사람들의 사상 속에 뿌리박고 있으며, 거기에 원천을 두고 있다. 사람은 마음의 내면 생활이 있다는 점에서 독특하다. 즉 그들의 사상 세계가 그들의 행동 방식을 결정한다. 이 사실은 그들의 가치 체계에서도, 그들의 창조성에서도 그렇다. 정치적 결정과 같은 단체 행동에서도, 그들의 개인 생활에서도 마찬가지이다. 그들의 사상 세계의 결과들은 그들의 손가락을 통해서 또는 그들의 입을 통해서 외부 세계로 흘러간다. 이 점은 미켈란젤로(Michelangelo di Lodovico Buonarroti Simoni, 1475-1564)의 끌에도 마찬가지이며 독재자의 칼에도 마찬가지이다.

사람들은 전제를 가지고 있는데, 스스로 인식하는 것보다도 더 일관성 있게 이 전제들에 따라서 살아간다. 전제라는 말은 개인이 삶을 바라보는 기본적인 방식, 개인의 기본적인 세계관, 개인이 세계를 바라보는 틀을 뜻한다. 어떤 사람의 전제는 그가 진리라고 생각하는 바에 근거한다. 사람들의 전제들은 그들이 외부 세계에 내놓는 모든 것에 어떤 틀을 제공한다. 그 전제는 또한 그들의 가치들을 떠받치는 기초가 되며, 그러므로 그들의 결정의 기초가 된다.

"사람은 생각한다. 고로 존재한다."라는 말은 참으로 심오한 말이다. 개인은 그를 둘러싼 힘들의 산물이 아니다. 그는 마음, 즉 내면 세계를 지니고 있다. 이처럼 사람은 생각함으로써 행동을 외부 세계에 나타낼 수 있고, 그렇게 하여 외부 세계에 영향을 미칠 수 있다. 사람들은, 행위자가 '마음속에서 살고 있고' 따라서 그가 외부 세계의 참된 행위자가 된다는 사실을 잊고서 행동의 외부를 보는 경향이 있다. 그러나 내면의 사상 세계가 외부의 행동을 결정하는 것이다.

아이가 홍역에 걸리듯이, 대부분의 사람들은 가정과 주변 사회에서 자기의 전제를 택하게 된다. 그러나 이해력이 좀 더 깊은 사람들은 어떤 세계관이 옳은지를 조심스럽게 고려한 후에 자기의 전제들을 선택해야 한다는 것을 깨닫는다. 모든 일을 끝내고 모든 대안을 조사해 놓고 보면, '방에는 사람이 별로 없는' 법이다. 즉 세계관에는 많은 변형이 있지만 기본적 세계관이나 기본적 전제는 별로 많지 않다는 말이다. 이 기본적 입장들은 과거의 흐름을 살펴볼 때 분명해질 것이다.

오늘날 세계 속에서, 즉 우리의 지성적 관념과 문화 생활과 정치 생활 속에서 우리가 어느 위치에 있는지 이해하기 위해서, 역사에서 세 가지 측면 곧 철학적 측면과 과학적 측면과 종교적 측면을 추적해야 한다. 철학적 측면은 삶의 기본 문제에 대한 지적 해결을 추구한다. 과학적 측면은 두 부분으로 구성되는데, 첫째, 물리적 우주의 얼개와 그리고 이 얼개가 발견한 것을 기술에 실제로 적용하는 것이다. 과학이 나아갈 방향은 과학자들의 철학적 세계관이 결정한다. 사람들의 종교적 견해들도 역시 개인 생활의 방향과 사회의 방향을 결정한다.

서구 세계의 원조, 로마 문명

과거를 바라보고 그 흐름을 고찰하여 현재 우리가 직면하고 있는 기본적 딜레마에 관하여 교훈을 얻고자 한다면 그리스인들부터 혹은 심지어 그리스인들 이전부터 시작할 수 있다. 우리는 고대의 3대 하천 문명의 발상지인 유프라테스강과 인더스강과 나일강으로 돌아가 볼 수 있다. 그러나 우리는 로마인으로부터(그리고 그들의 배후에 있는 그리스의 영향으로부터) 시작하고자 하는데, 이는 로마 문명이 현대 서구 세계의 직접적인 원조이기 때문이다. 로마 공화정의 최초의 정복자들로부터 오늘날까지, 로마의 법률과 정치사상은 유럽의 면모와 전체 서구 세계에 강력한 영향을 끼쳤다. 서구 문명이 미치는 곳에는 어디든지 로마인의 흔적이 남아 있다.

로마는 여러모로 위대했지만, 모든 인간이 직면하는 근본 문제에 대해서는 진정한 해답을 갖고 있지 못했다. B. C. 146년, 그리스가 로마의 통치를 받게 된 후에 로마의 사상과 문화는 대부분 그리스의 사고방식에 의해 형성되었다. 그리스인들은 도시 국가, 즉 폴리스(polis)에 기초한 사회를 세우려 했다. 이론적으로나 실제적으로나 도시 국가는 시민으로 인정된 모든 사람들로 구성되었다. 모든 가치는 폴리스와 관련해서 의미를 지니고 있었다. 그래서 소크라테스(Socrates, B. C. 469경-399)는 죽음 아니면 자기에게 의미를 주었던 것(폴리스)에서 추방되는 것을 선택해야 했을 때, 죽음을 택했다. 그러나 폴리스는 한 사회를 세우기에 충분한 기반이 아님이 분명했고 그래서 무너졌다.

신, 인간이 확대된 존재

그리스인들과 그 후 로마인들은 또한 자기들의 신들을 기초로 하여 사회를 세우려 했다. 그러나 이들 신들은 유한하고 제한된 존재였기 때문에 넉넉할 정도로 위대한 존재가 아니었다. 신들을 모두 합해 보아도 그들은 무한한 존재가 아니었다. 실제로, 그리스와 로마의 사고방식에서 볼 때 신들은 사람들과 마찬가지로 생물보다는 더 뛰어났지만 근본적으로는 인간들과 차이가 나지 않았다.

우리는 수천 가지 예 가운데 한 가지로 술에 취하여 오줌을 누는 헤라클레스 상을 생각해 볼 수 있다. 헤라클레스는 폼페이와 비슷한 시기에 파괴된 헤르쿨라네움의 수호신이었다. 신들은 인간이 확대된 것에 불과했을 뿐 엄밀하게는 신이 아니었다. 그리스인들과 마찬가지로 로마인들에게도 무한한 신은 없었다. 이런 이유로 그들은 지적으로 충분한 준거점(準據點)을 갖지 못했다.

즉 그들에게는 그들의 사고방식이나 생활 방식을 이끌어 주기에 충분한 큰 존재나 영원한 존재가 없었다. 결과적으로 그들의 가치 체계는 개인적, 정치적 삶의 긴장을 견뎌낼 수 있을 정도로 강력하지 않았다. 그 신들이 다 모여도 그들에게 삶, 도덕, 가치 평가, 궁극적 결단을 위한 충분한 기반을 줄 수 없었다.

이 신들은 자기들을 만든 사회에 의존했고, 이 사회가 붕괴했을 때 신들도 사회와 함께 몰락했다. 그래서 (엘리트주의적 공화국에 입각한) 사회의 조화를 노린 그리스와 로마의 실험은 결국 실패했다.

공인된 독재

율리우스 카이사르(Julius Caesar, B. C. 100-44) 시대에, 로마는 카이사르에 권력이 집중된 권위주의적 체제로 돌아섰다. 카이사르 시대 이전에 원로원은 질서를 유지할 수 없었다. 무장한 강도떼가 로마시를 공포에 떨게 했고, 권력을 노리는 경쟁자들 때문에 정부의 정상 활동이 중단되었다. 이기심이 사회

최고 신관의 복장을 한 아우구스투스. "아우구스투스가 외적으로나 내적으로나 평화를 확립하고 외부적으로는 입헌적 형식을 따랐으므로, 로마의 모든 계층은 정치 체제, 사업 그리고 일상사의 기능을 회복하고 확고하게 하기 위하여 기꺼이 그에게 모든 권력을 주었다. B. C. 12년 이후로 그는 국가 종교의 수장이 되어 최고 신관의 칭호를 얻고서, '로마의 정신과 황제의 초월성'을 숭배할 것을 모든 사람에게 촉구했다."

의 이해보다 더 중요하게 되었다. 그래서 백성들은 좌절 속에서 권위주의적 정부를 받아들였다.

플루타르코스(Plutarchos, A. D. 50경-120)가 『플루타르코스 영웅전』(Lives of the Noble Greeks and Romans)에 쓰고 있는 것처럼, 로마는 "한 사람의 통치가 그토록 많은 내전과 재난 이후에 자기들에게 숨을 돌릴 시간을 주리라는 희망 속에서" 카이사르를 집권자로 삼았다. "이것은 참으로 공인된 독재였으니, 그의 권력은 이제 절대적일 뿐 아니라 또한 영구적이기도 했다."

카이사르가 죽은 후, 나중에 카이사르 아우구스투스(Caesar Augustus)라고 불린 옥타비아누스(Gaius Octavianus, B. C. 63-A. D. 14)가 카이사르의 질녀의 아들로서 권좌에 올랐다. 그는 카이사르의 양자로 입양된 자였다. 위대한 로마의 시인 베르길리우스(Publius Vergilius Maro, B. C. 70-19)는 아우구스투스의 친구였는데, 아우구스투스가 신에 의해 임명된 지도자이며 로마의 사명은 평화의 문명을 세상에 가져다주는 것임을 보일 심산으로 『아이네이스』(Aeneis)를 기록했다.

아우구스투스가 외적으로나 내적으로나 평화를 확립하고 외부적으로는 입헌적 형식을 따랐으므로, 로마의 모든 계층은 정치 체제, 사업 그리고 일상사의 기능을 회복하고 확고하게 하기 위하여 기꺼이 그에게 모든 권력을 주었다. B. C. 12년 이후로 그는 국가 종교의 수장이 되어 최고 신관(Pontifex Maximus)의 칭호를 얻고서, '로마의 정신과 황제의 초월성'을 숭배할 것을 모든 사람에게 촉구했다. 후에 이것을 제국의 모든 백성에게 강요했고, 그 이후의 황제들은 신처럼 지배했다. 아우구스투스는 도덕과 가정 생활에 관하여 입법하려 했고, 그 뒤에 나타난 황제들은 인상적인 법률적 개혁과 복지 계획을 시도했다. 그러나 인간 신은 토대로 삼기에 빈약했고 따라서 로마는 몰락했다.

로마 문화를 이긴 기독교 세계관

한 민족의 삶이 압박을 받을 때, 그들의 세계관이 어떻게 힘을 발휘하는지를 깨닫는 일은 중요하다. 종교적 혼합과 혼합주의와 로마 문화의 결점의 영향들을 이겨낼 수 있었던 사람들이 기독교인들이었다는 사실은 기독교 세계관의 강한 힘을 말해 준다. 이 힘은 하나님이 무한한 인격신이라는 사실과 그가 구약으로, 예수 그리스도의 삶과 가르침으로, 그리고 점점 형성되고 있던 신약으로 말씀하고 계신다는 사실에 근거를 두고 있었다. 그는 사람들이 이해할 수 있는 방식으로 말씀하셨다.

그래서 기독교인들은 사람들이 스스로는 발견할 수 없는, 우주와 사람에 관한 지식을 가졌을 뿐 아니라 삶을 영위하고 사회와 국가를 판단하는 데 기준이 되는 절대적, 보편적 가치를 가지고 있었다. 그리고 그들에게는 하나님의 형상으로 지음받은 독특한 존재로서의 개인의 기본적 존엄성과 가치를 떠받쳐 주는 근거가 있었다.

아마도 펠리니(Federico Fellini, 1920-)가 영화 『사티리콘』(Satyricon)에서 제시한 것보다 더 생생하게 로마 제국의 내적인 연약성을 제시한 사람은 없을 것이다. 그는 고전 사회를 낭만화해서는 안 될 것과 고전 사회가 그들의 세계관의 필연적 결과에 이르렀을 때 잔인하면서도 부패했다는 사실을 깨닫게 한다.

연약한 기반을 가진 문화나 개인은 그 기반에 압력이 그다지 크게 미치지 않을 때에만 유지될 수 있다. 한 예로서, 로마의 어떤 다리를 생각해 보자. 로마인들은 수많은 유럽의 개울에 낙타 등처럼 굽은 작은 다리를 세웠다. 사람들과 마차가 수세기 동안, 즉 2,000여 년 동안 안전하게 이 건축물들을 지나갔다. 그러나 오늘날 사람들이 무거운 짐을 실은 트럭을 몰고 이 다리를 건너간다면 그 다리는 부서질 것이다.

개인의 삶과 가치 체계 그리고 문화도 자기 자신의 제한성과 유한성보다 더 강력한 것을 기초로 갖지 못하면 이와 마찬가지이다. 개인의 삶과 가치 체계 그리고 문화는 압력이 그다지 크지 않을 때에만 유지될 수 있다. 그런데 압박이 심해지는데도 충분히 강한 기반을 가지고 있지 않다면, 그것들은 마치 로마의 어떤 다리가 오늘날의 6륜 트럭의 무게에 눌려 무너지는 것처럼 붕괴될 것이다. 사람들의 문화와 자유는 쉽게 파괴된다. 충분한 기반이 없는데 압력을 받는다면, 붕괴는 오직 시간 문제이다. 그리고 그다지 많은 시간이 걸리지도 않는다.

로마 제국의 팽창

로마 제국은 규모나 군사력이 대단했다. 당시 알려진 세계의 대부분에 로마 제국은 뻗어 있었다. 제국의 길은 모든 유럽, 근동 그리고 북아프리카에

『멍에문 아래로 지나가는 로마 군사들』, 샤를 글레르 作. "켈트족이며 오늘날 스위스의 주요 거주민인 헬베티아인들이 그들을 저지하고 그 자신만만한 로마인들을 곤경에 내몰았지만 그것은 잠시였다. 스위스의 화가 샤를 글레르는 현재 로잔 주립 미술관에 걸려 있는 한 그림에서 정복당한 로마 군사들이 손이 등 뒤로 묶인 채 낮은 멍에문을 몸을 구부리고 지나가는 모습을 보여준다. 그러나 이 모든 것은 잠시였다."

뻗어 있었다. 오늘날의 몬테카를로 바로 위에 위치한 라튀르비에 있는 카이사르 아우구스투스의 기념비는 아우구스투스가 지중해를 넘어서 길을 닦았고 자신만만하던 갈리아인을 무찔렀다는 사실을 보여준다.

로마 팽창의 한 방향으로, 로마 군단은 오늘날 아오스타라고 하는 북부 이탈리아의 도시인 아우구스타프라이토리아를 지나고, 알프스 산맥을 넘어, 당뒤미디의 봉우리들을 지나 현재 브베라는 곳에 걸쳐 있는 스위스의 론 계곡으로 내려갔다.

켈트족이며 오늘날 스위스의 주요 거주민인 헬베티아인들이 그들을 저지하고 그 자신만만한 로마인들을 곤경에 내몰았지만 그것은 잠시였다. 스위스의 화가 샤를 글레르(Charles Gleyre, 1806-1874)는 현재 로잔 주립 미술관에 걸려 있는 한 그림에서 정복당한 로마 군사들이 손이 등 뒤로 묶인 채 낮은 멍에문을 몸을 구부리고 지나가는 모습을 보여준다. 그러나 이 모든 것은 잠시였다.

로마 군단을 억누를 것이 별로 없었고, 아무리 까다로운 지형도, 적군도 대항할 수 없었다. 로마인이 오늘날의 생모리스와 당뒤미디의 정상봉들을 지나가고 그 후에 제네바 호수를 둘러서 오늘날의 브베로 내려갔는데 그때 그들은 언덕을 넘어 행진하여 오늘날 아방슈라 불리는 고대 헬베티아의 수도인 아벤티쿰을 정복했다.

나는 아방슈를 사랑한다. 거기 알프스 산맥의 북부에 내가 아끼는 로마 유적들이 있다. 어떤 이들은 말하기를 (나는 그것이 과장이라고 생각하지만) 한때 거기에 40,000명의 로마인들이 살았다고 한다. 오늘날, 로마 성벽들의 유적은 가을 바람에 흔들리는 밀밭 사이로 나타난다. 언덕을 넘고, 원형 경기장과 극장과 사원이 있는 작은 로마와 같은 아방슈를 내려다보면서, 북부의 광활한 지역에서 고향으로 무거운 걸음을 옮기는 어느 로마 군단의 병사를 상상해 볼 수 있을 것이다.

아방슈에서 발견된 마르쿠스 아우렐리우스(Marcus Aurelius, 121-180)의 금 흉상으로 알 수 있듯이, 로마의 풍요는 아방슈에 있었다. 점차로 기독교가 로마의 아방슈에 이르렀다. 이러한 사실은 그 시대의 묘지를 연구해 보면 알 수 있다. 로마인들은 죽은 자들을 화장했고, 기독교인들은 매장을 했다. 우리는 로마인들이 (정복하기 힘들었던) 스코트족을 견제하기 위해 세운 하드리아누스(Hadrianus, 76-138) 황제의 성벽으로부터 라인강과 북아프리카와 유프라테스강과 카스피해의 요새들까지 어떤 길을 지나가더라도 라튀르비, 아오스타 그리고 아방슈에서 볼 수 있는 그러한 기념물들과 마을들을 많이 발견할 수 있다.

로마는 잔인했고 그 잔인성은 아마도 로마에 있는 경기장에서 일어난 사건으로 잘 표현될 수 있을 것이다. 경기장에 앉아 있던 사람들은 검투사의 격투와 맹수들에게 던져진 기독교인들을 구경했다. 기독교인들이 왜 죽음을 당했는지 잊지 말자. 그들은 예수님을 섬겼기 때문에 죽음을 당한 것이 아니었다.

'죽어 가는 갈라티아인'이라고 불리기도 하는 조각상, 「검투사」.
"로마는 잔인했고 그 잔인성은 아마도 로마에 있는 경기장에서 일어난 사건으로 잘 표현될 수 있을 것이다. 경기장에 앉아 있던 사람들은 검투사의 격투와 맹수들에게 던져진 기독교인들을 구경했다."

다양한 종교가 로마 세계를 채우고 있었다. 그런 것 가운데 하나가 B. C. 67년경 로마에 생긴, 조로아스터교의 일반적인 페르시아풍 형태인 미트라 종파였다. 공식적으로 카이사르를 숭배하던 국가의 통일을 깨뜨리지 않는다면, 누가 누구를 숭배하든지 상관이 없었다.

기독교인들이 핍박받은 이유

기독교인들이 죽음을 당한 이유는 그들이 반역자였기 때문이었다. 이런 일은 그들이 유대 회당에서 점차로 배척당하여 율리우스 카이사르 시대 이래로 유대인들에게 허용된 면책권을 상실하고 난 후에 특히 두드러졌다.

그들의 반역의 성격은 두 가지 방식으로 표현할 수 있는데, 그 둘은 모두 사실이다. 첫째로, 우리는 그들이 예수님을 하나님으로 섬겼으며, 오직 무한하신 인격신 한 분만을 섬겼다고 말할 수 있다. 로마 황제들은 오직 한 분 하나님을 섬기는 이러한 경배를 참지 못했다. 이런 경배를 반역으로 보았다. 그래서 그들의 경배는 3세기와 디오클레티아누스(Diocletianus, 245-316) 황제의 통치 기간 동안(284-305) 국가의 통일을 특히 위협했는데, 이때 상류 계급 사람들 중에 기독교인이 된 자가 많았다.

만일 그들이 예수님과 카이사르를 함께 섬겼다면 전혀 해를 받지 않고 잘 지냈겠지만, 그들은 어떤 형태의 혼합주의도 용인하지 않았다. 그들은 구약에, 그 다음에 그리스도를 통하여, 그리고 점차 기록되고 있었던 신약에 자신을 직접 계시하신 하나님을 섬겼다. 그리고 그들은 그분을 유일한 하나님으로 섬겼다. 그들은 어떤 혼합도 허용하지 않았고, 다른 모든 신들을 거짓 신으로 생각했다.

우리는 또 두 번째 방식으로 기독교인들이 죽음을 당한 이유를 설명할 수 있다. 즉 전체주의적 권력이나 권위주의적 국가는 그런 국가와 그 행위를 판단할 수 있는 절대자를 가지고 있는 자들을 도무지 참아 낼 수 없다는 것이다. 기독교인들은 하나님의 계시에서 그러한 절대자를 가지고 있었다. 이처럼 기독교인들이 개인적 도덕뿐만 아니라 국가도 판단할 수 있는 절대적, 보편적 기준을 가지고 있었기 때문에, 전체주의적인 로마의 대적으로 몰려 맹수들에게 던져지고 말았다.

붕괴를 가져온 허약한 기반

제국이 몰락해 감에 따라, 부패한 로마인들은 폭력과 감각적 만족을 갈망하게 되었다. 이 점은 특히 그들의 문란한 성행위에서 분명하게 나타난다. 예를 들면, 폼페이에서는 공화정이 과거지사가 되어 버린 후 1세기 정도가 지나자 남근 숭배가 심해졌다. 지나친 성행위를 표현한 조각과 그림들이 부요한 가정집을 장식했다. 폼페이의 예술이 모두 이러했던 것은 아니지만, 성적인 표현은 부끄러움을 느끼지 못하는 것처럼 난잡했다.

콘스탄티누스(Constantinus, 272-337) 황제가 기독교인의 박해를 종식시켜 기독교가 처음으로 합법적 종교가 되었으며(313), 그 후 제국의 공식적인 국교가 되었지만(381), 대부분의 국민들은 옛날 자기 방식대로 살아 나갔다. 무감각은 후기 제국의 주요한 특징이었다. 무감각이 드러나는 여러 방식 가운데 하나는 예술에서 나타난 창조력의 결핍이었다. 공식적으로 후원을 받던 예술의 몰락을 쉽게 보여주는 예가 있는데, 그것은 로마의 콘스탄티누스 개선문에 있는 4세기의 작품이 트라야누스(Trajanus, 53-117) 황제 시대 이래로 기념물에 사용되었던 2세기의 조각물에 비해 초라하다는 것이다. 엘리트들은 사회생활을 지적으로 탐구하는 일을 포기했다. 공식적으로 후원을 받던 예술은 퇴폐적이었고, 음악은 점차 과장되었다. 심지어 동전의 초상화들까지 저질이 되었다. 모든 삶에는 무관심이 두드러지게 나타났다.

로마 소재 콘스탄티누스 개선문 남쪽 면 부조. "무감각은 후기 제국의 주요한 특징이었다. 무감각이 드러나는 여러 방식 가운데 하나는 예술에서 나타난 창조력의 결핍이었다. 공식적으로 후원을 받던 예술의 몰락을 쉽게 보여주는 예가 있는데, 그것은 로마의 콘스탄티누스 개선문에 있는 4세기의 작품이 트라야누스 황제 시대 이래로 기념물에 사용되었던 2세기의 조각물에 비해 초라하다는 것이다."

폼페이의 유적. "폼페이의 예술이 모두 이러했던 것은 아니지만, 성적인 표현은 부끄러움을 느끼지 못하는 것처럼 난잡했다. ……로마는 야만족의 침입과 같은 외적인 힘 때문에 몰락한 것이 아니다. 로마의 몰락은 내적으로 견고한 기반을 가지고 있지 못했기 때문이며, 야만족은 다만 그 붕괴를 완결지었을 따름이다. 그리하여 로마는 점차로 폐허가 되어 갔다."

로마의 경제가 심한 인플레와 사치스러운 정부에 시달리며 더욱 악화되면서, 무관심에 대처하기 위하여 권위주의가 심해졌다. 노동이 더 이상 자발적으로 이루어지지 않자 국가 권력이 점차 노동을 관장하게 되었고, 자유는 사라졌다. 예컨대, 법률이 통과되어 소농민들은 자기 토지에 묶여 버렸다. 그래서 전반적인 무감각과 그 결과들 때문에, 그리고 압제적인 통제 때문에, 이 옛 문명이 유지될 가치가 있다고 생각하는 사람은 거의 없게 되었다.

로마는 야만족의 침입과 같은 외적인 힘 때문에 몰락한 것이 아니다. 로마의 몰락은 내적으로 견고한 기반을 가지고 있지 못했기 때문이며, 야만족은 다만 그 붕괴를 완결지었을 따름이다. 그리하여 로마는 점차로 폐허가 되어 갔다.

제1장 고대 로마 | 연구 문제

1. 저자에 의하면 인간의 개인적, 사회적 삶은 무엇에 의해 결정되는가? 저자가 이 책을 쓴 목적은 무엇인가?

2. 그리스인과 로마인들은 어디에 기초를 두고 사회를 건설하려고 했는가? 그 시도는 성공했는가? 성공하지 못했다면 그 이유는 무엇인가?

3. 로마의 공화정은 율리우스 카이사르 때에 가서는 원로원의 요구로 카이사르 개인에게 권력이 집중된 독재 체제로 변모했다. 원로원이 그렇게 할 수밖에 없었던 이유는 무엇인가?

4. 로마는 무너졌지만 로마 문화의 연약성을 이겨 낸 사람들이 있었다. 누구이며, 그들이 그렇게 할 수 있었던 이유는 무엇인가?

5. 로마가 기독교인들을 박해한 이유는 무엇인가?

신약성경에 나타났던 초대 기독교는 점차로 왜곡되어 갔다. 인본주의적 요소가 덧붙여졌던 것이다. 즉 교회의 권위가 점차로 성경의 가르침보다 우위를 차지하게 되었다. 그리고 구원이 오직 그리스도의 사역에만 근거하는 것이 아니라 그리스도의 공로에 인간의 공로를 첨가하는 것에 있다고 점차 강조되었다. 이 인본주의적 요소는 르네상스의 인본주의적 요소와는 내용상으로 다소 차이가 있지만, 그 개념은 본질적으로 동일한 것으로, 인간이 하나님께 속했던 것을 자신에게 돌린다는 것이다. 16세기까지의 기독교는 대부분 본래의 기독교적, 성경적 가르침의 이런 왜곡에 대한 재확증이거나 반발이었다. 중세 연구의 매력의 일부는, 사람들이 기독교의 하나님께 보이는 도덕적이고 지적인 반응에 따라서 서양 문화 유업의 복잡한 면모들이 얼마나 강조되기도 하고 무시되기도 했던가를 추적해 보는 데 있다.

제2장

중세

생동감 넘치는 초기 기독교 예술

로마의 질서가 붕괴하고 침입이 잦아지자, 사회적, 정치적, 지적 혼란의 시기가 찾아왔다. 중세의 예술가들은 로마인들이 미술과 모자이크에 사용한 원근 화법 사용법과 같은 기술적인 면들을 많이 잊어버렸다. 로마의 그림은 생동감으로 넘쳤었다. 초창기 기독교 예술도 역시 생동감이 넘쳐 있었다. 그 예로서, 우리는 벽면의 인물들이 간략하지만 사실적으로 묘사되어 있는 카타콤을 생각해 볼 수 있을 것이다. 시각적 매체의 제한이 있었지만, 그 인물들은 바로 실제 세계에 살아 있던 실재 인물이었다.

우리는 이 초창기 기독교 예술의 '생동감 넘치는' 성격과 초대 교회의 생동감 넘치는 기독교 사이의 연관성을 보게 된다. 밀라노의 암브로시우스(Ambrosius, 339-397)와 히포의 아우구스티누스(Augustinus, 354-430)와 같은 지도자들은 참된 성경적 기독교를 힘있게 강조했다. 이후의 교회에서는 성경의 가르침에서 벗어난 왜곡이 차츰 가중되었고 예술에서도 역시 변화가 나타났다. 초기의 보다 더 생동감 넘치던 기독교 예술의 흔적을 보여주는 한 가

로마 소재 카타콤의 프레스코화들. "로마의 그림은 생동감으로 넘쳤었다. 초창기 기독교 예술도 역시 생동감이 넘쳐 있었다. 그 예로서, 우리는 벽면의 인물들이 간략하지만 사실적으로 묘사되어 있는 카타콤을 생각해 볼 수 있을 것이다. 시각적 매체의 제한이 있었지만, 그 인물들은 바로 실제 세계에 살아 있던 실재 인물이었다."

지 재미있는 예로서 밀라노에 있는 산로렌초마조레 성당이라는 아리우스파 성당의 모자이크를 들 수 있다. 이 모자이크들은 아마도 5세기 중반의 작품인 듯하다. 이 모자이크에 그려진 기독교인들은 상징이 아니라 실재 인물들이었다.

비실재적 양식화

마이클 고프(Michael Gough, 1916-1973)는 『기독교 예술의 기원』(The Origins of Christian Art, 1973)에서 "자연주의적 사실주의 요소를 버리고 환상적, 비실재적 요소를 선호하게 되는" 변화를 기록하고 있다. 또한 그는 6세기 중반에 이르러 "사실주의의 마지막 잔재들이 사라졌다."라고 지적한다. 비잔틴 예술은 형식화되고 양식화된 상징적 모자이크와 성상(聖像)으로 특징지어지게 되었다.

한편 여기에는 좋은 점이 있었다. 그것은 예술가들이 관람자에게 무엇인가를 증거하기 위해 모자이크나 성상을 만들었다는 점이다. 이런 것들을 만든 많은 사람들은 헌신적으로 그 일을 했고, 그들은 좀 더 영적인 가치를 갈구하고 있었다. 이런 점들은 장점이었다. 하지만 영성(靈性) 개념을 묘사하면서 인간성이 지닌 본질과 의미를 제쳐 둔 것은 단점이었다.

A. D. 395년 이래로 로마 제국은 동쪽과 서쪽으로 양분되었다. 동로마에서 발전된 비잔틴 양식은 점차로 서로마로 전파되었다. 이 예술은 사실적인 아름다움을 지니고 있었지만 점차로 종교적 주제만을 중요시하였고, 사람들은 실재 인물이 아니라 상징으로 묘사되었다. 이 점은 9, 10, 11세기에 그 절정에 이르렀다. 자연을 그린 그림은 거의 사라졌고, 더욱 불행한 점은 생동감 넘치는 인간적 요소가 제거되었다는 것이다. 간략하게 묘사되었지만 하나님이 지으신 실제 세계에 살고 있는 실재 인물을 담은, 초창기 기독교의 카타콤의 벽화와 이것은 전혀 다르다는 점을 우리는 다시 한 번 강조해야겠다.

하기아소피아 대성당에 그려진 전형적인 비잔틴 모자이크 벽화 중의 하나. 유명한 예수 그리스도의 초상을 중심으로 좌측에는 성모 마리아, 우측에는 세례 요한이 그려져 있다. "마이클 고프는 『기독교 예술의 기원』에서 '자연주의적 사실주의 요소를 버리고 환상적, 비실재적 요소를 선호하게 되는' 변화를 기록하고 있다. 또한 그는 6세기 중반에 이르러 '사실주의의 마지막 잔재들이 사라졌다.'라고 지적한다. 비잔틴 예술은 형식화되고 양식화된 상징적 모자이크와 성상(聖像)으로 특징지어지게 되었다."

라벤나는 서로마에 있는 비잔틴 모자이크의 중심지로서, 동로마의 유스티니아누스(Justinianus, 483-565) 황제가 한 번도 방문하지 않았던 곳이지만 핵심 요지 역할을 하게 해준 도시였다. 527년에서 565년까지 통치했던 유스티니아누스는 동로마에 많은 교회를 세웠는데, 가장 유명한 것은 콘스탄티노플에 있는 하기아소피아 대성당으로 이는 537년에 봉헌되었다. 동로마에 있는 이들 새 교회는 실내 장식을 강조하고 색채와 빛에 역점을 두었다.

인본주의로 인한 초기 기독교의 왜곡

이 시기 동안, 베네딕투스(Benedictus, 480경-547경)의 지도를 받아 점차 조직되면서 그 수가 늘어 갔던 수도회가 과거의 많은 것들의 저장소 구실을 하기는 했지만, 서로마에서는 학문이 쇠퇴하고 있었다. 베네딕투스 자신도 나폴리에서 로마로 가는 주요 도로변에 있는 몬테카시노에 수도원을 세웠다. 이 수도원들에서는 옛 사본들을 복사하고 또 복사하였다. 수도사들 덕분에 헬라어와 라틴어 고전들과 나란히 성경이 보전되었다.

고대 음악도 역시 부단히 반복함으로 보전되었다. 암브로시우스는 374년에서 397년까지 밀라노의 주교로 지내면서, 몇 곡의 음악들을 지었으며 교인들에게 교송 성가(交誦聖歌)와 성가 부르기를 소개했다.

그럼에도 불구하고, 신약성경에 나타났던 초대 기독교는 점차로 왜곡되어 갔다. 인본주의적 요소가 덧붙여졌던 것이다. 즉 교회의 권위가 점차로 성경의 가르침보다 우위를 차지하게 되었다. 그리고 구원이 오직 그리스도의 사역에만 근거하는 것이 아니라 그리스도의 공로에 인간의 공로를 첨가하는 것에 있다고 점차 강조되었다. 이 인본주의적 요소는 르네상스의 인본주의적 요소와는 내용상으로 다소 차이가 있지만, 그 개념은 본질적으로 동일한 것으로, 인간이 하나님께 속했던 것을 자신에게 돌린다는 것이다. 16세기까지의 기독교는 대부분 본래의 기독교적, 성경적 가르침의 이런 왜곡에 대한 재확증이거나 반발이었다.

이런 왜곡들은 기독교적 혹은 성경적 문화라고 부를 수 있는 것과 분명히 대조를 이루는 문화적 요소를 창출했다. 중세 연구의 매력의 일부는, 사람들이 자신들이 섬기고 있는 기독교의 하나님께 보이는 도덕적이고 지적인 반응에 따라서 서양 문화 유업의 복잡한 면모들이 얼마나 강조되기도 하고 무시되기도 했던가를 추적해 보는 데 있다. 물론 사상과 삶의 전(全) 구조가 기독교적인 것이 아니었다고 생각하는 것은 잘못일 것이다. 그러나 때때로 사실상 기독교의 대요를 근본적으로 흐려 놓는, 이질적인 또는 반(半)이질적인 특성 곧 그리스와 로마에 기원을 둔 것들과 지방 이교에서 유래한 것들이 이 구조에 붙어 있었다는 사실을 부정하는 것도 똑같이 잘못일 것이다.

세상에 있으나 세상의 것이 아닌

이것은 비단 중세의 문제만이 아니라 지금도 마찬가지이다. 기독교 교회의 초창기 때부터, 기독교가 작은 소수 집단의 운동이었을 때부터 신자들은 자신들이 세상 속에 있지만 세상의 것은 아니라는 그리스도의 기도에 대하여 개인적으로 공동체적으로 응답하려고 분투했다. 한편으로는, 이 원리는 물질 소유와 생활 양식에 대한 신자의 태도에 도전이 되었다. 베드로와 바울의 시대뿐만 아니라 그 후의 세대에도 신자들은 관대한 마음씨로 유명했다. 심지어 대적들도 그 점은 인정했다.

다른 한편으로는, 이 점은 특히 국가의 뜻과 하나님의 율법이 상충할 때에 하나님의 율법을 따르기 위해 국가의 뜻을 저버리게도 하였다. 로마 군대 사령관이던 마우리티우스(Mauritius, 250경-287)의 행동은, 로마 황제 아래서 기독교인들이 핍박받을 때 취할 수 있었던 반응을 보여주는 좋은 보기가 된다. 그는 기독교인의 박해를 주도하라는 명령을 받았을 때, 기독교인들의 편에 속하려고 자신의 휘장을 부관에게 넘겨주고 신자의 한 사람으로서 죽음을 당했다. 이 사건은 A. D. 286년경 당뒤미디의 봉우리들 아래에 있는 거대한 절벽 맞은편 스위스의 론 계곡에서 일어났다. 한 작은 마을이 그를 기념해서 지금은 생모리스(Saint-Maurice)라고 불린다.

마지막으로, 지적인 측면에서 그리스도의 기도는 고전 시대의 비기독교적인 저자의 작품을 읽거나 인용하는 것이 덕을 세우는 것인지의 문제를 제기했다. 테르툴리아누스(Tertullianus, 160-240)와 키프리아누스(Cyprianus, 200경-258)는 그 일이 덕을 세우지 않는다고 판단했지만, 그들은 소수파였다. 재미있는 것은 음악 영역에서는 일종의 엄격한 견해가 일반적이었다는 점이다. 중세 초기에 로마 음악의 관행의 전통이 사라진 이유는 교회가 사회적 행사와 그것들과 결합된 이교적 종교 관습을 분개하면서 바라보았기 때문이다. 그래서 고대 로마 음악의 전통은 사라졌다.

물질 소유에 대한 대조적 사고

모든 사람이 제각기 자신의 방식대로 정의하지만, 대체로 500년에서 1400년까지의 기간을 칭하는, 엄밀한 의미의 중세에서 우리는 동일한 문제들에 대한 반응을 대체로 추적할 수 있다. 물질 소유에 관하여 (가난한 자와 고아와 과부를 돌보면서) 검소하게 살라는 명령을 전적으로 무시하는 극단과 (돈을 전혀 갖지 않는 초기 수도사들의 원칙과 같이) 이 명령들을 면도날같이 엄격하게 적용하는 극단 사이를 오가는 변화가 있었다. 그래서 한 극단으로는 보통 물질적 욕망 때문에 비난받는 교황청을 생각해 볼 수 있다.

12세기의 『은화의 마가복음』(Gospel According to the Mark of Silver)은 그리스도의 가르침을 의도적으로 흉내 낸 구절로, 교황청에서 교황이 추기경들에게 소송자들을 수탈하라고 부추기는 장면을 묘사하고 있다. "내가 너희에게 모범을 보이노니, 내가 취한 것같이 너희도 선물을 취할지니라." "부자는 복이 있나니 저희가 채움을 받을 것임이요, 가진 자는 복이 있나니 저희가 빈손으로 가지 않을 것임이요, 부유한 자는 복이 있나니 로마 교황청이 저희 것임이라."

토머스 베켓(Thomas Becket, 1118-1170)의 친구로 교회의 위계 조직에 반대하지 않았던 솔즈베리의 존(John, 1115경-1180)은 어느 교황의 면전에서 다음과 같이 말했다. "모든 교회의 어머니인 로마 교회는 어머니라기보다는 계모로 처신하고 있습니다. 서기관과 바리새인은 사람들의 어깨 위에 무거워서 질 수 없을 정도의 짐을 지우면서 교회에 앉아 있습니다. 그들 자신은 훌륭한 옷을 입고, 값비싼 접시를 자신의 식탁 위에 놓지만, 가난한 사람들은 꿈도 못 꾸는 일입니다." 이 모든 와중에서 아시시의 프란체스코(Francesco, 1182경-1226)는 이러한 재물의 강조가 낳은 부패한 결과를 깨닫고서 자신의 추종자들에게 돈 받는 일을 일절 금했다.

교회의 상부는 결코 순수하지 않았지만, 교회는 과도한 금전 대출의 파괴적인 효과를 통제하기 위하여 힘썼는데, 처음에는 그것을 금지시켰고 후에는 대출에 관하여 공인된 시장의 수준으로 이자율을 제한하려고 시도했다. 교회는 또한 세속 통치자들의 후원을 받아서 공정 가격을 실시하려고 애썼다. 공정 가격이란 물건이 귀할 때 물건을 쌓아 두거나 이기적인 조작을 통해서 사람을 이용하여 나쁘게 돈을 벌지 못하게 하는 가격을 뜻한다. 이웃 사랑이라는 명목하에 이루어진 이러한 시도가 경제적 통제라는 면에서 성공을 거두었는지 논란이 많을 수 있다. 그러나 적어도 탐욕과 경제적 잔인성을 통제하려고 거듭 공공의 노력을 기울이는 사회와 가장 전문적으로 동료 시민들을 경제적으로 착취하는 사람을 영광스럽게 만들려는 사회가 아무런 차이가 없다고 가정하는 일은 잘못일 것이다.

노동과 경제에 대한 가르침

이 점을 제외할지라도, 경제에 대한 중세의 가르침은 전적으로 부정적인 것은 아니었다. 중세는 정직하고 잘 수행한 노동의 덕을 칭송했다. 전형적인 직업이 달마다 묘사되고 있는 중세 후반의 아름다운 개인 기도서인 시도서(時禱書, Book of Hours)는 이 점을 가장 잘 나타내고 있다. 그런 책 가운데 가장 유명한 것이 베리 공작 장(Jean de Berry, 1340-1416)의 소장품으로, 이는 1415년에 림뷔르흐(Limbourg) 형제가 만든 것이다. 그것보다 시기적으로 앞선 비슷한 예로 14세기 초반 피렌체 대성당 종탑에 새겨진 일련의 부조들이 있다.

그리고 나이나 질환으로 노동을 못하게 되면, 교회는 병원과 기타 자선 기구와 같은 인상적인 조직망을 사회에 제공했다. 시에나에 있는 한 병원은 아직도 운영되고 있다. 현관 출입문을 막 들어서면 있는 아래층 여성 병동에는 어느 중세 병원에서 일어났던 일을 잘 보여주는 15세기의 프레스코 벽화가 있다. 만일 20세기의 환자들이 현대 의학의 발전에 고마워한다면, 동시에 옛날 시에나의 실내 장식가의 탁월한 예술적 재능에도 감탄할 수 있을 것이다. 오늘날 우리는 국가가 병원을 세워 주고 자선을 베풀어 주기를 기대하는데, 이 기대는 중세 국가에 비교할 때 현대 국가 권력에 있어서의 거대한 변화를 나타낸다. 그러나 국가라면 그것이 허약하든지 강력하든지 항상 교회에 문제를 제기해 왔는데 특히 그것이 도덕적 원칙의 물음에 관한 것일 때 그러했다. 이제 우리는 이 영역으로 들어가야 하겠다.

선한 정부와 악한 정부

중세의 도덕적 상황은 로마의 군관 마우리티우스가 겪은 것에 비교하여 볼 때 더 쉽기도 하고 더 복잡하기도 하다. 유럽을 그리스도의 왕국, 즉 기독교

피렌체 대성당(산타마리아델피오레 대성당) 부속 조토 디 본도네 종탑에 새겨진 부조물들. "중세는 정직하고 잘 수행한 노동의 덕을 칭송했다. 전형적인 직업이 달마다 묘사되고 있는 중세 후반의 아름다운 개인 기도서인 시도서(時禱書)는 이 점을 가장 잘 나타내고 있다. 그런 책 가운데 가장 유명한 것이 베리 공작 장의 소장품으로, 이는 1415년에 림뷔르흐 형제가 만든 것이다. 그것보다 시기적으로 앞선 비슷한 예로 14세기 초반 피렌체 대성당 종탑에 새겨진 일련의 부조들이 있다."

세계로 보는 한도에서 상황은 더 수월했다. 그래서 기독교 세례는 영적으로 뿐만 아니라 사회적으로나 정치적으로도 중요했는데, 그것은 사회로의 입회를 의미했기 때문이다. 오직 세례받은 사람만이 유럽 사회의 완전한 정식 구성원이었다. 유대인은 이런 의미에서는 인격이 아니었고, 이런 이유로 그들은 유대인이 아니라면 기피했을 직업(예컨대, 고리대금업)에 종사하게 되었다. 그러나 교회가 국가에 세례를 주거나 국가를 성별(聖別)할 경우에는 이렇게 세례 주고 성별한 일이 그저 양심의 문제를 더 복잡하게만 만들었다. 이는 모든 면에서 사회와 조화를 이룰 수 있는 정부는 사회와 조화를 이룬다는 그 이유 때문에 온갖 면책권을 누리며 사회를 속일 수 있었기 때문이다. 물론 이것은 그때나 지금이나 조직으로서의 교회에도 역시 마찬가지이다.

아마도 이 주제에 관해 중세에 이루어진 가장 예술적인 작품은 암브로조 로렌체티(Ambrogio Lorenzetti, 1290경-1348)의 『선한 정부와 악한 정부의 풍유』(Allegory of Good and Bad Government)일 것이다. 이 작품은 1338년과 1339년에 시에나 시청(푸블리코 궁전)에 있는 회의실에 그려졌다. 로렌체티는 선한 정부와 악한 정부를 선명하게 구분하면서, 한편에서는 공동체를 파괴하는 모든 악덕 위에 군림하고 있는 악마를, 다른 편에서는 하나님 아래에서 사람들이 하나가 되었음을 보여주는 (정직한 수고를 포함하여) 모든 활동을 샘솟게 하는 기독교의 덕을 보여주고 있다.

우리 시대와 비교할 때 한 가지 흥미로운 점은 선한 정부를 특징짓는 것으로 보이는 표지 가운데 하나로는 어떤 여자가 홀로 거리에서 안전하게 걷고 있는 장면이 있는 데 비해 악한 정부에서는 그녀가 공격당하고 강간당하거나 도둑 맞고 있다는 것이다. 그러나 그 화가가 시에나의 혼란스러운 도시 정치에서 매우 잘 알고 있었던 것처럼, 선과 악이 그 원천은 다르지만 그 결과들은 다소 뒤범벅된 선한 의도와 악한 의도의 무더기가 되어 인간들 속에 섞여 있었다.

교회 권력과 국가 권력

중세의 현실을 살펴보면서 사람들은 재정적 문제에서도 마찬가지로 국가 권력에 관하여 혼합된 기록을 발견한다. 교회는 실제로 자주 효과적인 경제적 정치적 경영의 모범을 제공하지만, 중세의 다른 기관들과 너무 얽혀 있어서 교회가 사회의 소금이 되는 것은 아주 어려웠다. 예를 들면, 초기에는 이윤이 아닌 청빈에 헌신했던 바로 그 수도회들이 토지 경영과 다양한 형태의 농지 개간을 추진했다는 것은 매우 주목할 일이다. 또한 효율적인 관료 기구에 의해서 지도받는 효과적인 중앙 집권적 군주의 모델을 살펴보려면, 멀리 갈 것 없이 로마 교회 재판소를 보면 된다. '종들의 종'이라고 하는 교황은 선거로 뽑히지만, 아이로니컬하게도 1100년과 1300년 사이의 교황권의 절정기에는 가장 실세적인 중세 군주였다.

하지만 여기서 논의를 그만둔다면 그것은 교회-국가의 상황을 우스개로 취급한 것이 될 것이다. 왜냐하면 교회가 절대 권력의 모델을 제공했지만, 또한 교회는 개인 군주제에 대하여 결국 좌절되기는 하나 인상적인 도전을 제기했기 때문이다. 많은 사람들은 중세의 의회 제도에 친숙해 있다. 그러나 그들 중에서 중세 후기 교회의 공의회 운동이 탈중앙 집권화를 돕는 또 다른 잠재력이었음을 아는 사람은 별로 없다.

공의회 운동은 교회의 권위가 한 주교나 교황이 아니라 모든 주교, 즉 공의회에 귀속된다는 사상의 부활을 의미했다. 그래서 콘스탄츠 공의회(1414-1418)는 서로 경쟁하는 세 명의 교황을 면직시켜 교회사의 불미스러운 시기를 종결지었다. 동시에 공의회의 권위가 그리스도로부터 직접 내려오며 교황을 포함하여 모든 사람이 신앙과 교회 개혁의 문제에서 그 권위에 복종해야 한다고 선언했다. 그러나 공의회 운동은 쇠퇴하여 사라질 운명이었다. 대의 정치의 원리보다 군주 원리가 로마 교회 안에서 승리를 거두었기 때문이다.

「선한 정부와 악한 정부의 풍유」, 암브로조 로렌체티 作. "로렌체티는 선한 정부와 악한 정부를 선명하게 구분하면서, 한편에서는 공동체를 파괴하는 모든 악덕 위에 군림하고 있는 악마를, 다른 편에서는 하나님 아래에서 사람들이 하나가 되었음을 보여주는 (정직한 수고를 포함하여) 모든 활동을 샘솟게 하는 기독교의 덕을 보여주고 있다."

제2장 중세 57

반면, 역설적이긴 하지만, 교회는 교회 권력과 국가 권력 사이에 경계를 두고 세속 통치자와 잦은 투쟁을 벌여 정부의 제한과 책임의 원리를 강조하는 정치 이론 전통의 발전을 도모했다. 다른 말로 하면 세속 권력에는 제한, 즉 여기서는 교회적인 제한이 있었다는 것이다. 제사장직과 선지자직에 의해서 균형을 유지하는 왕권이라는 주제는 샤르트르 대성당과 많은 고딕 양식 대성당의 조각상의 중요한 주제였다.

중세의 기독교 사상과 고전 문화의 유산

우리의 분석을 마무리짓기 위해서는 중세에서의 기독교 사상과 고전 사상의 관계를 또한 살펴보아야 할 것이다. 르네상스와 후기 르네상스 문화에 큰 영향을 주었던 그리스와 로마 사상가들의 작품은 많은 경우 쉽게 읽을 수 있었는데, 이는 중세 지성인들이 그들의 작품을 보존하고 읽고 토론했기 때문이다. 그러면 중세는 이 이교 문화의 유산을 어떻게 다루었는가?

키프리아누스(Cyprianus, 200경-258)와 테르툴리아누스(Tertullianus, 160-240) 같은 초창기 기독교인은 그리스와 로마의 고전 학문에 대하여 엄격하게 부정적인 태도를 견지했지만, 바울은 그렇게 구애받지 않았다. 자신의 목적에 부합하면, 그는 위대한 랍비 가말리엘(Gamaliel, ?-A. D. 70)의 제자로 있으면서 갈고 닦은 섬세한 랍비적 추론 방법을 사용했듯이 어떤 때에는 그리스의 저자들도 인용했다. 랍비 가말리엘은 대(大)랍비 힐렐(Hillel, B. C. 70경-A. D. 10)의 손자였다. 암브로시우스(Ambrosius, 339-397), 히에로니무스(Hieronymus, 347-419) 그리고 아우구스티누스(Augustinus, 354-430)는 테르툴리아누스보다 바울을 따라서 고전 학문을 높이 평가하고 이용하는 법을 배웠다. 실로 그들은 바로 르네상스에 이르기까지 일반적인 모델이 된 장중한 기독교 교육 학과 과정에 그것을 철저하게 순화시키기 시작했다.

그러나 어떤 굳건한 기독교 신앙이 타협하지 않고 비기독교적 학문을 다룰 수 있었다 해도, 차츰차츰 성경에 근거하지 않고 교회의 선포의 권위에 더더욱 입각했던 신앙의 허점 속으로 그리스와 로마의 사상 형태가 파고들어 가기란 아주 수월했을 것이다. 13세기의 위대한 토마스 아퀴나스(Thomas Aquinas, 1225-1274)는 이미 아리스토텔레스(Aristoteles, B. C. 384-322)를 존중하여 계시와 인간 이성을 동등한 자리에 두기 시작했다.

카롤링거 왕조 문화 예술의 번영

이 점은 뒤에 자세하게 살필 것이지만 먼저 우리는 그것의 가장 두드러진 예술적 업적, 주로 교회의 업적 가운데 몇몇을 살핌으로써 중세를 가로지른 이 회오리바람 같은 여행을 마쳐야겠다. 이 교회는 유럽의 상황에서는 보편적인 것이었음을 기억하면서 우리는 교회가 전체 사회, 특히 사회의 지도자들과 함께 움직이면서 위대한 예술적 기념물들을 만들었다는 점에 놀라지 말아야 한다. 이 점은 중세를 형성한 인물 가운데 하나인 샤를마뉴(Charlemagne, 742-814)와 카롤링거 왕조의 문화 전체에서 아주 두드러진다.

피핀(Pippin, 714경-768)의 아들 샤를마뉴는 768년에 프랑크 왕국의 왕이 되어 800년 성탄절에 로마에서 교황 레오 3세(Leo III, 750경-816)에 의해 황제로 대관되었다. 그는 엄청난 정력을 가진 강한 사람이었다. 또한 그는 위대한 용사였고, 끊임없이 전쟁을 치렀다. 그가 이전에 로마 제국에 속했던 서유럽 영토의 대부분을 장악하자, 교황이 로마의 황제 대관식처럼 그의 대관식을 집전했다. 그 대가로 그는 교황에게 이탈리아에 있는 강력한 영토 기반을 제공하고 또한 자신이 정복한 지역, 특히 게르만 부족 가운데 있는 앵글로색슨족 선교사를 후원하는 등 여러 모로 교회를 힘있게 했다. 샤를마뉴는 십일조를 의무적인 것으로 만들었고, 이는 교회 행정을 꾸려 가는 데 기금으로 충당되

카롤링거 왕조 시대 『로르슈 복음서』의 상아 조각품 장정 표지. "카롤링거 왕조 시대의 학문상의 부흥과 더불어 예술상의 부흥이 있었다. 후대 사람들은 값지고 섬세하게 세공한 보석, 종교적 물품 그리고 서책들을 보고 놀랐다. 이 대부분은 성물로 에워싸인 샤를마뉴의 호부(護符)나 십자가 모양의 상아로 장정된 책 표지와 같이 그 당시 부흥하고 있던 예술의 종교적 경향을 강조하고 있다."

었다. 또한 그는 훌륭한 교회들을 세웠는데, 그 가운데 805년에 아헨에서 봉헌되고 그가 말년에 거한 곳이었던 팔라티네 예배당이 있다.

샤를마뉴 치하에서 교회는 더욱 일반적인 문화 세력이 되었다. 교회 권력은 국가 권력과 공존하게 되었고 문화적으로 두 영역은 서로를 부양했다. 학자들은 지원을 받았고, 그들의 작업은 독창적인 것은 아니었으나 순수한 열심, 열정 그리고 체계적인 전파를 통한 새로운 열기가 있었다. 학자들은 유럽 전역에서 샤를마뉴의 궁정으로 모여들었다.

예를 들면, 앨퀸(Alcuin, 735-804)은 멀리 북부 영국 요크에서 왔는데, 그때 그의 나이가 50세였다. 그는 샤를마뉴의 조언자, 아헨의 궁정 학교 교장이 되었고, 기라성 같은 학자들을 주위에 모았다. 샤를마뉴는 로마에서 자신의 궁정으로 가수들을 데려와 노래 학교를 세우고 직접 감독했다.

간단히 말해, 샤를마뉴와 그 학자 신하들은 유럽 전역에 걸친 사상의 통일을 위한 기반을 놓았다. 이 통일은 널리 베껴 쓰였던 필기체인 아름다운 카롤링거 소문자 서체의 발명에 도움을 받았음에 틀림없다. 그러나 주의 깊게 보아야 할 것은 샤를마뉴의 학자들 모두가 성직자였다는 점이다. 학문은 일반적인 것이 아니었다. 우리는 오늘날의 영어로 그 당시를 여전히 기억하고 있는 셈이다. 즉 영어 단어로 '서기'(clerk)는 '성직자'(cleric)를 뜻하는 단어와 연관이 있다. 샤를마뉴 자신은 읽는 법은 배웠지만 쓰는 법은 결코 배우지 못했던 것 같다.

카롤링거 왕조 시대의 학문상의 부흥과 더불어 예술상의 부흥이 있었다. 후대 사람들은 값지고 섬세하게 세공한 보석, 종교적 물품 그리고 서책들을 보고 놀랐다. 이 대부분은 성물로 에워싸인 샤를마뉴의 호부(護符)나 십자가 모양의 상아로 장정된 책 표지와 같이 그 당시 부흥하고 있던 예술의 종교적 경향을 강조하고 있다.

중세 시대의 교회 음악과 세속 음악

중세 문화를 살펴보면서 우리는 음악을 간과해서는 안 될 것이다. 교황 그레고리우스 1세(Gregorius I, 540-604)는 서방 교회의 음악 전체를 체계적으로 정리했다. 이런 비인간적, 신비적, 내세적 음악은 그의 이름을 본떠서 그레고리오 성가 혹은 무반주 성가, 단선율 성가라고 불린다.

약 1100년에서 1300년까지 트루바두르(troubadour, 음유 시인)들이 있었는데 그 이름은 '발명가' 혹은 '발견자'를 뜻한다. 그들은 주로 남부 프랑스의 귀족 출신 시인 음악가로서 세속 음악을 꽃피우기 시작했다.

1150년에서 1300년까지는 '아르스 안티쿠아'(ars antiqua, 고대 예술)라고 불리는 독특한 음악 시기로서 다양한 형식의 대위법 작곡을 발전시켰다. 중세의 악기로는 프살테리움, 플루트, 숌(2개의 리드로 된 오보에 계열의 관악기), 트럼펫

성무일도(聖務日禱) 성가집에 그려진 교황 그레고리우스 1세(좌측 인물). "교황 그레고리우스 1세는 서방 교회의 음악 전체를 체계적으로 정리했다. 이런 비인간적, 신비적, 내세적 음악은 그의 이름을 본떠서 그레고리오 성가 혹은 무반주 성가, 단선율 성가라고 불린다."

그리고 드럼이 있다. 보편적인 민속 악기는 백파이프였다. 또한 교회에는 대형 오르간과 소형 휴대용 오르간이 있었다.

14세기에 프랑스와 이탈리아에서 '아르스 노바'(ars nova, 신예술)가 등장하면서 최초로 작곡자들의 이름이 알려지기 시작했다. 랭스 대성당의 참사 회원인 기욤 드 마쇼(Guillaume de Machaut, 1300경-1377)가 프랑스 신예술 음악의 뛰어난 대표자이다. 이탈리아에서는 피렌체의 프란체스코 란디니(Francesco Landini, 1325-1397)가 14세기 이탈리아 최고의 음악가였다.

대성당의 시대, 로마네스크 양식에서 고딕 양식까지

중세의 예술적 업적을 생각할 때 우리는 보통 건축을 생각하게 된다. 점차 깨어나고 있었던 중세의 문화 사조를 말하면서 건축의 발전을 어느 정도 자

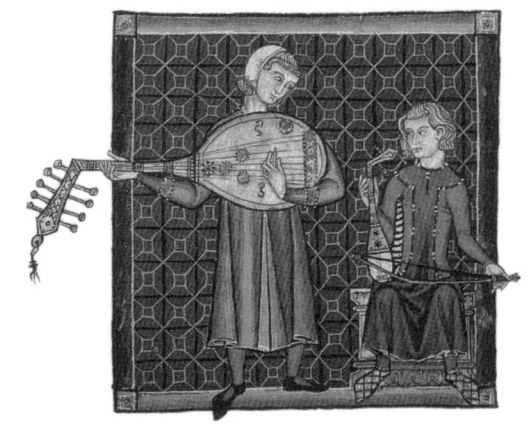

11세기 말에서 13세기 말 사이에 남부 프랑스에서 번성한 음유 시인 트루바두르. 무훈(武勳)과 기사도를 소재로 하여 서정성 강한 연애시를 지었다. "약 1100년에서 1300년까지 트루바두르들이 있었는데 그 이름은 '발명가' 혹은 '발견자'를 뜻한다. 그들은 주로 남부 프랑스의 귀족 출신 시인 음악가로서 세속 음악을 꽃피우기 시작했다."

세히 고찰하지 않는다는 것은 불가능할 것이다. 먼저 중요한 최초의 중세 양식에서 출발하자. 그것은 11세기의 로마네스크 양식으로서 그 주요한 독특한 표지로 아치, 두꺼운 벽 그리고 어두운 실내를 들 수 있다. 로마네스크 건축에서 독창적인 발전과 더불어 비약적인 도약이 있었다.

그 이름이 보여주는 바와 같이 로마네스크 양식은 로마의 양식에서 영향을 받았기 때문에 라벤나의 산비탈레 성당(6세기)을 본뜬 팔라티네 예배당(9세기) 같은 카롤링거 왕조 교회들이나 로마의 산파올로푸오리레무라 대성당(4세기) 같은 초기 기독교 교회들에게 도움을 받았다고 할 수 있다.

그러나 이탈리아의 건축가들이 11세기부터 재건된 베네치아의 로마-비잔틴 양식 대성당, 산마르코 대성당에서 볼 수 있듯이 고대 로마 양식에 지나치게 얽매여 있었던 반면, 프랑스와 영국의 교회에서는 로마 양식 그 자체가 아닌 로마 양식을 닮은 창조적인 개작을 발견할 수 있다. 프랑스에 있는 11세기와 12세기에 만들어진 베즐레의 대수도원 교회들과 12세기에 지어진 퐁트브로 수도원이 이를 예증해 준다.

영국에는 1066년 노르만족의 침입과 함께 결정적인 계기가 찾아왔다. 런던탑의 화이트 타워에 있는 세인트존 예배당은 1080년경에 지어졌다. 1079년과

런던 탑 화이트타워의 세인트존 예배당. "중세의 예술적 업적을 생각할 때 우리는 보통 건축을 생각하게 된다. 점차 깨어나고 있었던 중세의 문화 사조를 말하면서 건축의 발전을 어느 정도 자세히 고찰하지 않는다는 것은 불가능할 것이다. ……영국에는 1066년 노르만족의 침입과 함께 결정적인 계기가 찾아왔다. 런던 탑의 화이트 타워에 있는 세인트존 예배당은 1080년경에 지어졌다."

1093년 사이에는 윈체스터 대성당이 세워졌고 1093년에는 더럼 대성당이 세워지기 시작했다. 후자는 늑골 궁륭(肋骨穹窿, rib-vault)의 첫 번째 기원 가운데 하나를 보여주는데, 지주(支柱)를 따라 시선을 위로 옮기면 천장에 있는 늑재(肋材)들이 우리의 시선을 사로잡는다. 이것은 후기 고딕 건축의 기반을 제공했다.

    1140년에 쉬제르(Suger, 1080-1151) 대수도원장은 생드니 대수도원의 건축을 감독했다. 지금은 파리의 한적한 교외에 있는 그 건물은 천하에 경이로운 장소 가운데 하나이다. 이곳에서 고딕 양식이 탄생했고 잠에서 깨어난 중세의 문화 양식이 또 다른 도약을 내디뎠기 때문이다. 생드니 대수도원의 성가대석을 디자인한 사람이 누구든간에 그가 바로 고딕 양식을 창조했다고 할 수 있다. 여기서 고딕 양식은 그 뾰족한 아치와 크고 높은 많은 창문들을 통해서 들어오는 풍부한 채광, 그리고 고측창(高側窓, clerestory, 빛이 위에서 아래로 비치

영국 잉글랜드 더럼에 소재한 더럼 대성당. "1079년과 1093년 사이에는 윈체스터 대성당이 세워졌고 1093년에는 더럼 대성당이 세워지기 시작했다. 후자는 늑골 궁륭(肋骨穹窿)의 첫 번째 기원 가운데 하나를 보여주는데, 지주(支柱)를 따라 시선을 위로 옮기면 천장에 있는 늑재(肋材)들이 우리의 시선을 사로잡는다. 이것은 후기 고딕 건축의 기반을 제공했다."

도록 벽에 높이 세운 창)과 더불어 탄생했다. 고딕 양식에서는 또한 버팀벽(flying buttress)과 원화창(圓華窓, rose window)의 경이로움이 나타난다. 날개 모양의 버팀벽들은 지붕을 떠받치기 위해 외벽이 견뎌야 하는 무게를 나눠 가짐으로써 벽을 더 얇게 세우고 창문을 더 크게 낼 수 있게 해주었다.

1194년에 건축되기 시작한 샤르트르 대성당을 살펴보면, 뾰족한 아치, 버팀벽, 늑골 궁륭 등 고딕 양식을 가장 순수한 형태로 볼 수 있다. 샤르트르 대성당에서 우리는 조각술의 진보를 보여주는 훌륭한 예들을, 요컨대 서쪽 면에서 보게 된다. 초기 또는 고전적 고딕 양식은 1150년에서 1250년까지, (특히 영국에서 더 화려했던) 후기 고딕 양식은 1250년에서 1500년까지로 연대를 추정할 수 있다.

피렌체의 예술은 13세기부터 고딕 양식의 특징을 보여준다. 1266년부터 베키오 궁전에서 일을 시작했고 1294년에는 피렌체 대성당(산타마리아델피오레 대성당)을 건축하기 시작한 아르놀포(Arnolfo di Cambio, 1232-1302)는 고딕 양식으로 작업을 했다. 피렌체의 고딕 양식은 완전히 발전한 고딕 양식은 아니었지만, 북부 유럽의 초기 고딕 양식이 영향력을 행사하고 있었다. 산타트리니타 성당(13세기 후반 완공), 산타마리아노벨라 성당(1278-1360), 산타 크로체 성당(1295 착공) 등은 모두 고딕 양식으로 건축되었고, 작은 회랑 로자데이란치(1376-1382)는 후기 고딕 양식이다. 산조반니 세례당은 로마네스크 양식이지만, 조토 디 본도네(Giotto di Bondone, 1267경-1337)의 친구였던 안드레아 피사노(Andrea Pisano, 1290경-1348)가 만든 청동으로 된 남문(1330-1336)의 패널은 고딕 양식이다. 1403년과 1424년 사이에 로렌초 기베르티(Lorenzo Ghiberti, 1378-1455)가 만든 북문의 패널 안에 담긴 주제는 아주 자유로웠지만, 그 패널의 테두리에서 기베르티는 여전히 고딕 양식을 사용하고 있다.

기베르티가 미켈란젤로(Michelangelo di Lodovico Buonarroti Simoni, 1475-1564)가 '천국의 황금문'이라고 극찬한 동문(1425-1452)을 완성했을 무렵, 고딕 양식의

프랑스 생드니 대수도원(상단)과 샤르트르 대성당(하단). "1140년에 쉬제르 대수도원장은 생드니 대수도원의 건축을 감독했다. 지금은 파리의 한적한 교외에 있는 그 건물은 천하에 경이로운 장소 가운데 하나이다. 이곳에서 고딕 양식이 탄생했고 잠에서 깨어난 중세의 문화 양식이 또 다른 도약을 내디뎠기 때문이다. 여기서 고딕 양식은 그 뾰족한 아치와 크고 높은 많은 창문들을 통해서 들어오는 풍부한 채광, 그리고 고측창(高側窓, 빛이 위에서 아래로 비치도록 벽에 높이 세운 창)과 더불어 탄생했다. 고딕 양식에서는 또한 버팀벽과 원화창(圓華窓)의 경이로움이 나타난다. 날개 모양의 버팀벽들은 지붕을 떠받치기 위해 외벽이 견뎌야 하는 무게를 나눠 가짐으로써 벽을 더 얇게 세우고 창문을 더 크게 낼 수 있게 해주었다. 1194년에 건축되기 시작한 샤르트르 대성당을 살펴보면, 뾰족한 아치, 버팀벽, 늑골 궁륭 등 고딕 양식을 가장 순수한 형태로 볼 수 있다."

특징은 완전히 사라지고 르네상스 양식이 한창이었다. 고딕 시기에서 르네상스 시기로의 전이를 우리는 산조반니 세례당의 경탄할 만한 문들에서 발견할 수 있고 또 아주 분명하게 느낄 수 있다.

로마네스크 양식에서 고딕 양식으로 변화하는 동안, 마리아 숭배가 교회 안에 퍼지기 시작했다. 로마네스크 교회들은 성모 마리아에게 봉헌된 적이 없지만 프랑스의 고딕 교회들은 압도적으로 그녀에게 봉헌되었다. 여기서 다시 우리는 어떤 점증하는 긴장을 발견하고 느끼게 된다. 즉 중세의 태동은 각성된 문화적, 지적 생활과 각성된 경건으로 특징지어졌지만 동시에 교회는 성경적 교리의 왜곡이 심해지면서 초기 기독교의 가르침에서 멀어지고 있었다.

르네상스의 배경과 개념

곧 유럽의 사상은 두 가지 노선으로 양분되었는데, 둘 다 우리 시대로 이어져서 영향력을 행사하고 있다. 첫째는 르네상스의 인본주의적 요소이며, 둘째는 성경에 근거한 종교 개혁의 가르침이다.

르네상스에 접근할 때, 우리는 두 가지 잘못을 범하지 말아야 한다. 첫째, 이미 살펴본 바와 같이 우리는 르네상스 이전의 모든 것이 완전히 암흑이었다고 생각해서는 안 된다. 이런 잘못된 개념은 모든 선한 것이 현대 인본주의의 탄생에서 시작한다는 (르네상스와 후대의 계몽주의의) 인본주의자들의 편견에서 생겨난 것이다. 오히려 후기 중세는 서서히 발전하고 있던 태동의 시기였다. 둘째, 르네상스가 풍요롭고 놀라운 시기이기는 하지만, 르네상스가 만든 모든 것이 좋은 것이었다고 생각해서는 안 된다.

11세기 후반에서 12세기에 이르는 동안, 중세 문화의 절정기인 13세기를 지탱할 경제적 토대를 마련해 준 활동이 고조되고 있었다. 인구가 늘어났고, 마을이 통합되어 농업 효율성이 증가했고, 도시가 편리한 바둑판 모양으로 계획되었다. 더욱이 십자군 전쟁이 경제적 팽창의 운반자 역할을 했다. 1100년경 무거운 쟁기가 널리 쓰였는데, 이것은 역사가들이 경작의 혁명이라고 보는 과정의 핵심 요소가 되었다. 이탈리아의 도시들은 동방 무역으로 부유해지고, 플랑드르의 도시들은 직물로 부자가 되었다. 점차 도시들은 가지각색의 정치적 자유를 얻기 위해 봉건적 제약에서 스스로 벗어났고, 이 점은 14세기와 15세기에 건립된 위풍당당한 시청들을 보면 알 수 있다.

또한 초기 대학들이 등장하기 시작했다. 13세기 후반, 파리, 오를레앙, 툴루즈, 몽펠리에, 케임브리지, 옥스퍼드, 파도바, 볼로냐, 나폴리, 살레르노, 살라망카, 코임브라 그리고 리스본에 대학이 있었다. 이들 대학은 순전히 성직자에게만 경쟁적으로 교육을 제공했다. 글을 쓸 때 자국어들이 사용되기 시작했다. 예를 들면, 성경의 일부분이 프랑스어로 번역되었다. 10세기와 11세기에 '하나님의 평화'와 '하나님의 휴전'을 선포하는, 성공할 것이라고 믿기는 어려웠지만 적어도 귀족들 사이의 전쟁을 제한하려 했던 시도가 있었다. 물론 로마네스크 건축과 그 후의 고딕 건축은 인류의 사고와 위업의 역사에 있어서 위대한 도약이었다.

이 모든 것을 말한 이상, 르네상스라는 이름에 걸맞는 어떤 변화가 결국 나타났다는 것을 우리는 인식해야 한다. 그러나 그것이 인간의 재탄생이 아니고 어떤 인간관의 재탄생이었음을 인식해야 한다. 인간에 관한 사고방식에 큰 변화가 있었는데, 이는 인간을 모든 사물의 중심에 두는 변화로서 이 변화는 예술에 표현되었다. 생각의 변화가 삶의 모든 영역에 영향을 미치기는 하지만, '다시 태어남'을 뜻하는 '르네상스'(Renaissance)라는 단어를 정치적, 경제적, 사회적 역사에 적용하면 그 의미가 선명해지지 않는다. 그러나 그 말을 특별한 제한 없이 사용할 수 있는 곳에서도, 앞서 말한 재탄생의 모든 국면이 인류에게 이득이 되었다는 것을 함축하는 데 그 말을 사용해서는 안 된다.

토마스 아퀴나스의 인간관

르네상스는 보통 14, 15세기 그리고 16세기 초에 해당하지만, 그것을 이해하려면 이때까지의 사건, 특히 중세의 철학적 선구자들을 살펴보아야 한다. 그리고 그것은 곧 토마스 아퀴나스(Thomas Aquinas, 1225-1274)의 사상을 살펴보는 일을 뜻한다. 아퀴나스는 도미니쿠스회 수사였다. 그는 나폴리 대학교와 파리 대학교에서 공부하고, 후에 파리에서 가르쳤다. 그는 당대의 탁월한 신학자였고 그의 사상은 지금도 로마 가톨릭 교회의 몇몇 진영을 지배하고 있다.

서구 사상에 대한 아퀴나스의 기여는 여기서 우리가 토론할 수 있는 것보다 더 풍부하지만, 그의 인간관이 우리의 주의를 끈다. 아퀴나스는 인간이 하나님께 대항하여 타락했다고 주장하긴 하지만, 그의 타락관은 불완전하다. 그는 인간 전체가 아닌 부분에만 타락의 영향이 미친다고 생각했다. 그의 견해에 의하면 의지는 타락 혹은 부패했지만, 지성은 손상받지 않았다. 그래서 사람들은 인간적 지혜를 의지할 수 있고, 이렇게 해서 성경의 가르침과 비기독교 철학자의 가르침을 자유로이 혼합할 수 있다는 것이다.

이 점을 보여주는 좋은 예는, 1365년 안드레아 다 피렌체(Andrea da Firenze, 1337-1377 활동)가 피렌체의 산타마리아노벨라 성당 부속 스페인 예배당에 그린 프레스코화를 들 수 있다. 토마스 아퀴나스는 이 프레스코화에서 중앙에 있는 보좌에 앉아 있고, 그림의 하단부에는 아리스토텔레스(Aristoteles, B. C. 384-322), 키케로(Cicero, B. C. 106-43), 프톨레마이오스(Ptolemaeos, A. D. 121-151 활동), 에우클레이데스(Eucleides, B. C. 300경 활동), 피타고라스(Pythagoras, B. C. 580경-500경) 등이 있는데, 모두가 아우구스티누스(Augustinus, 354-430)와 같은 범주에 놓여 있다. 이런 점을 강조한 결과로 철학은 점차로 계시 곧 성경에서 나누어졌고, 철학자들은 더욱 독립적이고 자율적인 방식으로 활동하기 시작했다.

토마스 아퀴나스는 그리스 철학자들 가운데 가장 위대한 철학자 중 하나인

중세 기독교의 대표적 신학자이자 스콜라 철학자, 토마스 아퀴나스. "르네상스는 보통 14, 15세기 그리고 16세기 초에 해당하지만, 그것을 이해하려면 이때가지의 사건, 특히 중세의 철학적 선구자들을 살펴보아야 한다. 그리고 그것은 곧 토마스 아퀴나스의 사상을 살펴보는 일을 뜻한다. 아퀴나스는 도미니쿠스회 수사였다. 그는 나폴리 대학교와 파리 대학교에서 공부하고, 후에 파리에서 가르쳤다. 그는 당대의 탁월한 신학자였고 그의 사상은 지금도 로마 가톨릭 교회의 몇몇 진영을 지배하고 있다."

아리스토텔레스에게 특히 의존했다. 1263년에 교황 우르바누스 4세(Urbanus IV, 1200경-1264)는 대학에서 아리스토텔레스의 연구를 하지 말라고 금했다. 아퀴나스는 아리스토텔레스를 수용하려고 애썼고, 그 때문에 고대의 비기독교적 철학은 다시 보좌에 등극했다.

이 일이 가져다준 결과를 이해하기 위해서는 라파엘로(Raffaello Sanzio, 1483-1520)가 그린 『아테네 학당』(The School of Athens, 1510경)을 살펴볼 가치가 있다. 이 그림을 통해 우리는 르네상스 시기에 계속된 논의와 영향을 다소 파악할 수 있다. 지금은 바티칸 궁전에 있는 이 프레스코화에서 라파엘로는 플라톤(Platon, B. C. 427경-347경)을 한 손가락으로 위를 가리키고 있는 모습으로 그렸는데, 이는 그가 절대자 혹은 이념을 가리킨 것을 의미한다. 한편, 아리스토텔레스는 손가락들을 넓게 펴고 땅 쪽으로 향하게 한 모습으로 묘사되었는데, 이는 그가 개별자를 강조했음을 의미한다.

「아테네 학당」, 라파엘로 作. "지금은 바티칸 궁전에 있는 이 프레스코화에서 라파엘로는 플라톤을 한 손가락으로 위를 가리키고 있는 모습으로 그렸는데, 이는 그가 절대자 혹은 이념을 가리킨 것을 의미한다. 한편, 아리스토텔레스는 손가락들을 넓게 펴고 땅 쪽으로 향하게 한 모습으로 묘사되었는데, 이는 그가 개별자를 강조했음을 의미한다."

개별자란 우리 주변에 있는 개체적인 사물들을 가리킨다. 의자는 개별자이며, 의자를 구성하는 각각의 분자들도 마찬가지이다. 개인도 역시 개별자이고, 그래서 여러분도 개별자이다. 토마스 아퀴나스는 개체적 사물, 즉 개별자들에 대한 이런 아리스토텔레스적인 강조점을 후기 중세의 철학에 도입했고, 이렇게 도입한 것은 르네상스의 인본주의적 요소와 그것들이 창출한 기본적 문제에 발판을 놓았다.

자연 대 은총

이 문제를 자주 자연 대 은총(nature-versus-grace)의 문제라고 부른다. 오직 인간과 세계 속의 개체 사물(개별자들)에서 출발하는 이 문제는 개체 사물의 궁극적이고 충분한 의미를 찾는 방법이다. 인간에게 가장 중요한 개체 사물은 인간 자신이다. 한 개인에 대한(한 개인인 나에 대한) 궁극적 의미가 없다면, 삶이 무슨 소용이 있으며 무엇이 도덕, 가치, 법률의 기초가 될 것인가? 만일 우리가 어떤 절대적인 행동이 아니라 이런 개인적 행위에서 출발한다면, 각각의 행위의 옳고 그름에 관한 실제적인 확실성을 무엇이 줄 것인가? 자연 대 은총의 긴장이나 문제점은 다음과 같이 그려 볼 수 있다.

은총, 상층부 창조주 하나님, 하늘과 하늘에 속한 것들, 보이지 않는 것과 이것이 이 땅에 미치는 영향, 통일성 혹은 존재와 도덕에 의미를 주는 보편자나 절대자

자연, 하층부 피조물, 땅과 땅에 속한 것들, 보이는 것과 인과적 우주에 보통 발생하는 것, 인간으로서 인간이 땅에서 하는 일, 다양성 혹은 개체 사물, 개별자 혹은 사람의 개별적 행위들

르네상스 인본주의, 그리고 그 이후의 인본주의는 오직 사람에서 출발하므로, 존재와 도덕에 의미를 주는 보편자나 절대자에 도달할 수 있는 길을 발견하지 못했다.

아퀴나스의 시대 이전에는 보통의 일상적인 세계, 즉 세계와 세계에 대한 우리의 관계를 거의 강조하지 않았기 때문에 그의 교훈에는 긍정적인 면이 있었다. 이 점은 중요한데 이는 하나님이 세상을 만드셨기 때문이다. 13세기 중반에 이르러 어떤 고딕 조각가들은 나뭇잎과 꽃과 새들을 만들기 시작했고, 이들 형상에 더욱 자연스러운 모습을 새겨 넣었다. 토마스 아퀴나스 덕분에 세계와 세계 속에서의 사람의 지위는 이전보다 더 중요해졌다.

하지만 그 교훈의 부정적 결과가 있는데 그것은 개체 사물, 개별자들이 독립적이고 자율적으로 되려는 경향을 보였다는 것이며, 결국 개별자의 의미는 상실되기 시작했다는 점이다. 우리는 그 과정을 개체 사물, 개별자들이 점차적으로 가장 중요한 것, 전체가 되고 그래서 의미가 사라지기까지 모든 의미를 잠식한 것으로 생각해 볼 수 있다.

그리하여 두 가지 사실이 이제 뒤따라올 것의 기반을 제공하는데, 첫째는 점차 각성된 중세의 문화적 사상과 경건이며, 둘째는 성경과 초대 교회의 교훈에 대한 왜곡의 증가이다. 즉 인본주의적 요소가 개입했던 것이다. 예를 들면, 교회의 권위가 성경의 교훈을 눌렀고, 타락한 인간이 그리스도의 공로에 자신의 공로를 쌓음으로 하나님께 돌아갈 수 있다고 생각했다. 그리고 (아퀴나스가 아리스토텔레스를 중요시한 것과 같은) 기독교와 고대 비기독교적 사상의 혼합이 있었다. 결과적으로 사람들은 자신이 자율적이고 사물의 중심이라고 생각하기 시작했다.

르네상스가 가져온 왜곡에 대한 반발

르네상스의 불행한 측면은 그 왜곡들을 재확증했다는 점이다. 그러나 이 왜곡들에 대해 반발하는 움직임이 곧 있었다. 이러한 움직임 이전에도 동요가 있었으나, 중요한 움직임은 존 위클리프(John Wycliffe, 1320경-1384)라는 옥스퍼드 대학교 교수가 유럽 전역에 목소리를 발하여 영향을 끼치면서부터였다. 그는 성경이 최고 권위라고 가르치고 성경을 영어로 번역했다. 그리고 얀 후스(Jan Hus, 1369-1415)가 위클리프의 영향을 받았다. 그도 역시 성경이 유일한 최종 권위라고 확증하며, 성경과 초대 교회의 가르침으로 돌아갈 것을 강조하고, 사람은 오직 그리스도의 사역을 통해 하나님께 돌아가야 한다고 주장하면서 목소리를 높였다.

위클리프와 후스의 이러한 가르침은 점차 그러나 점점 더 깊이 교회에 들어왔던 인본주의와는 아주 다른 움직임이었다. 그리하여 이제 우리 시대에 이르기까지 영향을 끼치게 될 두 운동, 즉 르네상스의 인본주의적 요소와 종교 개혁의 성경적 기독교가 시작되었다.

제2장 중세 | 연구 문제

1. 초기 기독교의 미술과 비잔틴 미술을 비교해 보라. 저자는 각각의 미술을 당시 교회의 상태와 의도적으로 연결시키고 있다. 어떻게 연결되고 있는가?

2. 중세 이전의 후기 로마 시기에 교회에 가미된 인본주의적 요소는 무엇인가? 이 점을 고려할 때 그 당시나 그 뒤를 따른 중세 문화가 순전히 기독교적인 문화라고 할 수 있는가?

3. "신자는 이 세상에 있지만 이 세상에 속하지 않았다."라고 하신 예수 그리스도의 기도를 찾아 읽어 보라(참조. 요 17장). 이 가르침을 후기 로마의 기독교인들은 어떻게 실천하였는가?

4. 중세의 기독교회는 당시 사회에 다양한 방식으로 대응하였다. 경제, 정치, 학문의 각 영역에서 그들이 어떻게 반응하고 행동했는지를 정리해 보라.

5. 중세의 문화가 진행되면서 차츰 서로 구분되는 두 가지 흐름이 그 자태를 드러내기 시작했다. 그것은 무엇인가?

6. 위에서 언급한 두 흐름 중 한 흐름은 르네상스의 인본주의로 발전하였다. 아퀴나스는 어떻게 이 흐름을 철학적으로 준비하였는가? 아퀴나스가 기독교인이면서 철학에서는 이교도 철학자인 아리스토텔레스를 전적으로 의존한 이유를 그의 타락론과 관련시켜 설명해 보라. 아리스토텔레스는 개별자와 보편자를 어떻게 설명하는가? 이 점에서 플라톤과는 어떻게 비교되는가? 자연과 은총의 이분법이란 무엇인가?

처음에는 종교적 측면만이 위협받았다. 그러나 점차로 그 위협은 모든 지식과 모든 생활에 퍼져 갔다. 모든 개체 사물 혹은 모든 개별자들에게서 의미가 제거되었다. 사람들은 사물을 자율적인 것으로 보고 있었으며, 그것들을 연결시켜 주고 그것들에게 의미를 줄 수 있는 것은 아무것도 없었다. 인본주의자들은 자기 자신에게서 출발하는 인간이 모든 문제를 해결할 수 있다고 확신했다. 인간에 관해 전적으로 믿었다. 인본주의자는 "나는 내가 원하는 것을 할 수 있다. 다만 나에게 내일까지의 시간을 달라."라고 외쳤다. 그러나 레오나르도 다 빈치는 인생 말엽에 그 명민함으로, 다가오는 인본주의의 패배를 바라보았다. 인본주의는 그 자연스러운 결론이 비관론임을 이미 보여주기 시작했다. 사실 우리는 르네상스 시대의 피렌체에서 현대인을 발견하였다고 말할 수 있다.

제3장

르네상스

자연에 대한 사실적 묘사

토마스 아퀴나스의 사상의 긍정적 측면은 예술에서 곧 감지된다. 조토 디 본도네(Giotto di Bondone, 1267경-1337) 이전에 피렌체의 미술은 단조롭고 깊이가 없으며 비잔틴 예술의 약간 덜 세련된 형태였다. 예를 들면, 마리아와 그리스도를 사실적으로 그리지 않았다. 사실 그렸다기보다 상징으로 표시했을 따름이다. 500년 세월 동안 피렌체 예술은 참된 변화를 전혀 겪지 않았다.

치마부에(Cimabue, 1240-1302)의 제자였던 조토 디 본도네와 더불어 비로소 근본적인 변화가 나타났다. 조토는 자연에 좀 더 적당한 위치를 부여했으며, 인물들도 사실적으로 표현했다. 조토는 그의 위대한 첫 작품을 1304년 파도바에서 완성하였는데, 그것은 최후 심판에 대한 그림이었다. 그는 이 그림 속에, 그림을 의뢰한 엔리코 스크로베니(Enrico Scrovegni, ?-1336)의 모습을 사실적으로 그려 넣었다. 그러나 조토의 작품에는 몇 가지 기술적인 결함도 있었다.

한 가지 예를 들면, 그는 사람의 발을 땅 위에 붙이는 기술을 완성시키지

『**최후의 심판**』, **조토 디 본도네** 作. "조토 디 본도네 이전에 피렌체의 미술은 단조롭고 깊이가 없으며 비잔틴 예술의 약간 덜 세련된 형태였다. ……500년 세월 동안 피렌체 예술은 참된 변화를 전혀 겪지 않았다. 치마부에의 제자였던 조토 디 본도네와 더불어 비로소 근본적인 변화가 나타났다. 조토는 자연에 좀 더 적당한 위치를 부여했으며, 인물들도 사실적으로 표현했다. 조토는 그의 위대한 첫 작품을 1304년 파도바에서 완성하였는데, 그것은 최후 심판에 대한 그림이었다. 그는 이 그림 속에, 그림을 의뢰한 엔리코 스크로베니의 모습을 사실적으로 그려 넣었다."

못했다. 그의 인물들은 모두 발가락으로 서 있는 것처럼 보인다. 그리고 그의 인물들은 그들을 둘러싸고 있는 세계보다 훨씬 크다. 즉 언덕과 집과 나무들이 인물들의 크기에 비하면 너무 왜소하다. 그럼에도 불구하고, 조토는 자연에 적당한 위치를 줌으로써 한 걸음을 크게 내디뎠다. 이는 바람직한 일인데, 그 이유는 하나님이 세상을 만드셨으므로 자연은 실로 중요하기 때문이다. 이제 자연은 좀 더 실제 모습으로 그려지게 되었다. 조토는 또한 르네상스 사람들의 특징이 되는 다재다능함을 보여주기 시작했다. 인생 말기에 그는 피렌체 대성당(산타마리아델피오레 대성당) 옆의 종탑을 설계했다(1334-1337).

문학에 나타난 자연 대 은총의 문제

자연을 보다 강조하게 된 예술 분야의 이런 긍정적인 경향은 그림뿐만 아니라 저술에서도 나타났다. 저술가들은 화가가 그림을 그리는 방식으로 글을 썼다. 특별히 조토와 아는 사이였고 자신의 작품 『신곡』(The Divine Comedy, 1300-1320)에서 그를 언급하기도 했던 단테(Dante Alighieri, 1265-1321)는 조토가 그림을 그리는 방식으로 글을 썼다. 1302년 정치적 활동으로 인해 추방된, 피렌체 태생 단테는 중요한 작품을 자국어로 저술한 최초의 사람들 가운데 하나였다. 그의 저술은 깊이 있고 심오한 아름다움을 지닌 뛰어난 천재적 작품이다. 그러나 르네상스의 인본주의적 요소가 발전하는 과정에 서 있던 단테는 작품 전반에서 암암리에 기독교 세계와 고전적 이교 세계를 혼합함으로써 토마스 아퀴나스의 잘못된 측면을 따랐다.

『신곡』에서 두 가지 예를 언급해 보자. 첫째, 단테의 지옥 안내자는 로마의 시인 베르길리우스(Publius Vergilius Maro, B. C. 70-19)인데 그는 마치 아퀴나스에게 있어서 아리스토텔레스처럼 단테에게 있어서 중요한 인물이다. 둘째, 지옥에서 가장 악독한 죄인들은 예수님을 배반한 유다와 카이사르(Julius Caesar,

「단테와 신곡」, 도메니코 디 미켈리노 作. "자연을 보다 강조하게 된 예술 분야의 이런 긍정적인 경향은 그림뿐만 아니라 저술에서도 나타났다. 저술가들은 화가가 그림을 그리는 방식으로 글을 썼다. 특별히 조토와 아는 사이였고 자신의 작품 『신곡』에서 그를 언급하기도 했던 단테는 조토가 그림을 그리는 방식으로 글을 썼다."

B. C. 100-44)를 배반한 브루투스(Marcus Junius Brutus, B. C. 85-42)와 카시우스 롱기누스(Gaius Cassius Longinus, B. C. 85경-42)이다.

재미있는 점은 자연 대 은총 문제가 단테의 저술에 등장하는 베아트리체(Beatrice)와 단테의 아내의 대조 속에 분명하게 반영되고 있다는 것이다. 단테는 생애 내내 (실제로는 한두 번 보았을 따름인) 베아트리체를 사랑했고, 자신들의 사랑을 낭만적인 이상으로 승화시켰다. 예를 들면, 1293년경에 그는 『신생』(La Vita Nuova)이란 작품을 썼는데, 베아트리체를 향한 자신의 사랑을 이렇게 표현했다. "그녀의 얼굴을 보는 것이 얼마나 좋은지······사랑이 그토록 완전한 달콤함을 나에게 쏟아 주었도다." 반면에 1285년에 그와 결혼한 여인은

제3장 르네상스 83

14세기 르네상스의 문학적 지평을 연 이탈리아의 위대한 시인, 단테. "자연 대 은총 문제가 단테의 저술에 등장하는 베아트리체와 단테의 아내의 대조 속에 분명하게 반영되고 있다. 단테는 생애 내내 (실제로는 한두 번 보았을 따름인) 베아트리체를 사랑했고, 자신들의 사랑을 낭만적인 이상으로 승화시켰다. ……반면에 1285년에 그와 결혼한 여인은 그의 시에 전혀 나타나지 않았다. 그녀는 그를 위해 음식을 만들고 그의 아이들을 키우는 데에만 필요한 사람이었다. ……소설가와 시인들의 감각적인 사랑은 하층부에 속하고, 서정 시인들의 이상적이고 정신적인 사랑은 상층부에 속했다. 이런 상황은 아름다움이 아니라 추함을 낳을 따름이었다. 아내는 가정부였고, 반면 이상화된 여인은 몸 없는 환영이었다."

그의 시에 전혀 나타나지 않았다. 그녀는 그를 위해 음식을 만들고 그의 아이들을 키우는 데에만 필요한 사람이었다. 이런 사고방식의 사람들은 전적으로 감각적인 사랑과 전적으로 정신적인 사랑이라는 두 가지 입장 사이에서 강한 대립을 느꼈다. 그들은 감각적인 사랑에는 순간적인 육체적 반응을 넘어서서 진정한 의미를 줄 수 있는 정신적 사랑이 필요하다고 생각했다.

그러나 그들은 이것을 통일적으로 유지하지 않고, 이것을 일종의 상층부(upper story)와 하층부(lower story)로 양분했다. 소설가와 시인들의 감각적인 사랑은 하층부에 속하고, 서정 시인들의 이상적이고 정신적인 사랑은 상층부에 속했다. 이런 상황은 아름다움이 아니라 추함을 낳을 따름이었다. 아내는 가정부였고, 반면 이상화된 여인은 몸 없는 환영이었다.

전문적 인본주의자들의 등장

다른 저자들도 단테의 전철을 밟았다. 페트라르카(Francesco Petrarca, 1304-1374)를 '새로운 인본주의의 아버지'라고 부르는 것은 합당한 일이다. 그는 키케로(Cicero, B. C. 106-43)와 같은 고전적 로마 저술가들에 대한 열정과 고대 로마에 대한 깊은 사랑을 가지고 있었다. 『데카메론』(The Decameron)의 저자인 보카치오(Giovanni Boccaccio, 1313-1375)는 고전을 더 잘 연구하려고 헬라어를 배웠다. 그가 호메로스(Homeros, B. C. 8세기경 활동)의 작품들을 번역한 것은, 700년간 무시되었던 그리스 문학을 되살린 르네상스의 초석 가운데 하나였다.

페트라르카로부터 전문적 인본주의자가 줄지어 등장했다. 보수를 받고 일하던 이들 문필가들은 라틴어를 번역하고, 연설문을 작성하고, 비서로서 활동했다. 그들은 주로 피렌체의 장관 살루타티(Coluccio Salutati, 1331-1406)와 브루니(Leonardo Bruni, 1370-1444)와 같은 평신도였다. 그들의 인본주의는 무엇보다도 먼저 고대의 모든 것, 특히 그리스와 로마 시대의 저술들에 대한 존경을 뜻했다. 이 지나간 시대에도 기독교 교회가 있기는 했지만, 많은 르네상스 인본주의자들이 마음에 품고 있던 인간의 자율성은 전적으로 비기독교적 그리스 로마 세계에 의존한 것이라는 사실이 점차 분명해졌다. 그래서 르네상스 인본주의는 현대 인본주의, 즉 인간은 그 자신의 척도이며 인간은 자율적이며 전적으로 독립적이라는 신념에 뿌리내리고 있는 신념 체계를 향하여 꾸준히 발전하였다.

그리스와 로마의 고전을 향한 열정

그리스와 로마의 고전을 향한 열정은 두 가지 사건 때문에 더욱 자극을 받았다. 첫째로, 1439년 피렌체에서 열린 공의회가 동방 정교회와의 관계를 논의하면서 그리스 학자와 접촉할 수 있는 길을 열어 놓았다. 둘째, 1453년 콘스탄티노플의 몰락으로 그리스 학자들이 도피하면서 사본들을 가지고 피렌체와 다른 북부 이탈리아 도시로 왔다.

바로 이 시대의 인본주의자들은 고전을 향한 열정으로 자기들의 바로 이전 시대를 '암흑 시대'라고 부르고 자신들의 시대를 '재탄생의 시대'라 불렀다. 그들은 기독교 이전의 시대에 귀를 기울이며, 사람을 크게 진보하는 존재로 그렸다. 자율적 인간이라는 개념이 자라나고 있었다. 환언하면, 르네상스와 르네상스 이후의 인본주의가 갖추었던 형식의 인본주의가 대두되고 있었다.

당시 발생하고 있었던 모든 일에는 긍정적 측면이 있었는데, 그것은 자연과 자연을 향유하는 일을 새롭고 적절하게 강조한 점이다. 1340년경 페트라르카는 프랑스 남부에 있는 몽방투라는 산을 등산할 목적으로 등정했는데, 이것은 획기적인 일이었다. 물론 이 등산이 대단하지 않은 것으로 보일 수 있으나, 이것은 일상 생활의 측면에서 자연을 그린 조토의 그림에 비견되는 것이었다.

고전 양식의 건축

조금 뒤인 15세기 초에는 건축이 브루넬레스키(Filippo Brunelleschi, 1377-1446)와 더불어 극적으로 변화하기 시작했다. 그의 건축은 고딕 양식에서 고전 양식으로 그 주안점을 옮겼다. 피렌체에 있는 산로렌초 성당(1421-1434 건축)과 산토스피리토 성당(그의 설계로 1445-1482 건축) 등 그가 건축한 교회들은 그가 고전적 양식을 사용했음을 보여준다. 1421년에 그는 고아 양육원의 공사를 시작했는데, 이것을 최초의 르네상스 건물이라고 부를 수 있다.

그가 설계한 피렌체 대성당(산타마리아델피오레 대성당)의 돔(1434 완공)은 건축상의 대도약이었다. 그것은 압도될 만한 공학적 업적과 더불어 위대한 예술적 승리를 함께 가지고 온 것이었다. 건축 공학에 있어서 그것은 세계의 불가사의 가운데 하나였고 지금도 그러하다. 그것은 예술적인 표현이었을 뿐만 아니라, 브루넬레스키의 수준 높은 수학적 이해를 보여주었다. 브루넬레스키가 건축한 이 돔은 고대 로마의 판테온을 포함하여 이전의 어떤 돔보다도 월등했다.

르네상스 시대의 예술의 상호 작용을 살펴보기 위해서 음악가 기욤 뒤페(Guillaume Dufay, 1400경-1474)가 브루넬레스키가 만든 돔의 봉헌을 위해 특별히 성가를 지었다는 사실을 주목하는 것은 흥미 있는 일이다. 후에 미켈란젤로(Michelangelo di Lodovico Buonarroti Simoni, 1475-1564)는 브루넬레스키의 돔을 성 베드로 대성당의 돔의 모델로 사용했다.

이 모든 점은 브루넬레스키가 건축가가 아니라 대장장이로 수련을 쌓았다는 사실을 알 때 특히 인상적인데, 이는 다시 르네상스인들의 다재다능함을 강조해 준다. 르네상스 건축가들은 사각형과 원이라는 단순한 기하학적 형식을 강조했다. 그리고 레오나르도 다 빈치(Leonardo da Vinci, 1452-1519)는 인간을 단순한 형태 속에 맞추어 넣는 그림을 그렸다. 브루넬레스키는 기베르티(Lorenzo Ghiberti, 1378-1455)와 도나텔로(Donatello, 1386-1466)와 같이 원근법을 사용했고, 반면 레온 바티스타 알베르티(Leon Battista Alberti, 1404-1472)는 원근법 이론과 기술에 관한 논문을 처음으로 썼다.

공간을 표현하는 새로운 기법

원근법은 공간을 묘사하는 새로운 방법을 가능하게 했다. 공간의 대가, 브루넬레스키는 또한 '열린 공간'을 예술 개념의 중요한 요소로 삼아서 당대의 화가와 조각가들에게 크게 영향을 끼쳤다. 그러나 르네상스 시대 사람들에게

피렌체 대성당(산타마리아델피오레 대성당)과 종탑. 피렌체 대성당은 브루넬레스키가 설계했고 대성당 좌측의 종탑은 조토 디 본도네가 설계했다. "브루넬레스키가 설계한 피렌체 대성당(산타마리아델피오레 대성당)의 돔은 건축상의 대도약이었다. 그것은 압도될 만한 공학적 업적과 더불어 위대한 예술적 승리를 함께 가지고 온 것이었다. 건축 공학에 있어서 그것은 세계의 불가사의 가운데 하나였고 지금도 그러하다. 그것은 예술적인 표현이었을 뿐만 아니라, 브루넬레스키의 수준 높은 수학적 이해를 보여주었다. 브루넬레스키가 건축한 이 돔은 고대 로마의 판테온을 포함하여 이전의 어떤 돔보다도 월등했다."

있어 원근법에 관한 그런 새로운 견해는 그 이상의 무엇이었다. 그것은 열린 공간의 중심에 사람을 두었고, 공간은 사람의 마음에서 만들어진 수학적 원리에 따르게 되었다. 인간에 대한 강조가 다른 새로운 방법으로 나타나고 있었다. 예를 들면, 우리는 고딕 시대에 대성당을 건축했던 사람이나 그레고리오 성가를 쓴 사람에 대해 거의 모른다. 반면 브루넬레스키의 전기는 그의 한 친구에 의해 자세하게 기록되었고, 첼리니(Benvenuto Cellini, 1500-1571)는 자신과 같은 천재에게는 일반적인 도덕률이 적용되지 않는다는 주장을 담은, 자신의 생애를 자찬하는 자서전을 남겼다. 그리고 최초로 초상화가 일반적으로 수용되는 예술 형식이 되었다. 건축가 알베르티도 자화상을 그렸다.

이제 우리는 르네상스 예술의 흐름에서 나타나는 그 다음의 큰 발전 단계에 도달한다. 27세의 젊은 나이로 죽은 마사초(Masaccio, 1401-1428)는 르네상스 미술의 아버지라고 불린다. 그는 브루넬레스키와 아는 사이였고, 또한 그의 작품은 기베르티의 산조반니 세례당 북문의 작업에 영향을 끼쳤다.

마사초의 작품을 감상할 수 있는 가장 좋은 장소는 피렌체에 있는 카르멜회 성당 부속 브란카치 예배당이다. 그는 카르멜회와 각별한 관계를 맺고 있었던 것으로 보이는데, 이는 그가 이미 피사에 있는 카르멜회 성당들 가운데 하나를 맡아 작업했기 때문이다. 마사초와 그의 스승 마솔리노(Masolino, 1383경-1447경)가 함께 그렸던 브란카치 예배당의 패널화를 보면, 마사초의 작품이 생동감에 있어서 스승의 그림보다 훨씬 월등했다.

마사초가 그 예배당의 몇몇 작품을 마무리짓지 못하고 세상을 떠나자, 필리피노 리피(Filippino Lippi, 1457-1504)가 50년의 세월을 들여 그것을 완성했다. 리피의 공헌은 훨씬 뒷날에 있었던 것임에도 마사초의 그림은 리피의 그림을 월등히 능가했다. 마사초의 작품에 등장하는 여러 얼굴은 분명히 초상화였다. 그는 생활에서 연구를 했고, 자기 작품을 사실적으로 그릴 수 있었다. 그리하여 자연은 이제 참으로 제자리를 찾게 되었다.

건축가 레온 바티스타 알베르티의 자화상. "인간에 대한 강조가 다른 새로운 방법으로 나타나고 있었다. 예를 들면, 우리는 고딕 시대에 대성당을 건축했던 사람이나 그레고리오 성가를 쓴 사람에 대해 거의 모른다. 반면 브루넬레스키의 전기는 그의 한 친구에 의해 자세하게 기록되었고, 첼리니는 자신과 같은 천재에게는 일반적인 도덕률이 적용되지 않는다는 주장을 담은, 자신의 생애를 자찬하는 자서전을 남겼다. 그리고 최초로 초상화가 일반적으로 수용되는 예술 형식이 되었다. 건축가 알베르티도 자화상을 그렸다."

마사초가 일관성 있게 중앙 원근법을 사용했던 최초의 화가이지만, 도나텔로의 초기 부조인 『성 게오르기우스와 용』(St. George and the Dragon)을 보면 도나텔로 역시 이 기법을 어느 정도 알고 있었던 것으로 보인다. 폼페이의 벽화에서 예를 찾아볼 수 있듯이 로마인들도 일종의 원근법을 사용하기는 했지만 중앙 일점 원근법은 전혀 알지 못했다. 그러므로 (건축술에 있어서 브루넬레스키의 돔과 같이) 그림에서 피렌체의 르네상스인들은 고대인들을 능가했다.

마사초는 사물을 자연스럽게 빛이 비치는 방향 그대로 그림에 표현한 최초의 인물이기도 했다. 그는 인물들을 사물들 가운데 자리잡고 있도록, 그리고 주어진 공간 한가운데 보이도록 그렸다. 사람들은 마사초의 인물에서 원근법과 빛이 결합되어 만드는 이 정교한 분위기를 느낄 수 있다. 게다가 그의 작품은 사실적인 구성을 갖추고 있기 때문에, 인물과 전체 배경의 관계에서 볼 때 균형이 잡혀 있었다.

건축가이며 화가였던 바사리(Giorgio Vasari, 1511-1574)는 『화가, 조각가 그리고 건축가의 생애』(The Lives of the Painters, Sculptors and Architects, 1550)에서 마사초는 인물들이 지면에 발을 딛고 실제로 서 있는 것처럼 그린 최초의 예술가였다고 적고 있다. 이 점은 산타마리아델카르미네 성당 브란카치 예배당의 서로 마주 보는 두 개의 벽에 각각 그려져 있는 마솔리노의 『아담과 하와의 유혹』(The Temptation of Adam and Eve)과 마사초의 『에덴 동산에서 추방되는 아담과 하와』(The Expulsion from the Garden of Eden)를 비교해 보면 알 수 있다.

빛과 공기를 그린 북유럽의 거장 화가들

북부 유럽에서는 플랑드르의 화가들이 같은 기법을 가지고 씨름하고 있었는데 그 가운데 얀 반 에이크(Jan van Eyck, 1390경-1441)가 가장 위대했다. 반 에이크는 이탈리아 남부의 마사초와 같은 시기에 활동했다. 그는 빛과 공기를 마음대로 그릴 수 있었고, 자연을 특히 강조하였다. 또한 그는 유화와 템페라화의 새로운 기법을 사용했다. 이 점에서 그는 이탈리아의 화가들을 앞질렀다.

1420년, 이탈리아인들을 앞질러 플랑드르의 캉팽(Robert Campin, 1378경-1444)은 사실적인 초상화를 그렸고, 반 에이크가 그 뒤를 따랐다. 예를 들면, 반 에이크가 그린 『재상 롤랭의 성모』(Madonna with Chancellor Rolin, 1436경)에 등장하는 롤랭(Nicolas Rolin, 1376-1462)은 실제 그대로의 초상이다.

북부 유럽의 화가들은 남부보다 더 일찍이 풍경화에 관심을 두고 있었다. 이미 1415-1420년쯤에 풍경화를 그리고 있었던 반 에이크는 이 주제에 있어 최초의 위대한 거장이며 최초의 위대한 풍경화가였다. 많은 그림이 이 초창기의 관심을 보여주지만 그 중에서 한 가지, 벨기에 헨트의 신트바프 대성당에 소장된 『어린양 경배』(Adoration of the Lamb, 1432)만 살펴보자. 이 그림은 하와, 아담 그리고 노래하는 천사들을 훌륭하게 그린 제단 장식용 그림이다.

제단 위에 살아 서 계신 그리스도

그러나 가장 인상적인 점은 그림의 중심 주제이다. 즉 가난한 자, 부자, 즉 모든 계급과 배경의 사람들이 그리스도께로 나아가고 있다. 그런데 그림에서 이 그리스도는 누구인가? 반 에이크는 그리스도를 구주로 받아들이는 자들의 도덕적 죄책을 사하시기 위해 십자가에서 죽으신 하나님의 어린양으로 그리스도를 이해하는 성경적 교훈을 잘 알고 있었다.

그러나 이 그리스도는 이제 살아 계신다. 그는 대속의 희생 제물로 죽으셨던 것을 상징하면서, 제단 위에 살아서 서 계신다. 이제 그분은 진정 살아 계신다! 반 에이크는 이 그림을 그릴 때, 성경 마지막 책인 요한계시록에서 그리스도께서 나는 "곧 살아 있는 자라 내가 전에 죽었었노라 볼지어다 이제 세세토록 살아 있어 사망과 음부의 열쇠를 가졌노니"(계 1:18)라고 말씀하신 것을 마음속에 확실히 간직하고 있었던 것이다.

이 그림의 배경은 놀라울 정도로 사실적인 풍경이다. 플랑드르 화가들의 그림에 등장하는 자연 배경들은 이내 남부 유럽 화가들에 의해 모방되었다. 예를 들면, 지금 피렌체의 우피치 미술관에 소장되어 있는 피에로 델라 프란체스카(Piero della Francesca, 1416경-1492)의 『우르비노 공작』(Duke of Urbino)을 들 수 있다.

북유럽 르네상스가 남유럽 음악에 끼친 영향

잠시 북부 유럽이 미술뿐만 아니라 음악에서도 남부 유럽에 영향을 끼쳤다는 점을 지적해야겠다. 조스캥 데 프레(Josquin des Prez, 1450-1521)는 플랑드르 사람으로 이탈리아에 건너와 밀라노 궁정에서 봉사했다. 그는 '음색의 화가'로서 음악에 있어 뛰어난 능력을 발휘했다. 그는 위대한 작곡자 가운데 하나이며, 남부의 르네상스 음악 발전에 상당한 영향을 미쳤다. 르네상스 음악은 기술적인 면과 예술적인 면 모두에서 발전했다.

예를 들면, 기술적으로는 최초의 악보 출판가인 페트루치(Ottaviano Petrucci, 1466-1539)가 베네치아에서 활동하면서 1501년에 가동 활자(movable type, 낱낱으로 독립된 활자)로 찍은 악보를 출판했다. 예술적으로 가장 중요한 혁신은 아마 관현악 작곡의 기술일 것이다. 중요한 악기로는 류트(가장 일반적인 독주 악기), 색버트(트롬본과 비슷한 악기), 숌, 비올, 드럼 그리고 크룸호른(끝이 굽은 호른) 등을 들 수 있다. 엄청나게 다양한 관악기들이 몇 군으로 배치되어 베이스에서 소프라노까지 전 음역에 걸쳐 통일을 이룬 음색이 나왔다. 이 점은 동질의 음이라는 르네상스의 이상과 일치하는 것이었다. 르네상스에서는 음악이 중요했고, 음악에 관한 일반적인 관심은 곧 피렌체에서 오페라의 발흥으로 이어졌다.

자율적 사물에 대한 인본주의적 강조

이 시기까지는 마사초 등이 예술을 자연과 개별자(개별 인간을 포함한 개체 사물)에 관한 성경적 개념 아니면 비성경적 개념 어디로도 이끌어 갈 수 있었다. 이 시기까지 예술은 어느 길로도 갈 수 있었다. 자연이 제자리를 찾는다는 것은 좋은 것이었다. 그리고 하나님이 지으신 실제 세계에서, 하나님이 온 세상을 만드셨기에 중요한 개별자들, 개체 사물들과 함께 사는 실재 인물에 대한 강조가 계속될 수도 있었다. 우리가 살펴본 바와 같이, 마사초는 아담과 하와를 성경이 묘사하는 대로 실제 세계에 살고 있는 실재 인물로 그렸다.

그런데 이때 인본주의가 자율적인 사물을 강조하면서 대세를 장악하게 되었다. 마사초 이후에 바로 주사위는 던져졌고, 동향은 이런 추세로 진행되었다. 사람은 자신을 점차로 독립적이고 자율적인 존재로 만들었고, 이와 더불어

「어린양 경배」, 후베르트 반 에이크, 얀 반 에이크 형제 作(하단). 벨기에 헨트 신트바프 대성당의 다폭 패널화 「헨트의 제단화」(상단) 중 일부. "그림에서 이 그리스도는 누구인가? 반 에이크는 그리스도를 구주로 받아들이는 자들의 도덕적 죄책을 사하시기 위해 십자가에서 죽으신 하나님의 어린양으로 그리스도를 이해하는 성경적 교훈을 잘 알고 있었다. 그러나 이 그리스도는 이제 살아 계신다. 그는 대속의 희생 제물로 죽으셨던 것을 상징하면서, 제단 위에 살아서 서 계신다. 이제 그분은 진정 살아 계신다!"

『천사들에 둘러싸인 동정녀와 아기 예수』, 일명 『붉은 동정녀』, 장 푸케 作.
"그림에서 처녀는 한쪽 가슴을 드러내 놓고 있는데, 그 상황을 아는 사람이라면 누구나 그녀가 왕의 정부였던 아녜스 소렐이라는 것을 알고 있었다. 이 처녀가 아기에게 젖을 먹이려 하는 성모라는 말인가? 그렇지 않다. 그림의 이름이 '붉은 동정녀'였을 뿐이지 그 처녀는 왕의 정부였고, 사람들은 그 그림을 살펴볼 때에 왕의 정부의 가슴이 어떻게 생겼는지를 알 수 있을 뿐이었다."

사람이나 개체 사물에게 의미를 주었던 것이 점차 사라져 갔다. 이 점과 더불어 우리는 오늘날 우리에게 여전히 존재하는 인본주의의 딜레마를 보게 된다.

이런 입장과 그에 따른 딜레마는 예술의 변화에서 충격적으로 나타난다. 우리는 프랑스에서 푸케(Jean Fouquet, 1416경-1480)의 그림『천사들에 둘러싸인 동정녀와 아기 예수』(The Virgin and Child with Angels, 1450경), 일명『붉은 동정녀』 (The Red Virgin)를 통해 이 점을 볼 수 있다. '붉은'이란 말은 그림에서 전반적으로 사용된 색채를 가리킨다. 그림에서 처녀는 한쪽 가슴을 드러내 놓고 있는데, 그 상황을 아는 사람이라면 누구나 그녀가 왕의 정부였던 아녜스 소렐 (Agnès Sorel, 1422-1450)이라는 것을 알고 있었다. 이 처녀가 아기에게 젖을 먹이려 하는 성모라는 말인가? 그렇지 않다. 그림의 이름이 '붉은 동정녀'였을 뿐이지 그 처녀는 왕의 정부였고, 사람들은 그 그림을 살펴볼 때에 왕의 정부의 가슴이 어떻게 생겼는지를 알 수 있을 뿐이었다.

이 시기 이전에 성모 마리아는 아주 고귀하고 거룩하다고 모두들 생각했었다. 초창기에는 그녀가 보통 사람들보다 훨씬 뛰어나다고 생각해서 그녀를 상징으로 그렸다. 르네상스 시대에 와서 마리아는 실재 인물로 그려졌는데, 이 점은 이전 시대의 표현보다 일보 전진한 것이었다. 성경이 마리아는 실재하는 한 처녀였고 그 아기 예수도 실재하는 한 아기였다고 말하고 있기 때문이다. 그러나 이제는 왕의 정부가 전혀 거룩함이 없는 마리아로 그려져 있을 뿐만 아니라, 그 의미 역시 파괴되고 있었다.

처음에는 종교적 측면만이 위협받았다. 그러나 되돌아보면 알 수 있듯이 점차로 그 위협은 모든 지식과 모든 생활에 퍼져 가고 있었다. 모든 개체 사물 혹은 모든 개별자들에게서 모든 의미가 제거되었다. 사람들은 사물을 자율적인 것으로 보고 있었으며, 그것들을 연결시켜 주고 그것들에게 의미를 줄 수 있는 것은 아무것도 없었다.

스스로 바위에서 떨어져 나오려 한 인간들

이제 인본주의가 득세하게 된 사실을 보기 위해서 당시 예술의 다른 측면을 살펴보도록 하자.

피렌체의 아카데미아 미술관에는 커다란 미켈란젤로(Michelangelo di Lodovico Buonarroti Simoni, 1475-1564)의 방이 있다. 여기서 양쪽 벽에 늘어서 있는 '스스로를 바위에서 떼어 내려고 하는' 사람들을 표현한 미켈란젤로의 조각상들을 볼 수 있다. 이 조각상들은 1519년에서 1536년 사이에 만들어졌다. 그것들은 다음과 같이 진정한 인본주의적 성명을 발표하고 있다. "인간은 자신을 위대하게 만들어 갈 것이다. 인간으로서의 인간이 자신을 바위에서 떼어 내고 있다. 인간은 스스로 자신을 자연에서 떼어 내고 거기서 자유롭게 될 것이다. 인간은 승리할 것이다."

「포로들」 연작, 미켈란젤로 作. "피렌체의 아카데미아 미술관에는 커다란 미켈란젤로의 방이 있다. 여기서 양쪽 벽에 늘어서 있는 '스스로를 바위에서 떼어 내려고 하는' 사람들을 표현한 미켈란젤로의 조각상들을 볼 수 있다. ……그것들은 다음과 같이 진정한 인본주의적 성명을 발표하고 있다. '인간은 자신을 위대하게 만들어 갈 것이다. 인간으로서의 인간이 자신을 바위에서 떼어 내고 있다. 인간은 스스로 자신을 자연에서 떼어 내고 거기서 자유롭게 될 것이다. 인간은 승리할 것이다.'"

아카데미아 미술관에 있는 그 방은 인본주의 사상이 분명하게 표현되도록 꾸며졌다. 자신을 바위에서 떼어 내고 있는 이 인물들을 지나면 마침내 방의 가장 중심이 되는 위치에 있는 찬란한 『다비드』(David, 1504) 입상에 이르게 된다. 세상에 있는 예술 작품 중에 이것에 비길 만한 것은 거의 없다. 미켈란젤로는 흠이 많아서 어느 누구도 사용할 수 없을 거라고 여겨졌던 대리석 조각으로 이 위대한 입상을 조각했던 것이다.

그러나 이 다비드는 성경에 나오는 유대인 다윗이 아님을 알아야 한다. 다비드는 단지 조각상의 제목이었을 따름이다. 미켈란젤로는 다윗이 유대교도라는 것과 유대교 문화를 알고 있었지만, 입상의 인물은 할례를 받지 않았다. 우리는 이 인물을 성경의 다윗이라고 생각할 수 없다. 오히려 인본주의적 이상 곧 인간은 위대하다는 표현으로 생각해야 할 것이다.

비길 바 없이 위대한 이상적 인간

원래 이 입상은 지상에서 40피트 높이에 있는 피렌체 대성당 버팀벽 위에 세워 둘 계획이었으나, 결국 피렌체 시청 밖 피아차델라시뇨리아 광장에 놓여졌다. 지금은 그 자리에 복제본이 서 있다. 1434년 이래로 피렌체에 군림한 위대한 은행가 집안 메디치(Medici)가는 공화 정체를 교묘히 다루며 도시를 다스렸었다. 『다비드』가 만들어지기 몇 년 전, 메디치가는 백성들에 의해 무너지고, 좀 더 진정한 의미의 공화국이 회복되었다(1494). 그래서 『다비드』 입상이 시청 바깥에 세워지자, 미켈란젤로가 메디치가의 친구였음에도, 군중들은 그의 『다비드』를 폭군의 살해자로 보았다. 피렌체는 확신에 차서 더 위대한 미래를 바라보고 있었다.

『다비드』는 인본주의적 인물이 그 자신을 미래의 인간으로 보았음을 선언한 것이었다! 이 입상에서 우리는 자신의 힘에 대해 확신하고 미래를 기다리는 인간을 보게 된다. 어울리지 않게 큰 손의 크기까지도 인간이 강력한 존재임을 말한다. 이 입상은 이상주의적이고 낭만적이다. 세상에 『다비드』와 같은 인물은 없었고 지금도 없다. 만일 한 소녀가 이 입상을 사랑하게 되어 그런 남자를 찾을 때까지 기다린다고 하자. 그러면 그녀는 결코 결혼하지 못할 것이다. 인본주의는 자신만만한 자신(自身) 속에 서 있었고, 『다비드』는 바로 그 표상이었다.

그러나 생애 말년에 미켈란젤로가 인본주의가 충분한 것이 아님을 알았다는 흔적이 있다. 미켈란젤로는 생애 후반기에 비토리아 콜론나(Vittoria Colonna, 1490-1547)라는, 종교 개혁 사상에 영향을 입은 어느 여인과 깊은 교제를 나누었다. 어떤 사람들은 미켈란젤로의 생애와 작품에서 그 영향을 일부 볼 수 있다고 한다. 어쨌든, 그의 말년의 작품들에 변화가 있는 것은 분명하다. 그의 초창기 작품 가운데 다수는 『다비드』처럼 그의 인본주의를 보여준다. 말년에 조각한 피렌체 대성당의 피에타(Pietà, 숨진 그리스도를 팔에 안고 있는 성모 마리아 조각상)와 그의 마지막 작품으로 추정되는 밀라노 스포르체스코 성의 피에타는 이와 대조를 이룬다. 피렌체 대성당의 피에타에서는 니고데모 혹은 아리마대 사람 요셉을 미켈란젤로 자신의 얼굴로 형상화하였다. 이 피에타들을 살펴보면 인본주의적 자신감이 전혀 없는 것은 아니지만 줄어들었음을 알 수 있다.

만능 르네상스인의 화신

르네상스 시대에는 미켈란젤로에 비길 만한 또 다른 거장이 있었는데, 그는 바로 역사적으로 중요한 위치에 있는 인물인 레오나르도 다 빈치(Leonardo da Vinci, 1452-1519)이다. 레오나르도 다 빈치는 화학자, 음악가, 건축가, 해부학자, 식물학자, 기계 공학자 그리고 예술가였다. 그는 진정한 르네상스인의 화신이었다. 그는 거의 모든 일을 할 수 있었고, 또 잘 할 수 있었다. 이탈리아

「다비드」, 미켈란젤로 作(상단). 현재 피렌체 시청 밖 피아차델라시뇨리아 광장에 있는 복제본(하단). "『다비드』는 인본주의적 인물이 그 자신을 미래의 인간으로 보았음을 선언한 것이었다! 이 입상에서 우리는 자신의 힘에 대해 확신하고 미래를 기다리는 인간을 보게 된다. 어울리지 않게 큰 손의 크기까지도 인간이 강력한 존재임을 말한다. 이 입상은 이상주의적이고 낭만적이다. 세상에 『다비드』와 같은 인물은 없었고 지금도 없다. ……인본주의는 자신만만한 자신(自身) 속에 서 있었고, 『다비드』는 바로 그 표상이었다."

에서 출판되었고 1963년에 영어로 번역된 고전적인 작품 『레오나르도 다 빈치』(Leonardo da Vinci)에는 레오나르도의 사상에 관하여 조반니 젠틸레(Giovanni Gentile, 1875-1944)가 쓴 부분이 있다. 그는 레오나르도가 현대인의 문제를 참으로 파악하고 있었다고 상세히 설명한다. 레오나르도는 인본주의가 어디서 끝날지 미리 바라보고 있었다는 것이다.

일반적으로 레오나르도를 최초의 현대 수학자라고 생각한다. 그는 수학을 추상적으로 알고 있었을 뿐만 아니라, 그것을 자신의 『노트북』(Notebooks)에서 온갖 공학적 방법에 적용했다. 그는 역사상 진기한 천재들 가운데 한 사람이었고, 인본주의적으로 수학에서 출발하면 사람들은 오직 개별자만을 갖게 된다는 사실을 그 뛰어난 재능으로 파악했다. 그는 자기 자신에게서 출발하는 사람은 수학의 기초 위에서 결코 의미에 도달할 수 없을 것임을 이해하고 있었다. 그리고 그는 사람들이 오직 개체 사물들, 개별자들을 가지고서는 결코 보편자나 의미에 도달할 수 없고 다만 기계로 끝나게 될 뿐임을 알았다. 이 점에서 그는 우리 세대가 가고 있는 곳을, 즉 인간을 포함해서 모든 것이 기계인 곳을 앞질러 내다보았다.

이 점을 깨달은 레오나르도는 화가나 감수성이 뛰어난 사람은 의미에 도달할 수 있을 것이라 생각하고, '영혼'(이는 기독교인이 생각하는 영혼이 아니고 보편자를 말한다)을 그리려고 애썼다. 그는 온갖 종류의 사물을 포함할 법한 한 사물을 그리려고 시도했던 것이다.

플라톤에 대한 관심의 증가

여러분이 기억하는 바와 같이, 토마스 아퀴나스(Thomas Aquinas, 1225-1274)는 아리스토텔레스(Aristoteles, B. C. 384-322)의 사상을 강조했다. 바티칸 궁전에 소장된 라파엘로(Raffaello Sanzio, 1483-1520)의 프레스코화 『아테네 학당』(The

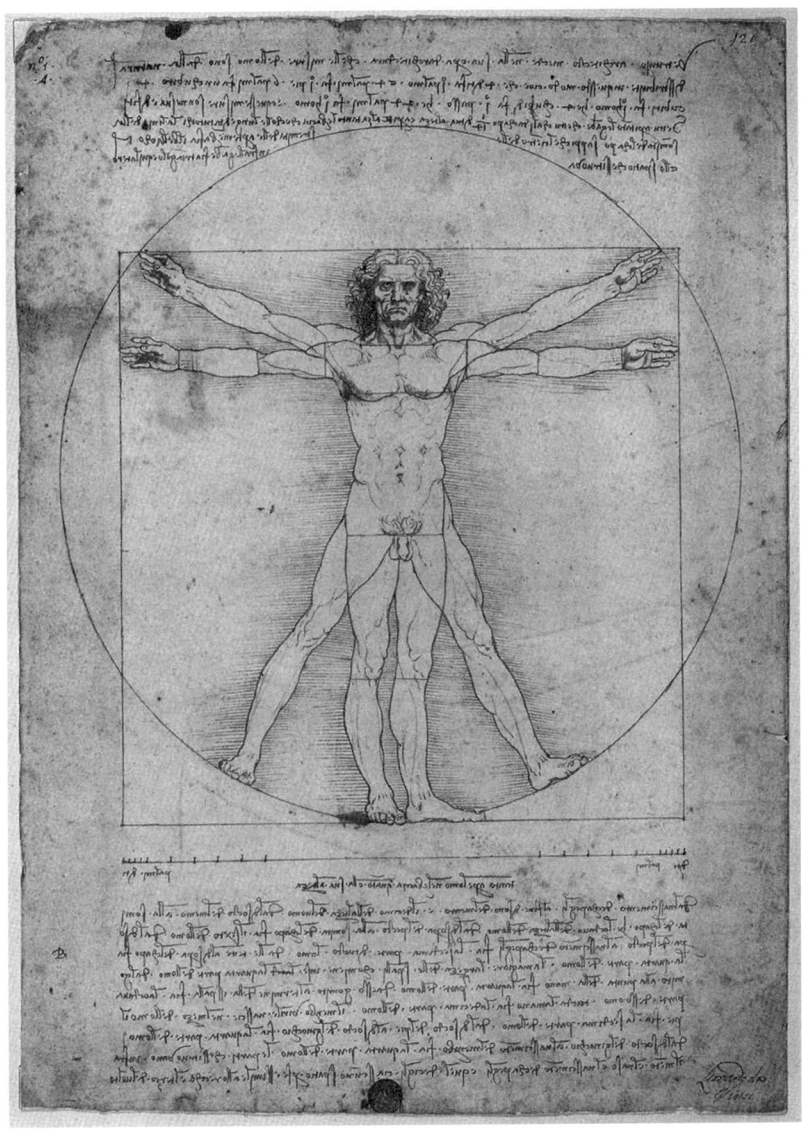

르네상스인의 화신, 레오나르도 다 빈치의 스케치들. "르네상스 시대에는 미켈란젤로에 비길 만한 또 다른 거장이 있었는데, 그는 바로 역사적으로 중요한 위치에 있는 인물인 레오나르도 다 빈치이다. 레오나르도 다 빈치는 화학자, 음악가, 건축가, 해부학자, 식물학자, 기계 공학자 그리고 예술가였다. 그는 진정한 르네상스인의 화신이었다. 그는 거의 모든 일을 할 수 있었고, 또 잘 할 수 있었다. ……그는 역사상 진기한 천재들 가운데 한 사람이었고, 인본주의적으로 수학에서 출발하면 사람들은 오직 개별자만을 갖게 된다는 사실을 그 뛰어난 재능으로 파악했다. 그는 자기 자신에게서 출발하는 사람은 수학의 기초 위에서 결코 의미에 도달할 수 없을 것임을 이해하고 있었다. 그리고 그는 사람들이 오직 개체 사물들, 개별자들을 가지고서는 결코 보편자나 의미에 도달할 수 없고 다만 기계로 끝나게 될 뿐임을 알았다. 이 점에서 그는 우리 세대가 가고 있는 곳을, 즉 인간을 포함해서 모든 것이 기계인 곳을 앞질러 내다보았다."

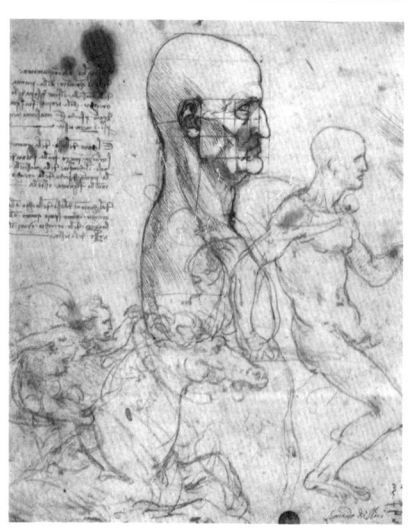

제3장 르네상스

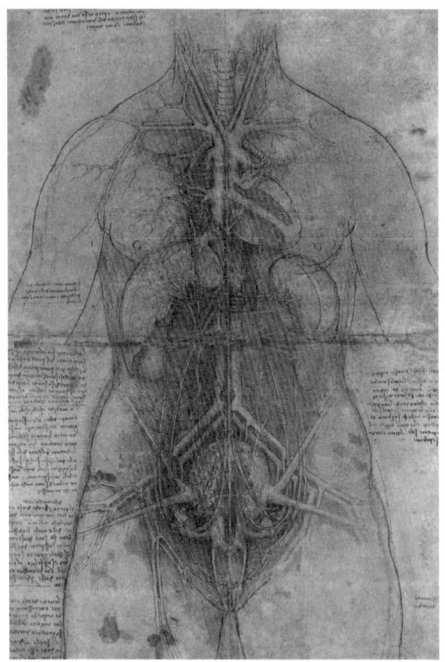

School of Athens)을 다시 생각해 보라. 거기서 플라톤(Platon, B. C. 427경-347경)은 위를 가리키고 있고, 아리스토텔레스는 아래를 가리키고 있다. 아리스토텔레스의 사상은 개별자를 향하고 있고, 토마스 아퀴나스를 통해 의미를 희생해서라도 개별자를 강조하게 되는 이후의 모든 문제들로 이어졌다.

그러나 피렌체에서는 강조점이 점차로 플라톤으로 옮겨 갔다. 그리스의 학자들이 1453년 콘스탄티노플의 몰락 이후에 도피하면서 사본들을 가지고 오자, 플라톤에 대한 서방의 관심은 가속화되었다. 마르실리오 피치노(Marsilio Ficino, 1433-1499)는 '위대한 자' 로렌초 데 메디치(Lorenzo de' Medici, 1449-1492)에게 신플라톤주의적 사고방식을 가르쳤고, 이 사고방식은 피렌체에서 중요한 것으로 여겨지게 되었다. 그는 로렌초 데 메디치와 그 주위의 사상가들뿐만 아니라 미켈란젤로와 산드로 보티첼리(Sandro Botticelli, 1444-1510)와 같은 다른 예술가들에게도 영향을 미쳤다.

아리스토텔레스 사상이 개별자를 강조하는 반면, 신플라톤 사상은 보편자를 강조했다. 초창기 르네상스인들은 기독교와 아리스토텔레스 사상을 혼합하려고 애썼지만 실패했다. 그 후에 르네상스인들은 기독교와 플라톤 사상을 혼합하려 했지만 역시 실패했다.

인본주의적 기반에서는 그릴 수 없는 보편자

이런 사상의 교류 속에서 레오나르도는 화가는 수학자가 할 수 없는 일을 성취할 수 있다고 생각하고서 보편자를 그리려고 애썼다. 그러나 수학자가 인본주의적 기반 위에서 수학적 보편자를 제공할 수 없었듯이, 그는 인본주의적 기반 위에서 결코 보편자를 그릴 수 없었다. (자기 자신에게서만 출발하는) 인본주의적 인물 레오나르도는 수학자로서 실패했고, 또한 개별자를 관찰하여 보편자를 그리려 했던 화가로서도 실패했다.

인본주의자들은 자기 자신에게서 출발하는 인간이 모든 문제를 해결할 수 있다고 확신했다. 인간에 관해 전적으로 믿었다. 자기 자신에게서 출발하는 인간, 바위에서 자연에서 자신을 떼어 내려고 하는 인간은 모든 것을 해결할 수 있다는 것이다. 인본주의자는 "나는 내가 원하는 것을 할 수 있다. 다만 나에게 내일까지의 시간을 달라."라고 외쳤다. 그러나 레오나르도는 인생 말엽에 그 명민함으로, 다가오는 인본주의의 패배를 바라보았다.

레오나르도의 이론과 그 이론이 실제에서 만들어 낸 방법 사이에는 괴리가 있었다. 그는 수학이나 그림 어디에서도 보편자나 의미를 만들 수 없었다. 프랑스의 왕 프랑수아 1세(François I, 1494-1547)가 노인이 된 그를 프랑스 궁정으로 불러들였을 때 그는 낙담하고 있었다. 사람은 생각하므로 그래서 그는 존재한다. 그리고 인본주의는 그 자연스러운 결론이 비관론임을 이미 보여주기 시작했다. 사실 우리는 르네상스 시대의 피렌체에서 현대인을 발견하였다고 말할 수 있다.

제3장 르네상스 | 연구 문제

1. 토마스 아퀴나스의 사상이 조토 디 본도네의 미술, 단테의 삶과 문학에서 각각 어떤 식으로 나타났는지 설명해 보라.

2. 르네상스 미술의 원근법, 브루넬레스키와 첼리니의 전기 등이 갖는 의미를 르네상스의 인본주의 정신과 관련시켜 설명해 보라.

3. 반 에이크의 그림 『어린양 경배』가 성경의 가르침을 어떻게 따르고 있는지를 설명해 보라.

4. 중세 미술가들의 자연에 대한 이해는 두 방향으로 발전할 수 있었다고 하는데 그 두 방향이란 무엇인가? 그리고 마사초 이후 사람들은 어느 방향을 선택했는가? 푸케의 『천사들에 둘러싸인 동정녀와 아기 예수』를 중심으로 설명해 보라.

5. 미켈란젤로의 『포로들』과 『다비드』는 무엇을 표현하고 있는가?

6. 레오나르도 다 빈치는 르네상스 인본주의가 어떤 결론에 도달할 것이라고 내다보았는가?

종교 개혁자들은 오직 자신으로부터 시작하는 존재로서의 인간으로 돌아가지 않고 성경과 초대 교회의 순수한 기독교로 돌아갔다. 점차로 그들은 그리스도께서 세우신 교회가 초대 교회 이래로 왜곡되었음을 알게 되었다. 그러나 르네상스 인본주의자들과 달리, 그들은 인간의 지성이 그 영역 속에서 모든 지식을 갖추고 무한한 존재인 양 활동한다는 인간 이성의 자율성을 받아들이기를 거부했다. 오히려 그들은 성경의 자기 주장, 즉 성경만이 최종 권위라는 주장을 사실로 생각했다. 그리고 인간이 하나님과 열린 관계를 가질 수 있는 방법뿐만 아니라, 현재 삶의 의미를 아는 방법과 참과 거짓을 분별하는 최종적인 해답을 가질 수 있는 방법까지, 그 적절한 해답을 얻기 위해서는 성경을 통해서 하나님이 주시는 해답이 필요하다는 것을 사실로 믿었다. 즉 인간은 존재하시는 하나님뿐만 아니라, 인간이 이해할 수 있는 방식으로 말씀해 오신 하나님을 필요로 한다는 것이었다.

제4장

종교 개혁 I

종교 개혁의 선구자들

무엇이 삶에 통일을 줄 수 있는지 그리고 특히 어떤 보편자가 삶과 도덕에 의미를 줄 수 있는지의 문제로 르네상스인들이 씨름하고 있을 때, 다른 위대한 운동인 종교 개혁이 북부 유럽에서 나타나고 있었다. 이 운동은 우리가 중세 연구의 마지막 부분에서 언급했던 그 반동, 즉 종교적인 형태와 세속적인 형태로 점차로 등장하고 있었던 왜곡들에 대한 반동이었다. 우리는 남부의 절정기 르네상스와 북부 유럽의 종교 개혁을 언제나 나란히 고찰해야 한다. 그것들은 동일한 기본적 문제를 다루었지만 전혀 다른 해답을 주었고 전혀 다른 결과를 낳았다.

우리가 살펴본 바와 같이, 종교 개혁의 선구자들이 있었다. 조토 디 본도네, 단테, 페트라르카, 보카치오와 비슷한 시기에 살았던 존 위클리프(John Wycliff, 1320경-1384)는 성경을 최고 권위로 강조했고, 그와 그의 추종자들은 유럽 전역에 걸쳐 널리 중요한 역할을 한 영어 번역 성경을 만들었다. 보헤미아의 얀 후스(Jan Hus)는 프라하 대학교의 교수였다. 그는 1369년에서 1415년 사이에 생존했던 인물이다. 따라서 브루넬레스키, 마사초, 반 에이크와 비슷한 시기에 살았다고 할 수 있다. 교회에 들어와 교회의 권위를 성경의 권위와 동등하게 혹은 더 크게 만들고 인간의 사역을 그리스도의 공로 위에 공로를 쌓는 기반이라고 강조했던 인본주의적 요소들과 대조적으로, 후스는 성경과 초대 교회의 가르침으로 돌아가 성경이 최종 권위의 유일한 근거이며 구원은 그리스도와 그의 사역을 통해서만 온다고 역설했다.

그는 위클리프의 만인 제사장설을 더욱 발전시켰다. 그는 콘스탄츠 공의회에서 발언할 수 있도록 안전 통행증을 약속받았지만, 배반당하여 1415년 7월 6일에 화형당했다. 위클리프의 견해와 후스의 견해는 이후에 등장하는 종교 개혁의 기본적 견해였고, 북부 유럽의 일부 지역에서 이들의 견해는 남부 유럽에서 르네상스가 인본주의적 해답을 주고 있을 때에도 계속해서 남아 있었다. 1457년 후스의 추종자들이 모라비아 교회의 선조 격인 보헤미아 형제단을 창설했고, 이후에 등장하는 루터의 교리처럼 그들의 사상도 가르침뿐만 아니라 음악에 대한 강조와 찬송가의 사용을 통해서 전파되었다. 후스 자신도 찬송가를 썼고 오늘날에도 널리 불려지고 있다.

또 다른 음성으로는 도미니쿠스회 수도사였던 지롤라모 사보나롤라(Girolamo Savonarola, 1452-1498)를 들 수 있는데, 그는 1494년과 1498년 사이에 피렌체에서 많은 청중을 그 주변에 모여들게 했다. 그는 위클리프나 후스처럼 분명하지는 않았지만, 심각해져 가는 문제점들을 보고서 반대하는 발언을 했다가 피렌체 시청 앞 광장에서 교수되었고 시신은 화형당했다.

교회 문에 붙인 95개조의 반박문

1517년 10월 31일, 마르틴 루터(Martin Luther, 1483-1546)는 비텐베르크의 성(城) 교회 문에 95개조 반박문을 붙였다. 이 사실을 역사적 관점에서 살펴보려면, 레오나르도 다빈치가 1452년에서 1519년까지 살았던 사실을 기억해야 한다. 그러므로 루터의 반박문은 레오나르도가 죽기 2년 전에 발표된 셈이다. 레오나르도가 죽기 10년 전인 1509년에 칼빈(John Calvin, 1509-1564)이 탄생했고, 레오나르도가 죽은 해에 루터가 라이프치히에서 에크(Johann Eck, 1486-1543) 박사와 논쟁을 벌였다. 1516년 레오나르도를 프랑스(레오나르도는 결국 여기서 사망했다)에 데려온 프랑수아 1세(François I, 1494-1547)는 칼빈이 1536년에 자신의 『기독교 강요』(Institutes of the Christian Religion)를 헌정했던 그 프랑수아 1세이다.

우리는 두 가지 일이 거의 동시에 일어나고 있었음을 알아야 한다. 첫째로, 남부 유럽에서는 절정기의 르네상스가 인간은 만물의 중심이고 자율적이라는 인본주의적 이상에 대부분 기초를 두고 있었고, 둘째로, 북부 유럽에서는 종교 개혁이 그 반대의 해답을 주고 있었다. 다른 말로 하면, 종교 개혁은 절정기의 르네상스가 막바지에 이르고 있을 때에 루터와 더불어 막 폭발하고 있었던 것이다.

우리가 이미 살펴본 것처럼 루터는 1517년에 비텐베르크의 성(城) 교회 문에 반박문을 붙였다. 1523년에 츠빙글리(Ulrich Zwingli, 1484-1531)는 취리히가 로마 가톨릭 교회와 결별하게 했다. 1534년에는 영국의 헨리 8세(Henry VIII, 1491-1547)가 로마 가톨릭 교회와 결별했다(이는 처음에는 종교적인 사건이라기보다 정치적인 사건이었으나, 이 사건으로 인해 이후 영국이 신교국으로 변하게 되었다). 그리고 앞서 언급한 대로 칼빈이 『기독교 강요』를 1536년에 저술하였다.

동일한 문제에 대한 전혀 다른 두 가지 해답

그러나 종교 개혁과 르네상스가 역사적으로 겹치고 또 똑같은 기본적인 문제를 다루었지만, 둘은 전혀 다른 해답을 주었다. 인간이 하나님께 반항한 이후에 의지(will)는 타락했지만 지성(mind)은 타락하지 않았다고 하는 토마스 아퀴나스의 주장을 여러분은 기억할 것이다. 이 사실로 인해 결국 사람들은 오직 자기 자신으로부터 출발하여 모든 중대한 문제들의 해답을 생각해 낼 수 있다고 믿게 되었다.

아퀴나스와 반대로, 종교 개혁은 더 성경적인 타락 개념을 가지고 있었다. 종교 개혁자들에 따르면, 사람들은 오직 자신으로부터 시작할 수 없고, 인간 이성만을 기초해서는 인류가 직면하고 있는 커다란 문제에 해답을 줄 수 없었다.

물론 종교 개혁자들은 르네상스로 인해서 생겨난 새로운 지식과 태도에서 도움을 얻었다. 예를 들면, 이전에 당연한 것으로 받아들이던 것을 비판적으로 바라보는 시각 같은 것을 들 수 있다. 그리고 종교 개혁자들은 로렌초 발라(Lorenzo Valla, 1409경-1457)의 불가지론은 거부했지만, 그의 언어 연구는 흔쾌히 배웠다. 그러나 당연한 것으로 받아들였던 전통에 대해 비판적인 태도를 취함으로써, 종교 개혁자들은 오직 자신으로부터 시작하는 존재로서의 인간으로 돌아가지 않고 성경과 초대 교회의 순수한 기독교로 돌아갔다.

오직 성경

점차로 그들은 그리스도께서 세우신 교회가 초대 교회 이래로 왜곡되었음을 알게 되었다. 그러나 르네상스 인본주의자들과 달리, 그들은 인간의 지성이 그 영역 속에서 모든 지식을 갖추고 무한한 존재인 양 활동한다는 인간 이성의 자율성을 받아들이기를 거부했다. 오히려 그들은 성경의 자기 주장, 즉 성경만이 최종 권위라는 주장을 사실로 생각했다. 그리고 인간이 하나님과 열린 관계를 가질 수 있는 방법뿐만 아니라, 현재 삶의 의미를 아는 방법과 참과 거짓을 분별하는 최종적인 해답을 가질 수 있는 방법까지, 그 적절한 해답을 얻기 위해서는 성경을 통해서 하나님이 주시는 해답이 필요하다는 것을 사실로 믿었다. 즉 인간은 존재하시는 하나님뿐만 아니라, 인간이 이해할 수 있는 방식으로 말씀해 오신 하나님을 필요로 한다는 것이었다.

종교 개혁자들은 성경이 가르치는 모든 것을 하나님의 말씀으로 받아들였다. 루터가 성경을 독일어로 번역함으로써, 사람들은 자기가 이해할 수 있는 언어로 번역된 성경을 구하여 읽을 수 있게 되었다. 종교 개혁 사상가들에 따르면, 성경과 교회가 권위를 나누어 가지는 것이 아니었다. 교회는 성경의 가르침 아래에 있지 결코 그 위에 있거나 동등하지 않다는 것이다. 이것이 바로 '솔라 스크립투라'(Sola Scriptura), 즉 '오직 성경'이라는 모토였다. 이 주장은 초창기 기독교 이후에 교회에 스며든 인본주의와 대조를 이루는 것이었다. 그러므로 종교 개혁의 핵심적 활동은 교회에 들어온 인본주의적 왜곡을 제거하는 것이었다.

인본주의가 스며들어 오는 방식

수년 동안 자라다가 1500년경에 완전히 발전한 인본주의적 사상이 침투했던 방식은 다시 검토할 가치가 있다. 첫째, 교회의 권위가 성경의 권위와 같게 되었다. 둘째로, 구원에 있어 그리스도의 사역에 인간의 공로의 요소가 강하게 부각되었다. 셋째, 토마스 아퀴나스 이래로 성경적 가르침과 이교 사상의 혼합이 심해졌다. 이 혼합은 말만 빌려 온 것이 아니라 실제 내용까지 빌려 온 것이다. 이 점은 여러 곳에서 분명하게 나타나고 있고 여러 방식으로 그 예를 들 수 있다.

예를 들면, 라파엘로는 바티칸 궁전 어느 방에 비기독교적 그리스 철학 사상을 상징하는 『아테네 학당』(The School of Athens)과 교회를 상징하는 그림을 서로 마주 보고 있는 벽에 그렸다. 교회를 상징하는 그림은 『성체에 관한 논

미켈란젤로의 시스티나 성당 천장화 부분, '델포이의 무녀(巫女)'(좌측)와 '선지자 예레미야'(우측). "토마스 아퀴나스 이래로 성경적 가르침과 이교 사상 사이의 혼합이 심해졌다. 이 혼합은 말만 빌려 온 것이 아니라 실제 내용까지 빌려 온 것이다. ……미켈란젤로는 바티칸 궁전 안에 있는 시스티나 성당 천장에 성경의 가르침과 비기독교적 이교 사상을 결합시켜 그림을 그렸고, 이교 여선지자들을 구약의 선지자들과 동등하게 여겼다. 똑같은 혼합이 단테의 저술에서도 나타난다."

의』(Disputa)라고 불리는데, 이는 그 그림이 미사의 본질을 다루고 있기 때문이다. 라파엘로는 탁월한 종합의 화가였다. 그리고 미켈란젤로는 바티칸 궁전 안에 있는 시스티나 성당 천장에 성경의 가르침과 비기독교적 이교 사상을 결합시켜 그림을 그렸고, 이교 여선지자들을 구약의 선지자들과 동등하게 여겼다. 똑같은 혼합이 단테의 저술에서도 나타난다.

칼빈 이전에 프랑스어 사용권 스위스에 살던 종교 개혁자 기욤 파렐(Guillaume Farel, 1489-1565)은 교회에 들어온 인본주의 외에 또 다른 인본주의 역시 반대한다고 바젤에서 분명히 밝혔다. 그 인본주의의 예를 가장 분명하게 보여주는 인물이 로테르담의 에라스무스(Desiderius Erasmus, 1466경-1536)였다. 에라스무스는 신약성경을 헬라어 원문으로 편집하고(1516) 그 서문에 신약성경을 각각의 자국어로 번역할 것을 촉구함으로써 종교 개혁자들을 도왔다. 어떤 이들은 에라스무스와 그와 함께하는 자들의 견해를 기독교 인본주의라고 부르기도 했지만, 그것은 일관성 있는 기독교가 아니었다. 에라스무스와 그의 추종자들은 성경만이 유일한 권위이며 교회는 원래의 모습으로 돌아가야 한다고 했던 종교 개혁자들과는 달리 제한적인 교회 개혁을 원했다. 그래서 파렐은 에라스무스와 철저하게 결별하고 자신은 어떤 형태의 인본주의도 원칙적으로 반대한다고 명백하게 밝혔던 것이다. 다양한 종교 개혁의 분파들은 서로 차이점을 가지고 있었지만, 한편으로는 교회에 들어온 인본주의와 다른 한편으로는 에라스무스의 인본주의와는 대조를 이루며 함께 하나의 체계, 즉 통일성을 형성했다.

성경과 초대 교회의 가르침으로의 복귀

종교 개혁은 분명히 황금 시대는 아니었다. 그것은 결코 완전하지 않았으며, 종교 개혁자들이 종교에서뿐만 아니라 모든 삶에서 성경을 기준으로 삼으려고 애썼지만 많은 점에서 성경의 가르침대로 일관되게 행하지 않았다. 참으로 그 시대는 결코 황금 시대가 아니었다. 예를 들면, 농민 전쟁에 관하여 루터가 편향된 입장을 취한 데서 그리고 종교 개혁자들이 기독교 메시지를 세계 다른 지역에 사는 사람들에게 전파하려는 열정이 별로 없었던 데서 우리는 그들의 엄청난 잘못을 찾아볼 수 있다. 그러나 종교적 인본주의와 세속적 인본주의에 비하면, 실로 심각한 약점을 많이 보였다 하더라도 그들은 성경의 교훈과 초대 교회의 모범으로 되돌아간 것이었다.

종교 개혁자들은 인본주의와 자신의 입장을 혼합하지 않고 대신 참된 성경관을 지니고 있었기 때문에, 개체 사물이나 개별자에 대한 의미의 문제가 없었다. 즉 그들에게는 자연 대 은총의 문제가 없었다. 르네상스는 자율적인 인간에 집중했지만, 종교 개혁은 성경에서 말씀하시는 무한한 인격이신 하나님

칼빈이 창설한 제네바 대학교 맞은편 바스티옹 공원에 칼빈 탄생 400주년을 맞아 설치된 종교 개혁 기념비. 길이 100m, 높이 10m의 이 기념비 앞에 세워진 입상들은 종교 개혁을 주창했던 위인들로 좌측부터 파렐, 칼빈, 베즈, 녹스이다. "종교 개혁자들은 인본주의와 자신의 입장을 혼합하지 않고 대신 참된 성경관을 지니고 있었기 때문에, 개체 사물이나 개별자에 대한 의미의 문제가 없었다. 즉 그들에게는 자연 대 은총의 문제가 없었다. 르네상스는 자율적인 인간에 집중했지만, 종교 개혁은 성경에서 말씀하시는 무한한 인격이신 하나님께 집중했다고 말할 수 있을 것이다."

께 집중했다고 말할 수 있을 것이다. 종교 개혁이 주는 해답 속에서는 인간을 포함한 개체 사물의 의미에 대한 문제가 아주 완전하게 해결되어 있었으므로 문제가 하나의 문제로서 존재하지 않았다. 이러한 까닭은 성경이 보편자와 개별자에게 통일성을 주고 있기 때문이다.

첫째, 성경은 사람들에게 하나님에 대하여 참된 것을 말해 준다. 그러므로 하나님에 대하여 참된 것을 알 수 있다. 사람들은 하나님이 자신을 계시하셨기 때문에 하나님에 대한 사실들을 알 수 있는 것이다. 종교 개혁 시대 사람에게는 하나님이란 말이 내용 없는 말이 아니었다. 하나님은 사람들에게 자신에 관하여 말씀하시므로, 알 수 없는 '철학적 타자'가 아니었다. 『웨스트민스터 신앙 고백』(Westminster Confession, 1645-1647)이 말하고 있는 것처럼 하나님이 자신의 속성을 사람들에게 계시하셨을 때, 그 속성은 사람들에게 참된 것일 뿐만 아니라 하나님께도 참된 것이다. 즉 하나님이 사람들에게 자신이 어떤 분이신지 말씀하시면, 그 말씀하신 것은 비교적으로 참된 것이 아니라 절대적으로 참된 것이다. 유한한 존재인 사람들은 하나님께 대하여 완전한 지식을 가지지는 못하지만 하나님께 대한 진리는 가질 수 있고, 그러므로 궁극적 보편자에 관하여 알 수 있다. 그리고 성경이 사람들에게 의미, 도덕, 그리고 가치에 관하여 말해 주고 있다.

둘째, 성경은 우리에게 사람들과 자연에 대하여 참된 것을 말해 준다. 물론 성경이 세계와 우주에 관한 완전한 진리를 주는 것은 아니지만, 분명한 진리는 준다. 그래서 사람은 자연에 대하여 참된 것, 특히 사물들이 왜 존재하고 그것들이 왜 지금의 모습을 지니고 있는지를 알 수 있다. 그러나 성경이 역사와 우주에 대한 완전한 진리를 주지 않기 때문에, 역사가와 과학자는 할 일이 있으며 그들의 작업은 무의미하지 않다. 확실히, 하나님과 하나님의 창조계, 즉 하나님과 피조물들 사이에는 전적인 차이가 있다. 즉 하나님은 무한하시고 피조된 사물들은 유한하다. 그러나 성경을 통해서 하나님이 자신을 계시하셨고 하나님의 세계를 이해할 수 있는 열쇠를 인간에게 주셨기 때문에, 인간은 하나님에 대한 진리와 창조된 사물들에 대한 진리를 모두 알 수 있다.

그래서 종교 개혁이 성경의 가르침으로 되돌아갔을 때 두 가지 유익을 한꺼번에 얻었다. 즉 거기에는 개별자 대 보편자(또는 의미)의 문제가 없었고, 동시에 과학과 예술이 해방되어 하나님이 성경에서 말씀하신 바에 기초하여 활동하게 되었다. 그러므로 종교 개혁의 기독교는 그 당시에도 있었고 그 이래로도 있어 온 인본주의의 기본적 연약함과 궁극적 빈곤함과는 달리 부요하게 서 있었다.

인간에 대한 참된 지식

성경이 인간에 대하여 참된 지식을 말하고 있다는 사실은 중요한 점이다. 성경의 가르침은 모든 개별자에게 의미를 주지만, 특별히 인간에게 가장 중요한 개별자, 즉 개인 자신에 대하여 더욱 그렇다. 성경은 개개 인간이 위대한 이유를 제공한다.

여기서 인간이 중심이라는 사실에서 출발한 인본주의가 결국은 사람들에게 참된 의미를 주지 못했다는 점은 뜻밖의 사실이다. 반면, 사람을 하나님이 창조하시되 하나님의 형상으로 창조하셨다고 하는 성경의 입장에서 출발한다면, 인간의 존엄성을 보장하는 기반이 있게 된다. 성경의 가르침에 따르면, 사람들은 하나님의 형상으로 지음받았다. 그들은 프로그램화되지 않았다. 그래서 각자는 존엄성을 가지고 있는 인간이다.

인간이 하나님의 형상으로 지음받았다는 사실은 지적으로 중요한 해답을 많이 제공하지만, 또한 종교 개혁 당시에나 우리 시대에 방대하고 실제적인 결과를 남겼다. 예를 들면, 종교 개혁 시대에는 그 사실이 삶의 모든 소명이 존엄하다는 사실을 뜻했다. 정직한 상인 혹은 주부의 소명은 왕의 소명만큼이나 존엄했다. 이러한 사실은 만인 제사장설, 곧 모든 기독교인이 제사장이라는 성경의 가르침이 강조되면서 더욱 강화되었다. 그래서 참된 의미에서 모든 사람은 인격으로서 서로 평등하다. 게다가 평신도 장로들이 담당하는 교회 정치는 민주주의 발전을 돕는 잠재력을 창출했다.

그러나 성경은 동시에 인간이 타락했다고, 인간이 하나님께 반역했다고 말하고 있다. 역사적인 시공간에서 일어난 타락으로, 인간은 인격적인 하나님이라는 무한한 준거점과 정당한 관계를 갖기를 거부했다. 그러므로 사람들은 이제 비정상적이다. 종교 개혁은 모든 사람들이 이런 점에서도 역시 평등하다고 보았다. 즉 모든 사람이 하나님 앞에서 범죄한 것이다. 왕과 여왕도 농

부처럼 이 점은 마찬가지이다. 그래서 사람들에게서 발견되는 그 사실을 설명할 수 있는 해답을 결코 주지 못했던 르네상스의 인본주의와는 달리, 성경은 사람들이 자신을 돌아볼 때 직면했던 딜레마를 풀 수 있게 했다. 사람들은 자신의 위대함과 잔인함을 동시에 이해할 수 있었다.

하나님께 이르는 유일한 길

성경은 이전 세기 동안 교회에서 자라고 있던 가르침과는 다르게 하나님께 이르는 방법을 제공한다. 종교 개혁자들은 성경과 초대 교회의 가르침으로 돌아가 덧붙여진 인본주의적 요소를 제거했다. 사람은 각자 그리스도의 완성된 사역을 통해서 믿음으로 바로 하나님께 이를 수 있다고 그들은 가르쳤다. 말하자면 그리스도의 십자가 희생은 무한하게 값진 것이어서 그리스도의 공로를 얻거나 거기에 덧붙이기 위해서 무엇을 해야 하는 것이 아니고 그렇게 할 필요도 없다. 그러므로 이것은 노력 없이 얻는 선물로 받아들이면 된다. 이것이 바로 '솔라 그라티아'(Sola Gratia), '오직 은혜'라는 것이다.

전에는 교회에 들어온 사람들이 높은 쇠창살이나 나무창살에 의하여 (그들에게 예배의 중심이었던) 예배당의 제단에서 분리되었다. 이 성단 칸막이(rood screen)는 그것이 떠받치고 있거나 혹은 그 위에 걸려 있는 성단(rood) 곧 십자가상 때문에 그렇게 불렸다. 종교 개혁과 더불어 사람들이 성경의 모든 독특한 권위를 인정하고 받아들였을 때, 이 칸막이들은 종종 제거되었다. 어떤 교회에서는 칸막이가 있던 자리에 성경을 놓아두어, 모든 사람이 하나님께 바로 이르게 되는 길을 성경의 가르침이 열어 놓았다는 사실을 보이려고 했다. 그러한 교회가 스위스 올롱에 있다. 여러분은 거기에서 성단 칸막이가 벽에 붙어 있다가 제거된 부분을 볼 수 있을 것이다. 그리고 강단이 설치되어 전에 칸막이가 있던 자리에 성경이 놓여 있는 것을 볼 수 있을 것이다.

프랑스와 스위스의 초기 종교 개혁자 기욤 파렐은 이 교회에서 설교했고, 프랑스어 사용권 스위스에서 종교 개혁은 그곳과 그 옆의 에글에서부터 시작되었다. 파렐은 제네바와 로잔에서 사역한 후에, 오랜 세월 동안 뇌샤텔에 있는 대성당에서 설교했다. 그 대성당 밖에 있는 입상을 종교 개혁과 기독교의 표지로 보아도 좋을 것이다. 이 입상에서 파렐은 성경을 높이 들고 있다. 이는 '솔라 스크립투라'(Sola Scriptura), 즉 '오직 성경'을 뜻한다. 이것은 종교 개혁자들이 하나님께 나아가는 길을 알았고 현세에서 필요한 지적이고 실제적인 해답을 가지고 있었다는 점에서 그들을 바로 특징지어 주는 것이다.

종교 개혁과 가시적 상징들

종교 개혁자들은 가시적 상징을 강조하는 데에서 종교를 정화하려는 경향이 있어서, 종종 예술의 적대자라는 혐의를 받는다. 그러나 종교 개혁은 예술 자체에 대해 반대하지는 않았다. 우리 가운데 어떤 이들에게는 성모나 성인 등의 조각상과 그림이 예술적 대상일 수 있다. 아마도 이들은 종교 개혁 시대 사람들이 이 작품들을 100년 가량 창고 속에 모셔 두었기를 바랄 것이다. 그러면 그것들을 꺼내서 박물관에 둘 수 있었으리라고 생각한다. 그러나 그 역사적 시기에 이런 요구는 너무 지나친 것이리라. 그 당시 사람들에게 조각과 그림은 숭배의 형상이었다. 종교 개혁 시대 사람들은 성경이 하나님과 사람 사이에는 유일한 중보자, 즉 예수 그리스도만이 있을 뿐임을 강조했다고 보았다. 그래서 그 역사적 시기의 긴장 속에서 그들은 때때로 그 형상들을 파괴했는데, 이는 그것들이 예술 작품이 아니라 예수님이 유일한 중보자이심을 강조하는 성경에 반대되는 종교적 형상이었기 때문이다.

어쨌든 종교 개혁자들은 일반적으로 우상과 다른 예술 작품을 구분하여 우상만 저주했다. 그러나 모든 우상이 파괴된 것은 아니었다. 유럽 전역에 있

스위스 뇌샤텔에 소재한 기욤 파렐의 조각상. "프랑스와 스위스의 초기 종교 개혁자 기욤 파렐은……제네바와 로잔에서 사역한 후에, 오랜 세월 동안 뇌샤텔에 있는 대성당에서 설교했다. 그 대성당 밖에 있는 입상을 종교 개혁과 기독교의 표지로 보아도 좋을 것이다. 이 입상에서 파렐은 성경을 높이 들고 있다. 이는 '솔라 스크립투라', 즉 '오직 성경'을 뜻한다. 이것은 종교 개혁자들이 하나님께 나아가는 길을 알았고 현세에서 필요한 지적이고 실제적인 해답을 가지고 있었다는 점에서 그들을 바로 특징지어 주는 것이다."

는 대성당과 교회에서 우리는 파괴되지 않은 수천 개의 조각상들을 볼 수 있다. 몇몇 조각상이 파괴된 이유를 베른트 묄러(Bernd Moeller, 1931-)는 『제국 도시와 종교 개혁』(Imperial Cities and the Reformation, 1962)에서 지적한 바 있다. 어떤 경우에는 그 성상의 실제 기증자가 성상들을 부수었는데 이는 그 성상들이 이제 그들이 비성경적이라고 거부하는 것을 종교적으로 상징하였기 때문이라고 그는 지적한다. 그는 이렇게 기록하고 있다. "성상을 기증했던 사람들이 그 성상을 단순히 공경했던 것은 아니었다. 그렇다고 성상을 파괴한 자들이 그것을 단순히 미워했던 것도 아니었다. 기증자나 파괴자나 모두 영원한 구원에 관심을 두었다."

성상 파괴는 생태계의 영역에서 초창기 기독교인들이 이교 신 숭배와 관련된 성역의 나무숲을 잘라 냈던 것에 비견된다. 이들 신자들은 자연을 무시하거나 나무를 천시했기 때문에 그 나무들을 잘랐던 것이 아니었다. 그들은 그 특정 나무들이 가지고 있던 비기독교적인 종교적 의미 때문에 베어 버렸던 것이다.

그와 마찬가지로 종교 개혁 시대의 사람들도 참된 예술적 대상을 파괴한 것은 아니었다. 현대인들과는 달리 그 당시 사람들은 분화된 세계에 살고 있지 않았다. 예술은 삶의 친밀한 한 부분이었다. 그것이 상징하는 바는 진리와 종교적 중요성을 고려하지 않은 단순한 미적 가치를 훨씬 능가하는 것이었다.

종교 개혁의 문화적 결과들

종교 개혁이 예술 그 자체는 반대하지 않았다는 증거는 문화에 미친 종교 개혁의 결과를 보면 알 수 있다. 독일의 화가이자 판화가인 루카스 크라나흐(Lucas Cranach, 1472-1553)가 루터의 친구이며 루터와 그의 아내를 여러 차례 그렸다는 사실을 우리는 잊어서는 안 된다. 크라나흐는 루터의 아버지도 그렸다. 1524년에 출간한 찬송가집의 보컬 부분은 아마 크라나흐가 새겼던 것 같다. 심지어 루터와 크라나흐는 서로 상대편 아이의 대부(代父)이기도 했다. 루터가 크라나흐의 그림이 어떤 형태를 지녔든 싫어했다는 증거가 전혀 없다.

또한 우리는 종교 개혁이 만든 음악을 생각해 볼 수 있다. 1562년에 완성된 찬송가집, 생동감 넘치는 『제네바 시편가』(Genevan Psalter)는 시편으로 구성되어 있다. 그 선율이 너무 발랄하여 어떤 사람들은 그것을 조롱하듯이 '제네바 지그'(Geneva Jigs)라고 불렀다.

제네바에서 종교 개혁의 지도자로 칼빈을 따랐던, 위대한 테오도르 드 베즈(Théodore de Bèze, 1519-1605)는 시편 본문을 번역했고, 루이 부르주아(Louis Bourgeois, 1510-1570)는 자신이 선별하거나 작곡한 멜로디에 이 시편들을 붙였다. 후에 이 시편가는 스위스뿐만 아니라 영국, 독일, 네덜란드, 스코틀랜드에서도 사용되었다. 한편 음악에 미친 종교 개혁의 결과를 가장 잘 볼 수 있는 곳은 루터가 있던 독일에서였다.

루터는 훌륭한 음악가였다. 그는 힘과 기술이 넘치는 연주가일 뿐만 아니라 좋은 테너 음성을 가진 성악가이기도 했다. 1524년 그의 교회 성가대 지휘자인 요한 발터(Johann Walther, 1496-1570)가 당시로서는 엄청난 혁신이었던 찬송가집, 『비텐베르크 찬송가』(Wittenberg Gesangbuch)를 펴냈다. 발터와 그의 친구 콘라트 루프(Konrad Rupff, 1475경-1530)는 루터의 집에서 이 찬송가 일에 매달렸다. 루터는 친히 자신의 파이프(fife)로 그 선율을 연주했다. 그 찬송가 모음집에는 루터가 가사와 곡을 쓴 유명한 찬송 '내 주는 강한 성이요'(A Mighty Fortress Is Our God)가 들어 있었다. 사람들이 열린 성경을 통해서 하나님께 직접 나아감으로 성단 칸막이가 교회에서 제거된 것처럼, 회중이 하나님께 직접 나아가면서 수세기 만에 처음으로 다시 찬송을 부를 수 있게 되었다.

루카스 크라나흐가 그린 마르틴 루터(상단), 루터와 그의 아내 카타리나 폰 보라(중단), 루터의 부친 한스 루터와 모친 마르가레테 루터(하단). 작센 선거후의 궁정 화가로 활약했던 크라나흐는 루터와 루터의 가족 초상화를 다수 남겨 놓았다. "종교 개혁이 예술 그 자체는 반대하지 않았다는 증거는 문화에 미친 종교 개혁의 결과를 보면 알 수 있다. 독일의 화가이자 판화가인 루카스 크라나흐가 루터의 친구이며 루터와 그의 아내를 여러 차례 그렸다는 사실을 우리는 잊어서는 안 된다. 크라나흐는 루터의 아버지도 그렸다. ······루터가 크라나흐의 그림이 어떤 형태를 지녔든 싫어했다는 증거가 전혀 없다."

우리는 다른 일들에서와 마찬가지로 초대 교회의 가르침뿐만 아니라 초대 교회의 관행으로도 돌아가게 된다. 이로써 루터와 같이 친히 찬송가를 쓰고 회중들에게 찬송하는 법을 가르친 밀라노의 주교 암브로시우스(Ambrosius, 339-397)와 그의 교송 성가를 생각하게 된다. 루터는 『비텐베르크 찬송가』의 서문에서 이렇게 말했다. "나는 젊은 사람들이 사랑 타령과 음탕한 민요에서 벗어날 수 있는 어떤 것을 소유하기를, 대신 건전한 것을 배워서 즐거이 선한 일을 따르게 되기를 바란다. 몇몇 고집 센 사람들이 생각하는 것과 달리, 나는 모든 예술이 땅에 짓밟히고 복음을 통해서 멸절되어야 한다고 생각하지 않는다. 오히려 즐거이 그 모든 것을, 특히 음악을 그것들을 주시고 지으신 분의 종으로 보고자 한다."

나중에 좀 더 복잡한 형식을 만든 찬송가 작가로는 한스 레오 하슬러(Hans Leo Hassler, 1564-1612)와 미하엘 프레토리우스(Michael Praetorius, 1571-1621)를 들 수 있다.

하인리히 쉬츠(Heinrich Schütz, 1585-1672)와 디트리히 북스테후데(Dietrich Buxtehude, 1637-1707)도 역시 주목해야 할 것이다. 쉬츠는 베네치아에서 조반니 가브리엘리(Giovanni Gabrieli, 1557경-1612)의 바로크 음악에 영향을 받았으나, 종교 개혁 시대에 이 양식은 자신만의 성격과 방향을 가지게 되었다. 뤼베크의 오르간 연주자 북스테후데는 바흐(Johann Sebastian Bach, 1685-1750)에게 심대한 영향을 끼쳤다. 바흐가 북스테후데의 연주를 들으러 뤼베크에 가기 2년 전에, 헨델(Georg Friedrich Händel, 1685-1759)이 북스테후데의 연주를 듣기 위해 또 북스테후데의 자리를 이어받을 것을 바라고 거기 갔었다는 사실을 주목해 보면 재미있다. 계약서에는 새 오르간 연주자는 북스테후데의 딸과 결혼해야 한다는 구절이 있었다. 결국 헨델은 그 자리를 취하지 않았다! 소위 '아벤트무지켄'(Abendmusiken, 일요일 늦은 오후의 종교 음악회)을 북스테후데가 시작했고, 헨델과 바흐는 그 연주를 들으러 갔다.

문화에 끼친 종교 개혁의 영향은 단지 특혜를 입은 엘리트만을 위한 것이 아니라 모든 사람을 위한 것이었다. 잘 기억되지는 않지만 주목할 만한 업적을 남긴 사람들도 그 당시에 있었다. 바흐의 선임자로서 라이프치히 토마스 교회의 오르간 연주자였던 요한 쿠나우(Johann Kuhnau, 1660-1722)를 생각해 볼 수 있는데, 그는 1700년에 하프시코드를 위한 성경 소나타를 작곡했다.

주께만 영광이 있을지어다

요한 제바스티안 바흐(Johann Sebastian Bach, 1685-1750)는 분명히 종교 개혁이 낳은 작곡자들 중 최고봉이었다. 그의 음악은 종교 개혁 문화와 당시의 성경적 기독교의 직접적 결과였다. 물론 이 점은 바흐 자신의 일부분을 차지했다. 만일 루터가 없었다면 바흐는 없었을 것이다. 바흐는 '예수님의 도우심으로'(With the Help of Jesus), '주께만 영광이 있을지어다'(To God Alone Be the Glory), '예수님의 이름으로'(In the Name of Jesus) 등의 구절을 자신의 악보 첫머리에 기록했다. 기독교인 바흐가 작곡한 마지막 곡이 '당신의 어전에 이제 내가 섰나이다'(Before Thy Throne I Now Appear)였다는 사실은 그에게 참 어울리는 점이다.

바흐는 의식적으로 자기 음악의 형식과 언어를 모두 성경의 진리에 연결시켰다. 성경적 맥락에서 음악과 언어가 풍성하게 구성되고 다양함이 통일을 이루었다. 이 점은 성경이 보편자와 개별자에 통일성을 부여함으로써 개별자들이 의미를 갖는다는 사실에 근거했다. 즉 음악적으로 표현한다면, 무궁한 변화와 혼돈되지 않은 다양함이 있을 수 있었다. 변화는 있으나 종결, 해결이 있었다.

물론 같은 전통 속에 헨델(Georg Friedrich Händel, 1685-1759)이 서 있었음을 기억해야 한다. 자연스럽게 헨델의 『메시아』(Messiah, 1741)가 떠오르는데, 이 작품은 음악과 그 메시지에 있어서 모두 회복된 기독교의 전통 속에 있다. 헨델

독일 아른슈타트 바흐 교회의 오르간(상단). 바흐가 생전에 연주했던 오르간으로 독일의 저명한 오르간 제작자인 벤더의 작품이다. 오르간을 연주하는 요한 제바스티안 바흐(하단).
"요한 제바스티안 바흐는 분명히 종교 개혁이 낳은 작곡자들 중 최고봉이었다. 그의 음악은 종교 개혁 문화와 당시의 성경적 기독교의 직접적 결과였다. ……바흐는 의식적으로 자기 음악의 형식과 언어를 모두 성경의 진리에 연결시켰다. 성경적 맥락에서 음악과 언어가 풍성하게 구성되고 다양함이 통일을 이루었다. 이 점은 성경이 보편자와 개별자에 통일성을 부여함으로써 개별자들이 의미를 갖는다는 사실에 근거했다. 즉 음악적으로 표현한다면, 무궁한 변화와 혼돈되지 않은 다양함이 있을 수 있었다. 변화는 있으나 종결, 해결이 있었다."

의 종교 음악에는 『메시아』뿐만 아니라 『사울』(Saul, 1738경), 『애굽의 이스라엘』(Israel in Egypt, 1738경) 그리고 『삼손』(Samson, 1743)도 있었다. 『메시아』는 성경 중심의 배경에서만 나올 수 있었다. 선곡된 곡의 순서까지도 그리스도를 메시아라고 하는 성경의 가르침을 아주 엄밀하게 따랐다.

예를 들면, 헨델은 '할렐루야 합창'(Hallelujah Chorus)을 끝에 두지 않았고, 그리스도의 과거와 미래 역사의 흐름 속에서 그 적합한 위치에 두었다. 많은 연주자들은 그 합창을 음악적 절정으로 삼아 마지막 부분에 두곤 하지만, 헨델은 성경의 가르침을 정확하게 따라 그것을 성경이 그리스도는 세상을 다스리시려고 다시 오신다고 말하는 그 미래의 역사적 순간에, 즉 성경(요한계시록)에 예언적으로 '만왕의 왕이요 만주의 주라'라는 외침이 기록된 그 시점에 두었다.

헨델은 찰스 웨슬리(Charles Wesley, 1707-1788)와 아는 사이였던 것 같다. 그는 웨슬리가 쓴 '즐거워하라. 주는 왕이시니'(Rejoice, the Lord is King)에 붙일 찬송 음악을 썼다.

지나가는 말이지만, 영국의 교회 음악이 독일의 초기 종교 개혁 음악에서 발견되는 강조점을 따르고 있었음을 주목해야 할 것이다. 하나님의 말씀이 이해될 수 있도록 하기 위해 단순화된 양식이 필요하게 되었다. 여기서 토머스 탤리스(Thomas Tallis, 1505경-1585)와 올랜도 기번스(Orlando Gibbons 1583-1625)를 언급할 수 있다. 독일과 마찬가지로 영국에서도 내용을 강조하였다. 음악은 종교 개혁이 성경적 가르침으로 돌아간 사건에 있어서 우연적인 것이 아니었다. 그것은 자연스러운 산물로서 성경이 가르친 바와 통일을 이루었다. 종교 개혁이 음악으로 산출한 것을 통해 우리는 종교 개혁이 진실로 문화에 관심이 있었음을 분명하게 확신할 수 있다.

이 점은 음악에서 그런 것처럼, 시각 예술에서도 마찬가지였다. 이미 우리는 크라나흐를 언급한 바 있다. 또한 우리는 알브레히트 뒤러(Albrecht Dürer,

1471-1528), 알브레히트 알트도르퍼(Albrecht Altdorfer, 1480-1538), 한스 발둥-그린(Hans Baldung-Grien, 1484경-1545) 그리고 베함(Beham) 형제들, 곧 한스 제발트 베함(Hans Sebald Beham, 1500-1550)과 바르텔 베함(Barthel Beham, 1502-1540)을 주목해야 할 것이다.

이후로 누가 복음을 그토록 분명히 선포하리이까

알브레히트 뒤러의 어떤 작품들은 종교 개혁 이전에 만들어졌지만, 우리는 그를 종교 개혁의 예술가로 보아야 한다. 1521년에 뒤러는 네덜란드에 있었다. (1517년 10월 31일, 루터가 비텐베르크의 성 교회 문에 95개조 반박문을 붙인 것을 기억할 것이다.) 거기서 그는 루터가 체포되었다는 풍문을 들었다. 물론 그 소문은 거짓이었다. 루터의 친구들은 루터의 생명을 보호하기 위해서 그를 숨겨 두었는데, 많은 사람들이 그가 죄수가 되었다고 생각했다.

뒤러는 출판할 생각 없이 일기를 기록하고 있었다. 이 일기는 길게 인용할 가치가 있다.

1521년 오순절 전 금요일(5월 17일), 믿기 어렵게도 마르틴 루터가 옥에 갇히고 말았다는 소식이 안트베르펜에 들려왔다. 카를(Karl) 황제의 전령이 명령대로 루터를 황제 근위대가 호위하도록 했을 때, 루터는 이를 믿었다. 그러나 그 전령은 루터를 아이제나흐 근방의 황량한 곳으로 데려가서 더 이상 그가 필요하지 않다고 말하고는 사라졌다. 이윽고 열 명의 기사가 말을 타고 나타났다.

그들은 성령의 조명을 받아 참된 기독교 신앙을 고백했던, 이 속임당한 경건한 사람을 비겁하게도 데려가 버렸다. 그는 아직 살아 있을까? 아니면 그들에게 죽음을 당했을까? 나야 알지 못하지만, 그는 무거운 인간 율법의 짐으로 그리스도에 의한 자유함을 막으려 하는 비기독교적 교황 제도를 응징하고자 주장한 기독교 진리를 위해서 고초를 당했다. 또한 그는 지금까지 오랫동안 우리의 피땀의 열매인 모든 것을 완전히 빼앗기고, 목마르고 말라비틀어진 사람들이 그 때문에 죽어 가는 동안, 게으른 자들이 부끄럽고 저주스럽게 그 열매를 소비하였던 까닭에 고초를 당했다.

특히 나에게 가장 괴로운 사실은 하나님은 그들이 교부(father)라고 부르는 자들이 구성하고 작성한 저 거짓되고 어두운 가르침 아래 우리를 계속 두기를 원하실지 모른다는 점이다. 이 사실 때문에 하나님의 감미로운 말씀이 거짓되게 주석되었고, 많은 부분이 가르쳐지지 않았다.

오 하늘에 계신 하나님, 우리에게 자비를 베푸소서. 오 주 예수 그리스도여, 당신의 백성을 위해 기도하여 주소서. 바로 지금 우리를 건지시고 우리 안에 올바르고 참된 기독교 신앙을 보존하시며 멀리 흩어진 당신의 양들을 성경에 기록된 하나님의 말씀인 당신의 음성으로 모으소서. 우리를 도우사 우리로 당신의 음성을 알게 하시고 다만 사람의 상상에 불과한, 유혹하는 다른 소리를 따라가지 말게 하셔서, 우리가 주 예수 그리스도 당신을 결코 떠나지 않게 하소서! 오 하나님! 주는 지금 교황권 아래 있는 우리처럼 백성에게 인간의 무시무시한 율법의 짐을 두지 아니하셨으니, 이들은 날마다 당신의 피로 구속하신 자유로운 기독교인이 되기 원하나이다. 오 지극히 높으신 하늘의 아버지여! 당신의 아들 예수 그리스도로 우리 가슴에 빛을 쏟아부으사 우리가 선한 양심으로 다른 이의 짐을 버리고 영원한 하늘의 아버지이신 당신을 즐겁고 흔쾌한 마음으로 섬길 수 있게 하소서.

그리고 지난 140년 동안의 어느 이보다도 분명하게 글을 쓰고 당신께서 그토록 복음의 영을 주신 이 사람을 우리가 잃게 된다면, 기도하옵나니 오 하늘의 아버지여, 당신께서 성령을 다시금 누군가에게 주시어 당신의 거룩한 교회를 모으게 하셔서 우리가 함께 기독교적 방식으로 살게 하시며 우리의 선한 일로 모든 불신자들이, 투르크인이나 야만인이나 칼리쿠트인이나 모두 우리를 본받기를 원하여 기독교 신앙을 받아들이게 하옵소서. 오 주여, 우리에게 이후로 거룩하고 순수한 복음, 요한계시록에 기록된 대로 인간의 교리로 흐려지지 않는 하늘에서 내려오는 아름다운 새 예루살렘을 주옵소서.

요컨대, 마르틴 루터의 책을 읽는 자라면 그가 거룩한 복음을 얼마나 분명하고 명료하게 진술하는지 알 수 있을 것입니다. 그러므로 이 책들은 소중히 간직되어야 하고 불에 타서는 안 되나이다. 만일 누군가가 항상 진리를 거슬러 싸우는 그의 대적들을 사람으로 신들을 만들려 하는 저들의 의견과 함께 불에 내던지지 않는다면, 새로 인쇄된 루터의 책이 다시금 이용될 수 있도록 해야 할 것입니다. 오 하나님, 만일 루터가 죽었다면, 누가 이후로 거룩한 복음을 그렇게 분명하게 선포하리이까? 오 하나님, 10년이나 20년 더 그가 우리를 위해 저술할 수 없다면 어떻게 되겠나이까?

1520년 슈팔라틴(Georg Spalatin, 1484-1545)에게 보내는 서한에서 뒤러는 이렇게 썼다.

기독교 진리를 위하여, 칭송받을 만한 루터 박사를 당신께 추천할 수 있도록 간절히 은혜를 구합니다. 이 진리를 우리는 세상의 온갖 재물이나 권세보다 더 소중히 여기니, 이는 모든 것이 시간과 함께 지나가되 오직 진리는 영원히 남기 때문입니다. 그러니 하나님, 저를 도우사 마르틴 루터 박사에게 이를 수 있게 하셔서 그를 열심히 그리고 동판에 새길 수 있게 하시고 그리하여 저로 큰 근심에서 헤쳐 나오게 도와준 이 기독교인을 영원히 기념하게 하소서. 그리고 당신께 은혜를 구하오니, 만일 루터 박사가 독일에서 새로운 책을 만든다면 그것을 제게 보내 주십시오. 대금을 보내 드리겠습니다.

이 인용문에는 주목할 만한 것들이 많다. 뒤러는 루터가, 140년 동안 어느 누구보다 더 분명하게 글을 썼다고 말하고 있다. 존 위클리프가 1320년에서 1384년까지 살았고, 얀 후스는 1369년에서 1415년까지 살았다. 뒤러의 일기는 1521년에 기록되었다. 이 연대에서 140년을 빼면 1381년이 나오는데 이 해는 위클리프와 후스 모두의 생애에 해당된다. 뒤러는 이 두 사람을 염두에 두었을 것이지만 아마 후스를 더 생각했을 것인데, 이는 후스의 영향이 남부 독일에 강하게 남아 있었기 때문이다.

종교 개혁의 흐름에 따른 예술가, 뒤러

한 가지 분명한 사실은 뒤러가 종교 개혁의 많은 기본적 이념들, 특히 성경을 유일한 최종 권위로 전파했던 이 종교 개혁 이전 인물들의 노선을 밟았다는 점이다. 이 사실이 뒤러가 마르틴 루터에 관하여 기록하고 있는 바와 어떻게 부합하는지 살펴보라. 후스의 두 번째 특출난 사상, 즉 구원은 인간의 공로의 덧붙임을 통해서가 아니라 그리스도와 그의 공로만으로 온다는 사상도 또한 일기에 반영되어 있음을 보게 된다.

뒤러는 실로 종교 개혁의 흐름 속에 있었던 인물로서, 루터가 그의 반박문을 붙이기 전이기는 했지만, 요한계시록을 예시하는 위대한 목판 『계시록』 (Apocalypse, 1498)과 동판 조각 『기사, 죽음 그리고 악마』(The Knight, Death, and the Devil, 1513), 『골방의 성 히에로니무스』(St. Jerome in His Cell, 1514)를 제작했

알브레히트 뒤러의 『부엉이』(상단) 와 『코뿔소』(하단). "뒤러는 실로 종교 개혁의 흐름 속에 있었던 인물로서……그의 예술은 바흐의 음악처럼 종교 개혁의 문화적 결과들이다. 뒤러는 라파엘로, 미켈란젤로 그리고 레오나르도 다 빈치와 같은 시기에 살았다. 그는 13세가 되던 해에 이미 자연을 사실적으로 파악했다. 꽃, 토끼 등을 그린 그의 아름다운 수채화는 하나님의 세계가 참된 가치를 가지고 있음을 분명하게 보여주는 증거였다."

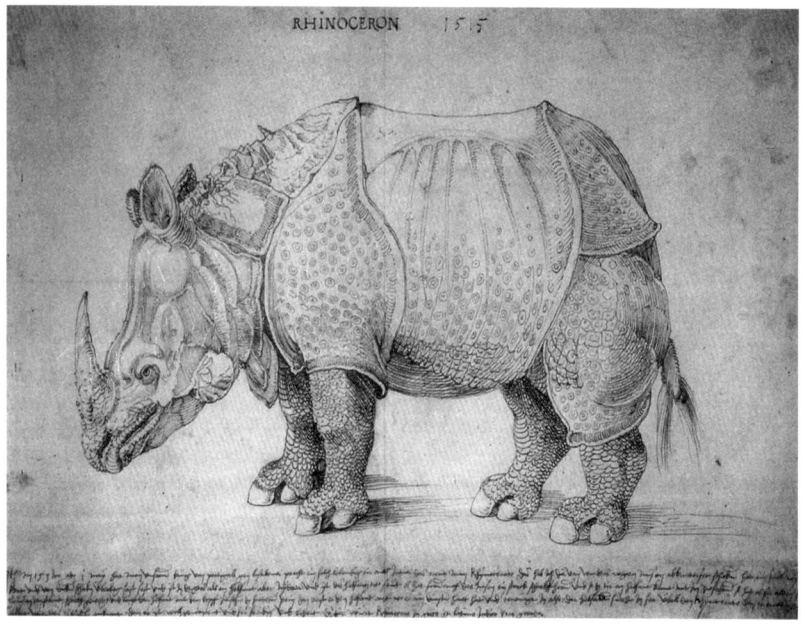

다. 더욱이 그가 어떻게 요한계시록을 두 차례 인용하고 있는지 주목해 보라. 이는 그의 이전 목판들과 분명하게 결부되어 있고, 그가 그것들을 만들 때에 이런 사상이 깔려 있었음을 보여준다.

그의 예술은 바흐의 음악처럼 종교 개혁의 문화적 결과들이다. 뒤러는 라파엘로, 미켈란젤로 그리고 레오나르도 다 빈치와 같은 시기에 살았다. 그는 13세가 되던 해에 이미 자연을 사실적으로 파악했다. 꽃, 토끼 등을 그린 그의 아름다운 수채화는 하나님의 세계가 참된 가치를 가지고 있음을 분명하게 보여주는 증거였다.

종교 개혁 시대 예술에 대한 오해

지금 나는 종교 개혁이 만든 예술이 모든 면에서 남부 유럽의 예술보다 위대하다고 말하는 것이 아니다. 중요한 점은 종교 개혁이 예술과 문화를 손상시켰다거나 예술과 문화를 만들지 못했다고 말하는 것은 무의미하거나 부정직한 것이라는 점이다.

물론 기독교인만이 아름답게 그림을 그릴 수 있는 것은 아니다. 또한 기독교인만이 창조적 욕구를 사랑하거나 가지는 것은 아니다. 비록 그 형상이 왜곡되었다 하더라도 사람은 하나님의 형상으로 지음을 받았다. 사람들이 그것을 인정하든지 하지 않든지 이 점이 바로 인간의 본질이다. 하나님은 위대한 창조주이시고, 하나님의 형상으로 지음받은 인간의 독특한 인간됨을 이루는 한 부분은 창조성이다. 그래서 인간은 인간으로서 그림을 그리고 과학과 조각 등에서 창조성을 보인다. 그런 활동은 하나님으로부터 오는 특수한 자극을 필요로 하는 것이 아니다.

그렇다고 사람들이 하나님에게서 소외되지 않았다거나 하나님께로 돌아가는 데에 그리스도의 공로가 필요하지 않다고 말하는 것은 아니다. 인간이 인간으로서 비인간(non-man)과 달리 창조적이라는 뜻이다. 하지만 사람의 세계관은 거의 언제나 그의 창조적 산물 속에서 철저하게 드러난다. 그리고 그가 만든 사물들에게서 나타나는 특징들은 서로 다를 것이다.

이 점은 모든 영역에서 그러하다. 예를 들면, 종교 개혁의 예술에 비교되는 르네상스 예술에서도, 혹은 과학에 있어서 사람의 창조적 욕구가 계속될지 아니면 중단될지, 또 그 지속과 중단이 어떤 방식으로 이루어질지 그 행방에서도 그러하다. 종교 개혁의 경우에 예술은 성경적 기반의 훌륭한 특징을 보였다.

네덜란드의 종교 개혁 화가, 렘브란트

종교 개혁이 그림에 긍정적이었던 것은 독일에서만이 아니었다. 그림에서 종교 개혁 문화의 결과를 보여주는 가장 분명한 예로서 렘브란트(Rembrandt Harmenszoon van Rijn, 1606-1669)를 들 수 있다. 렘브란트는 (다른 모든 사람들과 마찬가지로) 생애에 결함이 있기는 하지만 진실한 기독교인이었다. 그는 그리스도께서 자기를 위해서 죽으셨다고 믿었다. 1633년 그는 오라녜 공 프레데리크 헨드리크(Frederik Hendrik, Prince of Orange, 1584-1647)를 위해서 『십자가를 올림』(Raising of the Cross)을 그렸다. 현재 이 그림은 뮌헨의 알테 피나코테크 미술관에 걸려 있다.

그림을 보면 푸른 화가 베레모를 쓴 이가 그리스도를 십자가에 올리고 있다. 그 사람은 바로 렘브란트 자신이었다. 말하자면 그것은 자화상이었다. 그는 그렇게 그의 죄가 그리스도를 십자가로 보냈다는 사실을 온 세상에 말했던 것이다.

렘브란트는 모든 작품에서 자신이 종교 개혁의 사람이었음을 보이고 있다. 즉 그는 자연을 이상화하지도 않고 그것을 손상시키지도 않았다. 게다가 렘

「십자가를 올림」, 렘브란트 作. "렘브란트는 생애에 결함이 있기는 하지만 진실한 기독교인이었다. 그는 그리스도께서 자기를 위해서 죽으셨다고 믿었다. 1633년 그는 오라녜 공 프레데리크 헨드리크를 위해서 「십자가를 올림」을 그렸다. 현재 이 그림은 뮌헨의 알테 피나코테크 미술관에 걸려 있다. 그림을 보면 푸른 화가 베레모를 쓴 이가 그리스도를 십자가에 올리고 있다. 그 사람은 바로 렘브란트 자신이었다. 말하자면 그것은 자화상이었다. 그는 그렇게 그의 죄가 그리스도를 십자가로 보냈다는 사실을 온 세상에 말했던 것이다."

네덜란드의 종교 개혁 화가, 렘브란트의 동판화들. "렘브란트는 모든 작품에서 자신이 종교 개혁의 사람이었음을 보이고 있다. 즉 그는 자연을 이상화하지도 않고 그것을 손상시키지도 않았다. 게다가 렘브란트는 성경적 기반을 두고 정신적인 심오함을 표현하면서 사람을 그리는 데 능숙했다. ……렘브란트의 그림은 고상했지만, 현실을 다룬 것이었다. 그는 가톨릭의 반종교 개혁에서 비롯된 대부분의 바로크 그림처럼 환상의 세계로 빠져들어 갈 필요가 없었다. 이 네덜란드의 종교 개혁 화가는 자연을 하나님의 창조물로서 누릴 것으로 보았다."

브란트는 성경적 기반을 두고 정신적인 심오함을 표현하면서 사람을 그리는 데 능숙했다. 사람은 위대했지만, 또한 하나님께 반항하여 잔인해지고 타락했다. 렘브란트의 그림은 고상했지만, 현실을 다룬 것이었다. 그는 가톨릭의 반종교 개혁에서 비롯된 대부분의 바로크 그림처럼 환상의 세계로 빠져들어 갈 필요가 없었다. 이 네덜란드의 종교 개혁 화가는 자연을 하나님의 창조물로서 누릴 것으로 보았다.

우리는 레닌그라드의 예르미타시 미술관에 소장된 렘브란트의 그림『다나에』(Danaë, 1636)를 생각해 볼 수 있다. 이 그림은 렘브란트를 침대에서 기다리고 있는 그의 아내의 나체를 그린 것이다. 렘브란트 자신은 이 그림 속에 없다. 그렇지만 그의 아내가 왼쪽에서 다가오는 그를 기다리고 있으므로, 여전히 숨어 있지만 그는 그 그림의 중심이다.

여기에 사랑과 온화함이 있다. 렘브란트는 그리스도께서 모든 생활의 주 되심을 알았다. 기독교인으로서 그는 하나님의 세계 가운데 살았고, 자신을 하나님으로 만들 필요가 없었다. 오히려 그는 하나님의 세계와 그 형태를 자신의 그림에 사용할 수 있었다.

제자리로 돌아간 자연과 위엄 있고 아름다운 삶

네덜란드의 많은 화가들이 종교 개혁 문화의 흐름 속에 굳게 서 있었다. 초상화가, 풍경화가, 정물화가들은 모두 일상의 실재들을 하나님의 창조물로 보았고 그래서 중요한 것으로 보았다. 이 점은 올바른 방향이며 합당한 자연관이었다. 어떤 시점까지는 남부 르네상스의 발전이 좋은 방향으로도 나쁜 방향으로도 갈 수 있었다. 그러나 인본주의가 득세하면서 모든 것은 자율적인 것이 되었고 의미는 사라졌다. 종교 개혁으로 사람들은 올바른 방향을 다시 찾았고, 자연과 모든 삶은 위엄 있고 아름다운 것이 되었다.

17세기 네덜란드 정물화의 대가, 피터르 클라스의 정물화들. "네덜란드의 많은 화가들이 종교 개혁 문화의 흐름 속에 굳게 서 있었다. 초상화가, 풍경화가, 정물화가들은 모두 일상의 실재들을 하나님의 창조물로 보았고 그래서 중요한 것으로 보았다. 이 점은 올바른 방향이며 합당한 자연관이었다. 어떤 시점까지는 남부 르네상스의 발전이 좋은 방향으로도 나쁜 방향으로도 갈 수 있었다. 그러나 인본주의가 득세하면서 모든 것은 자율적인 것이 되었고 의미는 사라졌다. 종교 개혁으로 사람들은 올바른 방향을 다시 찾았고, 자연과 모든 삶은 위엄 있고 아름다운 것이 되었다."

1860년 야코프 부르크하르트(Jacob Burckhardt, 1818-1897)는 『이탈리아의 르네상스 문명』(The Civilization of the Renaissance in Italy)에서 르네상스와 종교 개혁의 핵심적인 차이를 지적했다. 이제 어느 누구도 부르크하르트의 견해를 따르지 않지만, 르네상스와 종교 개혁 사이의 대조를 다룬 그의 논의는 여전히 아주 주목할 만하고 나에게는 여전히 옳아 보인다. 그는 자유가 북부 유럽에서는 종교 개혁에 의해서, 남부 유럽에서는 르네상스에 의해서 도입되었다고 주장했다. 남부에서는 자유가 방종으로 흘렀지만, 북부에서는 그렇지 않았다. 그 이유는 르네상스 인본주의에서 사람들은 삶의 개별자들에게 의미를 가져다줄 방법을 찾지 못했으며 도덕에서 절대자를 얻을 곳을 갖지 못했기 때문이다. 그러나 북부에서는 종교 개혁자들이 성경의 가르침을 따라 자유를 누렸고, 동시에 설득력 있는 절대적 가치를 갖게 되었다.

제4장 종교 개혁 Ⅰ | 연구 문제

1. 르네상스와 종교 개혁은 동일한 문제를 다루었으나 대답은 완전히 달랐다. 그 동일한 문제란 무엇인가? 또 그 문제에 대한 답을 르네상스와 종교 개혁은 각각 어디에서 구하려고 하였는가?

2. 종교 개혁이 성경으로 돌아갔을 때 하나님, 인간, 자연에 대해 어떤 지식을 가질 수 있었는가?

3. 종교 개혁은 예술 파괴자였는가? 당시 그들의 예술 파괴는 어떻게 이해해야 하는가? 그들이 예술을 무시하지 않았다고 할 수 있는 증거는 무엇인가?

4. 종교 개혁 음악가들의 음악을 들어 보고 그 음악에 종교 개혁적인 특성이 어떻게 반영되어 있는지를 지적해 보라.

5. 종교 개혁의 화가 뒤러에 대해 정리해 보자. 뒤러는 루터의 어떤 점을 가장 귀하게 평가했는가? 루터가 체포되었다고 생각했을 때 뒤러가 가장 아쉬워한 점은 무엇인가? 뒤러의 일기에서 두 가지 이상을 볼 수 있는데 그 내용은 무엇인가? 그 내용이 그의 일기 어느 대목에 반영되어 있는지 지적해 보라.

사람들은 성경의 가르침을 완벽하게 이룬 적이 없다. 그럼에도 성경의 가르침이 이른 곳마다. 비록 사람들이 항상 그 가르침을 손상시키기는 하지만, 그래도 그 가르침은 그리스도의 사역을 통하여 하나님께로 돌아가는 열린 길을 말해 줄 뿐만 아니라 정치 제도의 도입을 포함한 부수적인 결과를 사회에 가져왔다. 복음의 가르침은 예술과 정치적 활동에서 이차적인 결과들을 낳는다. 종교 개혁이 사회나 정치를 완전하게 만든 것은 아니지만, 점차로 심대하고 독특한 향상을 가져왔다. 종교 개혁이 성경의 가르침으로 돌아가서 사회에 기여한 점은 혼란에 이르지 않으면서도 엄청난 자유를 누릴 수 있는 기회를 얻는 것이었다. 즉 개인은 성경에 기록된 절대 기준에 근거한 합의가 있기에 자유를 가졌고, 따라서 자유를 가지기는 하지만 그것이 혼란에 빠지지 않게 하는 참된 가치를 갖게 되었다. 이전에 세상은 이런 일을 알지 못했다.

제5장
종교 개혁 II

혼란하지 않은 자유를 누릴 수 있는 기회

우리는 종교 개혁이 문화와 예술로서의 예술에 반대하지 않았음을 살펴보았다. 이제 또한 사람들이 성경적 기독교로 돌아감으로써 점차로 생겨난 정치적 자유를 주목하도록 하자. 모든 결과가 한꺼번에 나타난 것이 아니므로 여기서는 '점차로'라는 말에 중점을 두어야 한다. 다시금 우리는 종교 개혁이 황금 시대가 아니었음을 기억해야 한다. 그것이 우리의 완전한 모델인 것처럼 보아서는 안 된다. 사람들은 성경의 가르침을 완벽하게 이룬 적이 없다. 그럼에도 성경의 가르침이 이른 곳마다, 비록 사람들이 항상 그 가르침을 손상시키기는 하지만, 그래도 그 가르침은 그리스도의 사역을 통하여 하나님께로 돌아가는 열린 길을 말해 줄 뿐만 아니라 정치 제도의 도입을 포함한 부수적인 결과를 사회에 가져왔다. 복음의 가르침은 예술과 정치적 활동에서 이차적인 결과들을 낳는다.

종교 개혁이 사회나 정치를 완전하게 만든 것은 아니지만, 점차로 심대하고 독특한 향상을 가져왔다. 종교 개혁이 성경의 가르침으로 돌아가서 사회에 기여한 점은 혼란에 이르지 않으면서도 엄청난 자유를 누릴 수 있는 기회를 얻는 것이었다. 즉 개인은 성경에 기록된 절대 기준에 근거한 합의가 있기에 자유를 가졌고, 따라서 자유를 가지기는 하지만 그것이 혼란에 빠지지 않게 하는 참된 가치를 갖게 되었다. 이전에 세상은 이런 일을 알지 못했다. 북부 유럽에서는 이러한 견해가 반영된 사회의 형태가 나타났다. 규모가 작아서 편했던 그리스의 도시 국가는 잠시 동안 제한된 영역의 사람들에게 조심스럽게 사회적, 정치적 참여권을 주려고 했다. 그리고 로마법도 로마 시민에게 어떤 자유를 보장했다. 예로, 우리는 이 점을 사도 바울의 체험에서 배우게 된다. 그러나 이것들은 종교 개혁으로 이룩된 것에는 미치지 못한다.

정의는 백성을 영화롭게 한다

폴 로버트(Paul Robert, 1851-1923)는 혼란하지 않은 자유를 만든 기반을 자신의 벽화 『정의는 백성을 영화롭게 한다』(Justice Lifts the Nations, 1905)에서 잘 나타내고 있다. 그는 자기 생각이 오해되지 않도록 설명하려고 벽화 자체에 제목을 그려 넣었다. 이 그림은 로잔의 구(舊) 대법원 건물 복도에 있어서 판사들은 소송을 처리하려고 가기 전에 어김없이 그 앞으로 지나가야 했다. 로버트는 종교 개혁이 성경에 부여한 위치는 도덕뿐만 아니라 법률에도 기반이 된다는 사실을 그들이 생각해 보기를 바랐다. 로버트는 많은 유형의 법률 소송을 전면에 그렸고, 검은 법복을 입고 판사석에 앉아 있는 판사들도 또한 그렸다. 분명하게 문제는 이렇게 제기된다.

판사들은 어떻게 재판해야 하는가? 판사들은 어떤 기반에 서야 판결을 자의적으로 내리지 않게 될 것인가? 로버트는 그 판사들 위에 눈을 가리지 않은 채로 서 있는 정의의 여신을 그렸는데, 그녀의 칼은 곧게 위를 향하지 않고 한 책을 향하여 아래로 뻗어 있으며 그 책에는 '하나님의 법'이라고 기록되

「정의는 백성을 영화롭게 한다」, 폴 로버트 作. "폴 로버트는 혼란하지 않은 자유를 만든 기반을 자신의 벽화 「정의는 백성을 영화롭게 한다」에서 잘 나타내고 있다. 그는 자기 생각이 오해되지 않도록 설명하려고 벽화 자체에 제목을 그려 넣었다. 이 그림은 로잔의 구(舊) 대법원 건물 복도에 있어서 판사들은 소송을 처리하려고 가기 전에 어김없이 그 앞으로 지나가야 했다. 로버트는 종교 개혁이 성경에 부여한 위치는 도덕뿐만 아니라 법률에도 기반이 된다는 사실을 그들이 생각해 보기를 바랐다."

어 있다. 이 그림은 종교 개혁 이후의 북부 유럽이 근거한 사회학적 기반, 법률적 기반을 표현했다. 폴 로버트는 종교 개혁이 법률 영역에 있어서 어떤 역할을 했는지 잘 알고 있었다.

로버트는 종교 개혁의 흐름 속에서 어떤 사람들이 이미 이해하고 있었고 말로 표현한 것을 조금 시기가 지나간 후에 표현한 셈이다. 로잔 학술원(지금의 로잔 대학교)의 신학 교수로 알렉상드르 비네(Alexandre Vinet, 1797-1847)라는 사람이 있었다. 그는 보주(州)에 살고 있던 사상가로서 스위스에서 자신보다 앞서 활동했던 종교 개혁자들의 흐름에 서 있었다. 그는 당대 스위스 프랑스어 사용권에서 가장 뛰어난 프랑스 프로테스탄티즘의 대표자였다. 그는 "기독교는 세계 자유의 썩지 않는 씨앗이다."라고 말했다. 스위스의 독특한 자유는 이런 기반에 근거하고 있다. 비네는 이런 일들에 대하여 단지 말만 하고 글만 쓴 것이 아니라, 국가에 종교적 예배의 자유와 양심의 자유를 거리낌 없이 주장했던 지도자였다. 위에서 언급한 인용문이 새겨진 비네의 입상은 로버트가 벽화를 그린 구 대법원 건물에서 불과 30미터 떨어진 곳에 있다.

종교 개혁자들의 입헌주의적 사상

네덜란드 그리고 정도는 다르지만 다른 종교 개혁 국가와 마찬가지로, 앵글로색슨 세계에서 영국이 종교 개혁의 결과를 분명하게 보여주었다. 우리는 법률이 정부를 포함한 사회 전체 구조와 연결되어 있음을 망각한 채, 민사 행위와 형사 행위의 맥락에서만 법률을 생각하는 것이 다반사이다. 여기서 종교 개혁으로 사람들이 성경으로 돌아간 것은 중요하고 유익한 영향을 끼쳤다. 물론 어떤 나라나 장소에서 있었던 정확한 영향력은 상황과 경우에 따라 다양하다. 그러나 일반적으로 스트라스부르의 종교 개혁 지도자였으며 모든 종교 개혁 국가에서 중요한 인물이었던 부처(Martin Bucer, 1491-1551)나

혹은 칼빈(John Calvin, 1509-1564)의 입헌주의적 사상은, 당시 소멸해 가고 있던 중세 후기의 계약 사상과는 달리, 일상 생활과 연관을 가지고 있어서 그 영향이 컸다.

부처는 가장 온건하고 자애로운 종교 개혁자 가운데 하나였으며, 제네바에서의 교회 문제와 교회와 국가 사이의 관계에 대한 칼빈의 뿌리 깊은 화해적 견해에 개인적으로 가장 강력하게 영향을 끼쳤다. 장로교 교회 정치에 함축되어 있는 입헌주의적 모델은 단지 하나의 예로서 그치지 않고 정치적 제한 원리에 대한 교육이기도 했다. 그리고 영국에서처럼 장로교가 승리를 거두지 못한 곳에서도, 영국 공공 생활에서 청교도적 요소를 형성하고 영국 국왕의 권력을 제한하는 창조적 역할을 담당한 많은 복잡한 단체들을 통해서 장로교의 정치적 이념이 전달되었다. 결과적으로 다른 나라에서는 절대주의적 정치관 쪽으로 나아가 표현의 자유를 제한하고 있을 때에 영국의 일반 시민들은 독재 정부의 권력으로부터 자유를 얻게 되었다.

그래서 사람들에게 심지어 국왕이라도 하나님의 율법에 대한 책임을 질 것을 강조하는 성경의 주장은 성경을 유일한 최종적 권위라고 주장하는 종교 개혁이 뿌리내린 나라에서 그 정치적 조류를 바꾸었다. 그 밖에도 중앙 집권적인 군주들이 정치적, 종교적 이견을 통제하려고 군주제적인 로마 가톨릭 교회의 도움을 환영했다는 것은 정치적으로 자연스러운 일이었다. 영국에서는 절대주의의 위협이 좌절되었다. 이 나라에서는 사람들이 점점 자의적인 보복을 두려워하지 않고 살게 되었다.

법이 곧 왕이다

영국의 많은 좋은 것들은 스코틀랜드에서 왔다. 국민들이 군주에 대하여 정치적 통제권을 가진다는 종교 개혁 원리를 가장 분명하게 보여주는 예로

스코틀랜드 사람인 새뮤얼 러더퍼드(Samuel Rutherford, 1600-1661)가 쓴 책을 들 수 있다. 그 책의 서명은 『법이 곧 왕이다』(Lex Rex : Law Is King)이다. 1644년에 그 책이 출판되었을 때, 러더퍼드는 런던 웨스트민스터 총회에 파견된 스코틀랜드 대표 가운데 한 사람이었다. 후에 그는 스코틀랜드의 세인트앤드루스 대학교의 총장이 되었다. 폴 로버트가 대법원 건물에 그림으로 나타냈던 정의를 새뮤얼 러더퍼드는 이미 이 책에서 글로 표현하였다. 어떤 형식이 있으므로 무질서하지 않은 자유라는 개념이 있게 되는 것이다. 이는 다른 말로 하면, 최고 권위인 성경이 기초로서 서 있었기 때문에 사람의 자의적인 결정에 의한 정치가 아닌 법에 의한 정치가 있을 수 있었다는 것이다. 이는 공의회 운동과 초기 중세의 의회를 넘어서는 것이다. 공의회 운동과 중세 의회는 일관성 없는 교회의 선언과 정치적 사건의 변화무쌍한 바람을 넘어서는 기반을 갖고 있지 못했기 때문이다.

현대 앵글로색슨족은 새뮤얼 러더퍼드를 거의 잊어버리고 말았지만, 그의 작품과 그 작품이 나타낸 전통은 미합중국 헌법에 지대한 영향을 주었다. 이 영향은 두 사람을 통해서 전달되었다.

첫 번째는 존 위더스푼(John Witherspoon, 1723-1794)인데 그는 장로교인으로 새뮤얼 러더퍼드의 『법이 곧 왕이다』를 그대로 따라 그것의 원리를 헌법 작성 그리고 정부 형태와 자유의 명문화에 연결시켰다. 위더스푼은 에든버러 대학교에서 공부했고 1768년에 뉴저지 대학(지금의 프린스턴 대학교)의 학장이 되었다. 1776-1779년과 1780-1782년, 그는 대륙 회의의 구성원이었다. 『독립선언문』(Declaration of Independence)에 서명한 유일한 목사이기도 했던 그는 그 회의의 많은 위원회에서 중요한 역할을 담당했다.

러더퍼드의 영향을 매개한 두 번째 사람은 존 로크(John Locke, 1632-1704)로서, 그는 장로교 전통을 세속화하기는 했지만 그럼에도 그 전통에서 많은 것을 끌어다 썼다. 그는 불가양도권, 합의 정치, 권력 분립 그리고 혁명권 등을

미국 펜실베이니아주 필라델피아에 소재한 미국 독립 기념관. "새뮤얼 러더퍼드의 작품과 그 작품이 나타낸 전통은 미합중국 헌법에 지대한 영향을 주었다. ……존 위더스푼은 장로교인으로 새뮤얼 러더퍼드의 『법이 곧 왕이다』를 그대로 따라 그것의 원리를 헌법 작성 그리고 정부 형태와 자유의 명문화에 연결시켰다. ……『독립 선언문』에 서명한 유일한 목사이기도 했던 그는 대륙 회의의 많은 위원회에서 중요한 역할을 담당했다."

강조했다. 그러나 이것들의 성경적 기반은 러더퍼드의 작품에서 발견된다. 이런 성경적 배경이 없다면 그 전 체계가 근거 없는 것이 될 것이다. 우리는 로크 자신의 책이 내적인 모순을 지니는 사실에서 이 점을 보게 된다. 『인간오성론』(An Essay Concerning Human Understanding, 1690)에 나타나 있는 그의 경험론에 따르면 '자연권'이 들어설 여지가 사실상 없다. 경험론에 따르면 모든 것은 경험에 의존한다. 그러나 '자연권'은 인간 본성에 원래 있던 것으로 경험에 근거하지 않는 것이거나 (그래서 경험론과 상충하는 것이거나), 아니면 인간의 경험이 아닌 다른 적합한 기반을 가지고 있어야 한다. 로크의 난점은 러더퍼드의 기독교적 기반이 없다는 점에 있다. 그는 성경적 기독교에서 나온 결과들을 그것을 만들어 낸 기반 없이 주장하였다. 즉 그는 기독교의 가르침을 세속화했다.

성경의 가르침에 근거한 기초

토머스 제퍼슨(Thomas Jefferson, 1743-1826)은 로크의 세속화된 형태를 취하여 종종 그것을 고전적 모범으로 삼곤 했다. 미합중국 헌법에 기초를 놓았던 사람들이 모두 기독교인이었던 것은 아니다. 사실상 많은 사람이 이신론자(理神論者)들이었다. 그러나 기독교인이라는 말이 두 가지 방식으로 정당하게 사용될 수 있음을 우리는 깨달아야 한다.

일차적인 의미는 그리스도의 사역을 통해서 하나님께 돌아간 개인을 말한다. 두 번째 의미는 첫 번째 의미와 반드시 분명하게 구분해야 하지만 역시 나름대로 타당성을 가지고 있다. 어떤 사람이 첫 번째 의미의 기독교인은 아니지만, 기독교적 합의가 만든 영역 안에서 사는 것은 가능하다.

이는 많은 영역에, 예를 들면 예술이나 정치사상에 해당될 것이다. 미합중국 헌법에 기초를 놓았던 사람들 가운데 많은 사람이 첫 번째 의미의 기독교인은 아니었다. 그러나 그들은 직접 '법이 곧 왕이다.'의 전통을 통해서 혹은 간접적으로 로크를 통해서 종교 개혁의 기초에 서 있었다. 어떤 사회가 성경의 가르침으로 하여금 어느 정도 자연스러운 결과를 낳게 하든지 낳게 하지 않든지 상관없이, 사회나 정부가 형식과 자유를 가지는 일은 가능하다.

그래서 종교 개혁의 복음 선포는 복음의 중심 메시지에 부차적이지만 그래도 중요한 두 가지 결과를 가져왔다. 즉 그것은 문화에 대한 관심과 사회와 정부에 형식과 자유를 세우는 기반이다. 후자는 중요한 추론, 즉 51퍼센트의 투표가 정치에서 옳고 그름의 최종 원천이 결코 될 수 없다는 사실을 수반하는데, 이는 성경의 절대성이 사회를 판단하는 데 유용하기 때문이다. '소시민', 즉 보통 시민은 언제든지 성경의 가르침에 기초를 두고 다수가 잘못되었다고 당당히 말할 수 있다. 그래서 성경의 가르침을 실행하는 한도 내에서 사람들은 다수 표결의 독재나 한 개인이나 집단의 독재를 규제할 수 있다.

정치적 견제와 균형에 기여한 종교 개혁

북부 유럽에서 종교 개혁은 정치에서의 견제와 균형에 기여하기도 했다. 물론, 이 점은 16세기에 등장한 새로운 것이 아니었다. 이미 우리가 살펴본 것처럼, 몇몇 형태의 견제와 균형이 중세의 정치사상에 암시되어 있었고, 그 중 한 가지 특수한 형태는 아마 그리스와 로마의 관행에서 가장 훌륭한 요소를 보여주는 것일 폴리비오스 공화주의(Polybian republicanism)의 핵심적인 것이다. 폴리비오스 공화주의는 그리스 역사가 폴리비오스(Polybios, B. C. 198경-117경)의 이름을 딴 것으로, 그는 로마 공화정의 발전사를 기록하여 동료 그리스인들이 로마의 통치를 받아들이도록 했다.

그러나 마키아벨리(Niccolò Machiavelli, 1469-1527)가 수용하기도 했던 폴리비오스 공화주의는 경제적으로나 정치적으로나 엘리트주의였다. 마키아벨리는 피렌체 공화주의의 몰락을 목도한 후, 순환적 역사관을 담고 있는 폴리비오스의 정치 순환 이론에 관심을 쏟았다. 그리하여 『군주론』(The Prince)을 써서 견고한 독재 통치를 권장하였는데, 그의 견해에 따르면 오직 이상적인 군주의 독재적 통치만이 정치사의 순환을 밀어서 움직이게 할 수 있기 때문이었다. 오직 무자비한 실행만이 그 순환을 개선할 수 있다는 것이다.

마키아벨리는 당대에 이미 인본주의적 르네상스가 궁극적으로는 개인 도덕과 마찬가지로 정치적 도의에서도 보편자를 가지지 못한다는 사실을 보여주었다. 베니토 무솔리니(Benito Mussolini, 1883-1945)와 아돌프 히틀러(Adolf Hitler, 1889-1945)와 같은, 이후 시대에 활동한 정치 우두머리들의 정치 활동 지침서가 될 운명이었던 마키아벨리의 『군주론』은 종교 개혁이 촉진한 견제와 균형의 전통과 뚜렷한 대조를 이루고 있다.

종교 개혁자들은 사람에 대하여 낭만적이지 않았다. 그들은 타락을 매우 강조하면서, 모든 사람이 실로 죄인이므로 견제와 균형은 특히 권력에 오른

니콜로 마키아벨리(좌측)의 『군주론』은 피렌체의 통치자인 메디치 가문에 헌정하기 위해 저술한 책이다. 1513년에 저술된 이 책은 로렌초 디 피에로 데 메디치에게 헌정되었다. 이 『군주론』에서 가장 이상적인 군주의 본보기로 꼽힌 인물은 교황 알렉산데르 6세의 서자인 체사레 보르자(우측)이다. "마키아벨리는 『군주론』을 써서 견고한 독재 통치를 권장하였는데, 그의 견해에 따르면 오직 이상적인 군주의 독재적 통치만이 정치사의 순환을 밀어서 움직이게 할 수 있기 때문이었다. 오직 무자비한 실행만이 그 순환을 개선할 수 있다는 것이다. 마키아벨리는 당대에 이미 인본주의적 르네상스가 궁극적으로는 개인 도덕과 마찬가지로 정치적 도의에서도 보편자를 가지지 못한다는 사실을 보여주었다."

사람들에게는 꼭 필요하다고 이해했다. 이런 이유로 칼빈은 제네바에서 종종 자신에게 부여되는 권위를 취하지 않았다. 살펴본 바와 같이, 칼빈은 이런 일들에 관하여 부처의 사상에 크게 영향을 받았다. 형식화되거나 제도적인 권위와는 반대로, 칼빈의 영향력은 도덕적이며 비형식적이었다. 이는 (역사가들에 따르면 칼빈이 적어도 직접적으로는 거의 언급하지 않았다고 하는) 정치적 문제에서뿐만 아니라 교회 문제에서도 그러했다. 예를 들면, 그는 매주 주의 만찬을 가지기를 원했지만, 제네바의 목사들의 다수가 원하는 뜻을 따랐다. 그래서 주의 만찬을 세 달에 한 번씩만 기념했다.

모든 종교 개혁 국가들은 여러 형태로 견제와 균형의 모습을 보여주었다. 모든 주(州)가 종교 개혁을 지지한 것은 아니었지만, 국가의 정치 생활을 종교 개혁의 전통에 따라 형성한 스위스는 특히 이런 측면에 관심을 쏟고 있다. 19세기 중반 이래로 스위스는 지리적으로 정부의 입법부와 행정부를 사법부와 분리시켜, 입법부와 행정부는 베른에 사법부는 로잔에 두었다. 영국에서는 국왕, 국회 그리고 법원의 견제와 균형이 생겨났다. 오늘날 국왕은 권력분립이 이루어졌을 때보다 권력이 없으나 견제와 균형이라는 개념은 여전히 계속되고 있다. 미합중국은 조금 다르게 구성되어 있으나 기본적인 원리는 동일하다. 백악관은 행정을 담당하고, 서로 균형을 이룬 두 부분으로 구성된 의회는 입법부이며, 대법원은 사법부를 나타낸다. 종교 개혁 국가의 사회에는 '형식'이나 '무질서'의 문제에 대한 해결책이 있었다.

인종에 대한 왜곡된 견해

우리는, 종교 개혁 전통을 지녔던 그때의 기독교인들이 오늘날 (미합중국, 캐나다, 오스트레일리아, 뉴질랜드 등을 포함하여) 북유럽 문화권에서 여론에 대해 기독교인들이 행하는 것보다 영향을 더 많이 끼쳤다고 해도, 그들이 완전에 도달했다는 뜻은 아님을 거듭 밝혀야 할 것이다. 종교 개혁이 오늘날의 경우보다 사람들의 일반적인 사고방식에 더 많은 영향을 끼쳤던 때일지라도, 세월이 흘러감에 따라 약점이 분명히 존재했고 어떤 특별한 약점은 점차로 심해져 갔다.

종교 개혁의 흐름 속에 있던 사람들도 자신들이 따른다던 성경의 가르침에 어떤 점에서는 일치하지 않았다. 그들이 성경을 마땅히 따라야 했지만 그러지 않았던 영역이 많이 있는데, 그 중에서 두 가지가 두드러진다. 첫째로 인종에 대한 왜곡된 견해와 둘째로 축적된 부의 자비심 없는 사용이다.

인종 문제에서는 두 가지 유형의 폐단이 있었다. 첫째는 인종을 이유로 한 노예 제도였고, 둘째는 예컨대 인종 편견이었다. 두 관행이 모두 잘못된 것이지만, 기독교인들이 지금보다 더 강력한 영향력으로 사람들의 동의를 얻어 내었던 때에도 종종 두 관행이 모두 존재하곤 했다. 그리고 교회는 교회답게 그 관행들을 반대하는 말을 충분히 하지 않았다.

노예선의 상태(여기서 수천 명이 항해 도중에 죽었다), 노예들이 종종 받았던 취급 그리고 특히 피부색에 근거한 노예 제도는 도무지 그냥 지나칠 수 없는 것이 다. 역사가들이 여전히 논쟁하고 있는 복잡한 이유를 들어, 영국인과 대륙의 유럽인과 미국인들은, 흑인은 인격이 아니며 따라서 그들은 물건으로 취급받 아야 한다는 허구에 빠져 있었다. 이 허구는 그들의 위선을 감추어 주었다. 실제로 그들은 아리스토텔레스가 노예를 살아 있는 도구라고 정의한 때로 거 슬러 올라갔고 성경의 가르침에서는 멀리 벗어났다. 그럼에도 교회는 이런 상황에서 너무나 자주 침묵했다.

오늘날 기독교인들은 자기 선조들과 똑같다는 것을 알고 위와 같이 인종 에 대한 왜곡된 견해로 나타난 그들의 모순들을 인정해야 한다. 성경이 가리 키는 바에서 너무 멀리 벗어났던 (혹은 벗어나는) 이런 관행을 우리는 다름아닌 죄라는 말로 표현할 수 있다. 가장 효과적으로 잘못을 인정하는 길은 기독교 인이 오늘날 이런 문제에 대하여 성경을 따르려고 애쓰는 것에 있다. 물론 어 떤 이슬람교 국가에서는 흑인 노예 제도가 오늘날까지 사실상 계속되고 있 다. 그러나 사정이 그렇다고 해서 종교 개혁의 전통에서 생겨난 교회들이 그 문제에 대하여 더 많은 일을 할 수도 있었던 나라에서 보여준 인종에 관한 왜 곡된 견해가 잘못되었다는 사실은 약화되지 않는다.

자비심 없이 사용된 부

특히 산업 혁명에 뒤따른 축적된 부를 자비롭게 사용하지 않았던 점도 우 리는 정당하게 평가해야 한다. 물론 산업화로 말미암아 생겨난 좋은 것들을 잊어서는 안 된다. 그 시대는 먼저 수력을 그 다음에는 증기력을 이용했던 발명가와 기술자들의 시대였다. 그리고 그때로부터 더 좋은 물건들이 꾸준히 생겨났고 (작은 예로 노동자들이 사용하게 된 더 나은 도기를 들 수 있겠다) 일반 사람들을 위한 상품이 더 많이 생산되게 하는 기초가 놓여졌다. 만일 산업화와 더불어 축적된 부를 자비롭게 사용할 것과 인간 각자는 모두 존엄하다는 점을 강력하게 강조했더라면, 산업 혁명은 실로 선(善)을 추구하는 혁명이 되었을 것이다. 그러나 영국 등 여러 나라에서 교회는 재물을 자비롭게 사용할 것을 강조하는 신구약 말씀에 대하여 너무나 자주 침묵했다. 개인적인 구제 활동으로 이 침묵의 죄가 면제되는 것은 아니다. 산업화에 뒤따른, 축적된 재물을 자비심 없이 사용하는 현상은 특히 두드러졌다.

대다수 백성이 전에 농사짓던 때보다 더 어렵게 살았다는 것이 아니라, 반대로 산업 혁명으로 생겨난 부가 자비롭게 사용되지 않았다는 것이다. 이로 인해 런던과 다른 도시 그리고 산업 소도시에서는 빈민가가 늘어 가고, 아이들과 부인들은 착취당하고, 소수의 막대한 부와 다수의 궁핍(하루 평균 노동 시간이 12-16시간이었다) 사이의 간격은 일반화되었다. 그럼에도 교회는 그런 '공리주의'(효용이 모든 윤리적 문제에 있어 궁극적 기준이라는 가르침)에 반대하여 소리를 높이는 일이 거의 없었다.

노예 제도와 축적된 재물의 무자비한 사용이라는 악은, 노예 소유자가 공리주의를 자신의 대의(大義)를 변호하려고 사용할 때에 이르러 통합되었다. 공리주의의 아버지인 제레미 벤담(Jeremy Bentham, 1748-1832)이 정부는 아동 노동자를 보호하는 일에 개입하고 주거 조건과 노동 조건을 개선해야 한다고 제안한 사실을 우리는 분명히 공정하게 평가해야 한다. 그러나 공리주의가 기준이 될 때, 그것을 판단할 절대적 기준이 없거나 성경에 기록된 기준을 용기 있게 적용하지 않는다면, '최대 다수의 최대 행복'이라는 개념은 쉽게 조작될 수 있다.

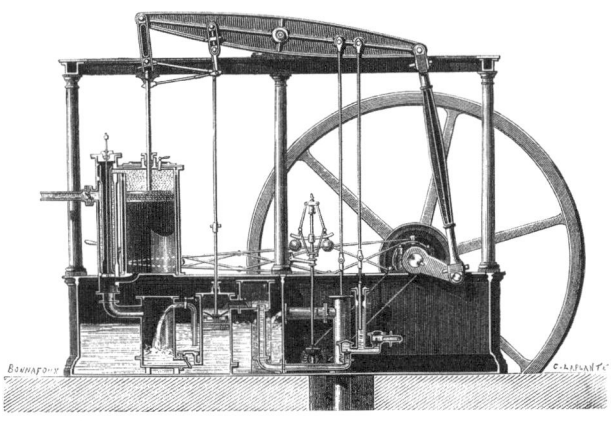

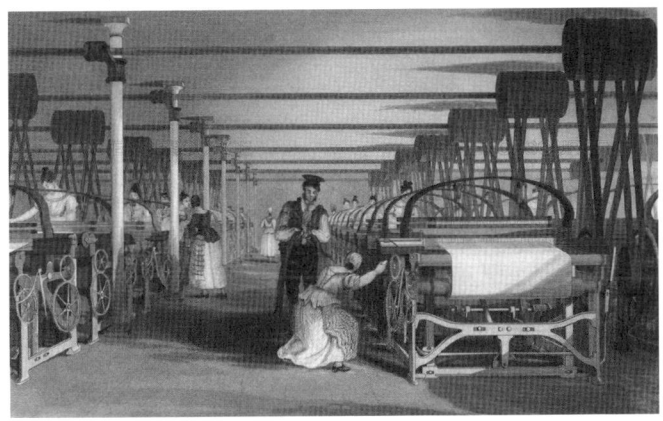

산업 혁명 시대의 수력(상단)과 증기력(중단). 산업 혁명 당시 방직 공장의 풍경(하단). "산업 혁명 시대는 먼저 수력을 그 다음에는 증기력을 이용했던 발명가와 기술자들의 시대였다. 그리고 그때로부터 더 좋은 물건들이 꾸준히 생겨났고 일반 사람들을 위한 상품이 더 많이 생산되게 하는 기초가 놓여졌다. 만일 산업화와 더불어 축적된 부를 자비롭게 사용할 것과 인간 각자는 모두 존엄하다는 점을 강력하게 강조했더라면, 산업 혁명은 실로 선(善)을 추구하는 혁명이 되었을 것이다."

오늘날에도 많이 인용되는 『인구론』(An Essay on the Principle of Population, 1798)에서 인구 증가에 대하여 경고했던 토머스 로버트 맬서스(Thomas Robert Malthus, 1766-1834)가 사회 개혁에 관하여 불간섭 정책을 옹호했다는 사실을 사람들은 종종 잊어버린다. 그가 생각하기에, 가난은 불가피한 것이고 사회 개혁은 오직 문제를 만들 뿐이다. 그를 따른 자 중 몇몇은 오늘날도 동일한 입장을 취하여, 예를 들면 모든 사람을 위한 의학적 배려는 선이 아니라 악이라고 말한다. 같은 내용을 데이비드 리카도(David Ricardo, 1772-1823)가 언급했는데, 그는 1817년 사실상 최초의 경제학 교과서인 『정치 경제와 조세의 원리』(The Principles of Political Economy and Taxation)를 저술했다.

이런 견해를 받아들인 비극적인 한 가지 예는 아일랜드의 감자 흉작에 대하여 찰스 에드워드 트리벨리언(Charles Edward Trevelyan, 1807-1886)이 취한 태도로서, 그는 아일랜드에서 정부 구제를 담당하던 사람이었다. 그는 아일랜드 사람들이 스스로 문제를 해결해야지 달리 처리하면 그들을 게으르게 만들 것이라는 이유로 아일랜드에 대한 정부 원조를 거절했다. 그것은 그가 동정심이나 사회적 양심이 없어서가 아니라(그의 이후 경력이 그렇지 않음을 보여준다) 결정적인 순간에 기독교적 편견이 그리스도와 성경의 가르침을 억눌렀고 아일랜드의 운명을 결정했던 것이다.

교회의 침묵에 대한 비판

이러한 견해를 기독교가 합의해서 만든 것은 아니었지만, 그 당시의 교회들은 이런 오용들에 반대하여 충분히 소리를 높이지 않았던 사실을 비판받아야 한다. 그 교회들이 분명하고 용기 있게 외쳤더라면, 당시의 상황을 바꿀 수도 있었을 것이다. 교회가 분명하고 용기 있게 이들 논제에 대하여 외쳐야 했던 핵심적인 이유는 성경이 그것을 명령하고 있기 때문이다.

만일 교회가 자비로운 재물 사용에 대한 성경의 가르침에 충실했다면, 후에 그렇게 많은 노동자들을 잃어버리지 않았을 것이다. 그리고 교회가 재물을 일종의 '적자 생존'의 전쟁을 치르기 위한 무기처럼 쓰지 못하도록 분명하게 외쳤다면, 아마 이 개념은 세속적 과학에서처럼 그렇게 자동적으로 수용되지는 않았을 것이다.

물론, 교회의 침묵이 영국의 문제만은 아니었다. 그것은 미국에서도 똑같이 문제였다. 그리고 노예 제도에 관하여 미국은 특별히 비판을 감수해야 하는데, 이는 인종에 근거한 노예 제도가 오랫동안 계속되었기 때문이다.

사회를 위한 교회와 기독교인들의 목소리

그 문제를 균형 있게 다루기 위해서는, 첫째 비기독교적 영향이 역시 문화에 많이 작용하고 있었다는 점을 말해야 한다. 또한 당연히 자신을 기독교인이라고 말하는 많은 영향력 있는 사람들이 실제로는 전혀 기독교인이 아니었다는 점을 들 수 있다. 기독교인이라는 이름을 얻고 외형적인 형식을 갖추어야 사회에서 받아들여질 수 있었다. 둘째로, 많은 기독교인들이 이런 오용에 반대하는 전투에서 긴요하고 유력하게 지도력을 발휘했다. 많은 기독교인들이 기독교적 합의를 동반하는 사회적 실재를 만들어 내려고 투쟁했다. 목사 등이 선지자로서 때로는 커다란 개인적 희생을 무릅쓰고 목소리를 높였다. 성경은 복음 선포로 말미암아 사회에 영향을 미쳐야 한다고 분명히 말한다. 그리고 어떤 이들은 이런 사실을 강조하여 목소리를 높이고 그것을 분명히 나타내려고 삶을 바치기도 했다.

존 웨슬리(John Wesley, 1703-1791)의 친구인 존 하워드(John Howard, 1726-1790)는 교도소 개혁을 위해 지칠 줄 모르고 일했다. 퀘이커 교도인 엘리자베스 프라이(Elizabeth Fry, 1780-1845)는 뉴게이트에 있는 죄수들을 위하여 깊고 실제적

노예 해방 운동에 헌신한 영국의 양심, 윌리엄 윌버포스. "윌버포스는 오랫동안 노예 무역에 반대하여 하나님 아래에서 흑인의 인간성이 기본적으로 인정되도록 의회에서 투쟁했다. 기독교인인 윌버포스는 영국에서 노예 무역을 두드러지게 반대한 인물이었다. 결국 노예 무역은 1807년 영국에서 금지되었고, 윌버포스가 죽기 전에 노예 제도 자체가 그곳에서 소멸되었다. 1833년에 통과되고 1834년에 효력을 발했던 법안으로 인해 노예 제도는 영국 식민지 전역에서 금지되었다. 영국의 납세자들은 노예 소유자들의 보상을 위해 2천만 파운드를 지불했다."

인 동정심을 베풀었다. 잘 알려진 섀프츠베리(Shaftesbury, 1801-1885) 경은 광산과 공장에서 일어나는 여성과 아동에 대한 착취를 방지하려고 끝없는 전쟁을 벌였다. 존 웨슬리는 노예 제도를 강력하게 비판했고, 자신이 미국에서 목격했던 노예 제도에 반대하여 아주 솔직한 말로서 자신의 심경을 담담히 말했다. 존 뉴턴(John Newton, 1725-1807)은 기독교인이 된 이후에 더 이상 노예 무역상을 하지 않았을 뿐만 아니라 그 무역에 반대하게 되었다. 노예 무역에 대해 아주 분명하게 반대하였던 토머스 클락슨(Thomas Clarkson, 1760-1846)은 영국 국교회 목사의 아들이었고, 퀘이커교의 찬미자였으며 역사가였다.

윌리엄 윌버포스(William Wilberforce, 1759-1833)는 클락슨의 선구적 사업에 동참했다. 윌버포스는 오랫동안 노예 무역에 반대하여 하나님 아래에서 흑인의 인간성이 기본적으로 인정되도록 의회에서 투쟁했다. 기독교인인 윌버포스는 영국에서 노예 무역을 두드러지게 반대한 인물이었다. 결국 노예 무역은

1807년 영국에서 금지되었고, 윌버포스가 죽기 전에 노예 제도 자체가 그곳에서 소멸되었다. 1833년에 통과되고 1834년에 효력을 발했던 법안으로 인해 노예 제도는 영국 식민지 전역에서 금지되었다. 영국의 납세자들은 노예 소유자들의 보상을 위해 2천만 파운드를 지불했다.

윌버포스처럼 일관성 있고 영향력 있는 특출한 기독교인이 있어 미국에서도 같은 결과를 아니 더 훌륭한 결과를 훨씬 이전에 낳을 수 있었다면 하고 바랄 수도 있다. 혹은 미국에 노예 제도가 전혀 생기지 않았더라면 더 좋았을 것이라고 생각할 수도 있다.

물론 미국 내의 흑인 교회는 교회의 침묵에 대한 우리의 비판에 해당될 수 없다. 그 교회는 미국에 문화적 유산을 비롯하여 여러모로 유익을 끼쳤는데, 예를 들면 그 음악의 경이로움을 들 수 있다. 그러나 그 교회는 노예 제도에 대하여 효과적으로 발언할 수 있는 길이 없었다. 이 점은 흑인 노예 제도가 시행되었던 주에서 특히 그러했다. 미국에 있었던 노예 제도의 잔인성을 축소하고 싶은 사람이 있다면, 찰스 디킨스(Charles Dickens, 1812-1870)의 『미국 기행』(American Notes, 1842)을 읽어 보아야 한다.

그는 다음과 같이 서두를 시작한다. "미국의 노예 제도 지지자들은, 즉 내가 충분한 증거와 정당한 근거를 가지고 있지 않아서 한마디도 쓰지 않을 그 제도의 잔인성의 지지자들은……." 그리고 그는 의미심장한 신문 광고를 몇 페이지 인용한다. 디킨스가 인용한 예들 가운데서 네 가지를 들어 보면 다음과 같다. "12세 먹은 검둥이 소년이 도망침. 목에 '드 랑페르'(De Lampert)라고 새겨진 쇠사슬 개목걸이를 두름." "검둥이 하녀 마이러, 경찰 감옥에 갇혀 있음. 채찍 자국이 몇 군데 있고 발에 족쇄를 찼음." "현상금 100달러. 검둥이 녀석 폼포이, 40세. 왼쪽 턱에 낙인 찍혀 있음." "도주, 검둥이 여자 하나와 두 아이. 도주하기 수일 전 내가 달군 낙인으로 왼쪽 얼굴에 M자를 찍었음."

미국에서는 몇몇 단체가 목소리를 높였다. 미국 개혁 장로 교회가 일찍이

1800년에 교단 차원에서 노예 소유자는 성찬에 계속 참여할 수 없다고 선포했고, 그 이후로 노예 소유자는 아무도 참여하지 못했다.

우리는 또한 조지 휘트필드(George Whitefield, 1714-1770)와 존 웨슬리의 부흥과 그 부흥으로 정치적, 교육적, 경제적 개혁을 많이 강조했던 초기 감리교파 등의 영향을 언급해야 하겠다. 실제로 케임브리지 대학교의 역사가 플럼(John H. Plumb, 1911-)은 휘트필드와 웨슬리 부흥이 일반 대중들에게 미친 영향이 없었다면 영국이 프랑스 혁명과 같은 혁명을 피했을지 의심스럽다고 지적했다.

제5장 종교 개혁 II | 연구 문제

1. 종교 개혁이 어떻게 혼란 없는 자유를 가져올 수 있었는가? 왜 절대 기준이 있어야 자유가 가능한가?

2. 폴 로버트의 그림 「정의는 백성을 영화롭게 한다」가 표현하고 있는 내용을 설명해 보라.

3. 헌법주의란 무엇인가? 부처의 헌법주의 사상, 장로교의 입헌주의 정치 제도가 영국 정치에 어떤 영향을 끼쳤는가?

4. 새뮤얼 러더퍼드의 저서 「법이 곧 왕이다」를 당시 정치 상황을 배경으로 하여 설명해 보라. 또 그 영향을 설명하라.

5. 인간의 제도는 타락하기 마련인데, 모든 사람이 타락했다고 이해한 종교 개혁은 국가 권력의 남용을 막기 위해 어떤 장치를 마련하였는가?

6. 종교 개혁이 당시 사회 상황에 대처하는 데 있어서 범한 대표적인 잘못은 무엇인가? 그런 약점이 나타나게 된 이유는 무엇인가?

계몽주의의 유토피아적인 희망을 다섯 단어로 요약할 수 있다. 이성, 자연, 행복, 진보 그리고 자유. 그 희망의 사고방식은 철저하게 세속적이었다. 르네상스 동안에 나타난 인본주의적 요소가 계몽주의로 홍수처럼 밀려들었다. 르네상스의 인본주의적 요소들이 종교 개혁과 뚜렷한 대조를 이루었다면, 계몽주의는 종교 개혁에 대해 완전히 반정립이었다. 둘은 전적으로 다른 것을 배타적인 방식에서 상징하고 또 거기에 근거했다. 둘은 전적으로 다른 결과를 낳았다. 인본주의는 어떤 것이 옳고 그른지를 말할 수 있는 궁극적 방법을 가지고 있지 않다. 인본주의자에게 있어서 궁극적인 것, 즉 비인격적 우주는 옳고 그름, 잔인함과 잔인하지 않음에 대하여 중립적이며 침묵한다. 인본주의는 절대 기준을 제공할 방법이 없다. 그래서 필연적 결과로 인본주의는 개인 도덕과 정치 생활에 있어서 자의적인 것에 방치되어 있다.

제6장

계몽주의

기독교적 사고에 기반한 정치 개혁과
인본주의적 계몽주의에 입각한 정치 개혁

정치 개혁의 영역에서 나타난 종교 개혁의 결과는 인상적이다. 사람들은 이성의 여신에게 넘어간 파리와 모순으로 가득 찬 런던을 소재로 한 찰스 디킨스(Charles Dickens, 1812-1870)의 『두 도시 이야기』(A Tale of Two Cities, 1859)가 종교 개혁에 기반을 둔 작품이라고 생각할 수 있을 것이다.

1688년 영국에서 일어난 변화는 피를 흘리지 않을 수 있었고 사실 그러했다. 초기의 시민 전쟁을 무시해서는 안 되겠지만, 1688년 영국에서 일어난 결정적인 변화는 피를 흘리지 않았다. 그래서 역사가들은 그것을 '무혈 혁명'이라고 부른다.

그때 오라녜(Orange)가의 윌리엄 3세(William III, 1650-1702)와 메리 2세(Mary II, 1662-1694)가 군주가 되었고, 의회가 국왕보다 열등한 동반자가 아니라 동등한 동반자라는 사실이 분명해졌다. 국왕과 의회의 관계가 이러하므로 왕권은 특별한 법률적 한계 속에서 조심스럽게 규제를 받았다.

종종 '계몽주의의 아버지'라고 불리는, 프랑스의 철학자 볼테르(Voltaire, 1694-1778)는 영국에서 지낸 추방 기간(1726-1729) 동안 영국에서 일어난 이 무혈 혁명의 결과에 크게 영향을 받았다. 우리는 무혈 혁명의 영향과 그에 이어 생겨난 공적인 표현의 자유를 볼테르의 『영국 통신』(Letters Concerning the English Nation, 1733)에서 보게 된다. 그는 이렇게 썼다. "영국인들은 지상에서 유일하게 국왕에 저항하여 국왕의 권력을 규제할 수 있었던 민족이다. 또한 계속되는 투쟁을 통하여 군주가 선을 행할 때는 강력하지만 동시에 악을 행하려 하면 제지당하고 백성들이 혼란 없이 정치에 참여하는 지혜로운 정부를 결국 수립했던 민족이다."

볼테르가 때때로 영국의 사정을 과장하여 말하기는 했지만, 프랑스의 무시무시한 사정과 비교한다면 그를 이해할 만하다. 실로 프랑스에는 바르게 고칠 곳이 너무 많았지만, 프랑스 혁명이 종교 개혁의 기반이 아닌 볼테르의 인본주의적 계몽주의의 기반 위에서 영국의 상황을 재현하려고 했을 때, 그 결과는 대학살로 나타났고 결국 나폴레옹 보나파르트(Napoléon Bonaparte, 1769-1821)의 독재주의적 통치로 급속히 몰락하고 말았다.

진보에 대한 낭만적 기대

우리는 계몽주의의 유토피아적인 희망을 다섯 가지 단어로 요약할 수 있다. 이성, 자연, 행복, 진보 그리고 자유. 그 희망의 사고방식은 철저하게 세속적이었다. 르네상스 동안에 나타난 인본주의적 요소가 계몽주의로 홍수처럼 밀려들었다. 르네상스의 인본주의적 요소들이 종교 개혁과 뚜렷한 대조를 이루었다면, 계몽주의는 종교 개혁에 대해 완전히 반정립이었다. 둘은 전적으로 다른 것을 배타적인 방식에서 상징하고 또 거기에 근거했다. 둘은 전적으로 다른 결과를 낳았다.

계몽주의 사상가들에게 사람과 사회는 완전해질 수 있는 것이었다. 그리고 프랑스인들은 공포 정치의 와중에도 낭만적으로 이런 견해를 붙들고 있었다. 볼테르는 역사를 네 시기로 묘사했는데, 그 가운데서 자신의 시대가 정점이었다.

수학자이면서 볼테르 진영의 철학자이며 『인간 정신의 진보에 관한 역사적 개관 초고』(Sketch for a Historical Picture of the Progress of the Human Mind, 1793-1794)의 저자이기도 한 콩도르세 후작(Marie Jean Antoine Nicolas de Caritat, marquis de Condorcet, 1743-1794)은 공포 정치를 피해서 파리의 어느 다락방에 은신하고 있는 동안에도, 진보의 아홉 단계를 말했다. 로베스피에르(Maximilien François Marie Isidore de Robespierre, 1758-1794)의 비밀 경찰로부터 몸을 숨기고 있던 그 때 그는 이렇게 썼다. "우리는 이미 비틀거리고 있는 편견에 최후의 타격을 가할 수 있는 새로운 주장의 발전을 목격해 왔다. 그것은 인간 종족이 아무 제한 없이 완전해질 수 있다는 이념이다." 후에 그는 파리에서 탈출하려다가 발각되어 체포되었다. 투옥된 그는 결국 단두대에 나아갈 차례를 기다리다 죽었다.

확실한 기반 없는 이상의 비극

만일 이 사람들이 종교를 가지고 있었다면, 그것은 이신론(理神論)이다. 이 신론자들은 세상을 창조했지만 이제 세상과는 아무런 관계가 없으며 사람에게 진리를 계시하지 않는 어떤 신을 믿었다. 만일 신이 있다면, 그는 침묵하고 있다는 것이다. 볼테르는 1755년 리스본 대지진이 일어난 다음에 신의 불간섭을 불합리하게 원망한 때를 제외하고는 신이 대답해 주기를 요구하지 않았다. 프랑스 계몽주의자들은 아무런 기반도 없었다. 그들이 가진 것은 그들의 유한성뿐이었다. 그들은 영국 해협 너머 영국의 종교 개혁을 바라보고 기독교적 기반 없이 건축하려고 했지만, 대학살과 독재주의적 통치자 나폴레옹과 더불어 막을 내렸다.

1789년 6월, 자유주의 부르주아의 프랑스 혁명 계획의 서막이 그 절정에 도달했다. 자크-루이 다비드(Jacques-Louis David, 1748-1825)는 그의 그림 『테니스 코트의 서약』(The Oath of the Tennis Court)에서 이 장면을 그렸다. 여기서 국민 의회가 헌법을 제정하기로 맹세했다. 명백하게 그들의 기반은 순전히 인본주의적인 권리 이론이었다.

1789년 8월 26일, 그들은 『인권 선언문』(Declaration of the Rights of Man and of the Citizen)을 공포했다. 듣기에는 멋있지만 그것은 의지할 기초가 없었다. 『인권 선언문』에서 '최고 존재'(the Supreme Being)는 '국민의 주권'(the sovereignty of the nation), 즉 국민들의 일반 의지와 같은 것이었다. 이 점은 영국의 무혈 혁명과 대조가 되었을 뿐만 아니라 13년 전에 만들어진 미국의 『독립 선언문』의 결과와도 뚜렷한 대조를 이루었다. 한편은 종교 개혁에 기반을 둔 것이고, 다른 한편은 그것에 기반을 두지 않았다.

국민 제헌 의회는 헌법 초안을 작성하는 데 2년이 걸렸다(1789-1791). 1년도 안 되어 초안은 사문(死文)이 되었다. 그 무렵 제2프랑스 혁명이라고 흔히 알려진 혁명이 시작되어 대학살로 진행되었고, 혁명 지도자들 자신도 죽음을 당하는 것으로 막을 내렸다.

프랑스 국민은 자기들의 태도를 분명하게 나타내기 위해서 달력을 바꾸고 1792년을 '원년'으로 부르고 과거의 많은 것들은 파괴했는데 심지어는 샤르트르 대성당을 파괴하자는 제안도 있었다. 그들은 파리의 노트르담 대성당과 샤르트르 대성당을 비롯한 프랑스의 다른 교회들에서 이성의 여신을 공포했다. 파리에서 그 여신은 드무아젤 캉데유(Demoiselle Candeille, 1767-1834)라는 여배우에 의해 의인화되어 로마식 복장을 한 남자들에게 어깨 높이로 들려 노트르담 대성당 안으로 들어갔다.

「테니스 코트의 서약」, 자크-루이 다비드 作. "1789년 6월, 자유주의 부르주아의 프랑스 혁명 계획의 서막이 그 절정에 도달했다. 자크-루이 다비드는 그의 그림 「테니스 코트의 서약」에서 이 장면을 그렸다. 여기서 국민 의회가 헌법을 제정하기로 맹세했다. 명백하게 그들의 기반은 순전히 인본주의적인 권리 이론이었다. 1789년 8월 26일, 그들은 「인권 선언문」을 공포했다. 듣기에는 멋있지만 그것은 의지할 기초가 없었다. ……이 점은 영국의 무혈 혁명과 대조가 되었을 뿐만 아니라 13년 전에 만들어진 미국의 「독립 선언문」의 결과와도 뚜렷한 대조를 이루었다. 한편은 종교 개혁에 기반을 둔 것이고, 다른 한편은 그것에 기반을 두지 않았다."

르네상스 인본주의자들과 마찬가지로 계몽주의자들도 기독교적 기반과 유산을 제쳐 두고 기독교 이전의 고대로 눈을 돌렸다. 페르네에 있는 볼테르 저택에는 볼테르가 침대 발치 쪽 벽에 걸어 두어 매일 맨 먼저 볼 수 있도록 한 그림이 있다. 그것은 작은 초생달을 머리에 지니고 발에는 큰 달을 둔 여신 디아나를 그린 것이다. 그림에서 그녀는 사람들을 돕기 위하여 아래로 손을 뻗고 있다.

얼마나 빠르게 인본주의자의 모든 이상이 슬픔이 되었던가! 1792년 9월, 대학살이 시작되어 약 1,300명의 죄수들이 죽음을 당했다. 그 일이 채 끝나기도 전에 정부와 관료들은 40,000명을 죽였는데, 그들 가운데 많은 사람이 농민이었다. 혁명 지도자인 막시밀리앵 로베스피에르(Maximilien François Marie Isidore de Robespierre, 1758-1794) 자신도 1794년 7월에 처형당했다. 파멸은 체제 바깥에서 온 것이 아니었다. 그것은 체제가 낳은 것이었다. 그 후 러시아 혁명에서도 혁명가들은 자신들의 인본주의적 기반에서는 두 가지밖에 선택할 수 없었다. 곧 무정부 상태 아니면 압제였다.

둘 다 같은 기반에 근거한, 프랑스 혁명의 과정과 이후 러시아 혁명의 과정은 놀라우리만큼 비슷하다. 때때로 프랑스 혁명은 좀 더 이전에 미국에서 발생한 일과 비슷하다고들 한다. 하지만 이것은 그릇된 말이다. 미국과 프랑스 사이에는 역사적으로 서로 대립하는 사건이 몇몇 있었지만, 미국의 혁명과 영국의 무혈 혁명 간에는 비슷한 점이 있다.

이 두 사건과 뚜렷하게 대조되는 것이 프랑스 혁명과 그 후에 일어난 러시아 혁명의 공통점이다. 프랑스 혁명과 러시아 혁명의 유사성 중 한 가지는, 1799년 나폴레옹(Napoléon Bonaparte, 1769-1821)이 엘리트로서 프랑스를 통치하였던 것과 마찬가지로, 레닌(Vladimir I. Lenin, 1870-1924)도 역시 엘리트로서 러시아의 통치권을 장악했다는 점이다.

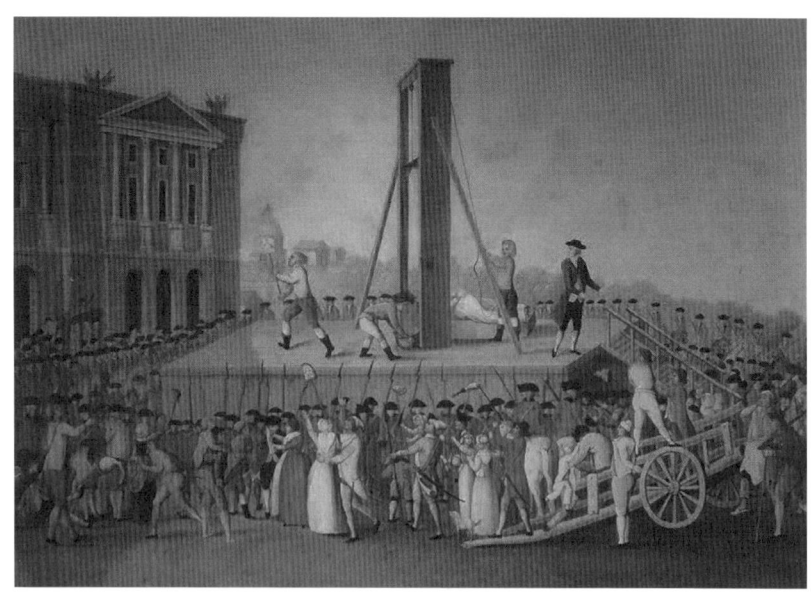

단두대 처형(상단). 단두대의 공포를 그린 상징적인 판화 「신랄한 형상들」(하단). "1792년 9월, 대학살이 시작되어 약 1,300명의 죄수들이 죽음을 당했다. 그 일이 채 끝나기도 전에 정부와 관료들은 40,000명을 죽였는데, 그들 가운데 많은 사람이 농민이었다. 혁명 지도자인 막시밀리앵 로베스피에르 자신도 1794년 7월에 처형당했다. 파멸은 체제 바깥에서 온 것이 아니었다. 그것은 체제가 낳은 것이었다."

기독교의 회복에 영향을 받지 않은 나라의 정치적 운명

후대 러시아 혁명과 비교해 볼 때, 16세기에 성경적 기독교의 회복에 구조적으로 영향을 받은 유럽 지역과 영향을 받지 않은 유럽 지역의 정치적 운명에는 서로 다른 동력이 개입되었음을 발견하게 된다. 대략적이긴 하나 지정학적 관점에서 볼 때, 유럽 북부와 남부와 동부 사이에는 차이가 있다. 지역적 영향을 참작하면, 유럽 남부의 혁명적 변화 대부분을 일으킨 영감은 북부의 종교 개혁으로 생겨난 자유의 모조품이었지만, 때때로 그것의 왜곡된 형태를 취하기도 했다. 이탈리아에서는 자기의 이상을 유럽 북부에서 수집한 주세페 가리발디(Giuseppe Garibaldi, 1807-1882)가 그것을 힘에 의지하여 (이탈리아) 반도에 시행해야 했다. 종교재판이 18세기까지 계속된 스페인에서는 종교적 박해와 자유 부재가 오늘날까지 이런저런 형태로 지속되었다.

그리고 종교 개혁이 산출한 것은, 이탈리아처럼 빌린 것이든 영국처럼 자생적으로 자란 것이든, 공산주의 국가가 계속하여 산출하는 것과 엄청난 대조를 이루었다. 마르크스-레닌주의적 공산주의자들은 자신들의 입장을 주장함에 있어서 커다란 짐을 지고 있었는데, 이는 어느 곳에서도 공산주의자들이 권력을 유물론적 기반 위에 확립하면서 압제적인 정책 없이 계속 유지한 적이 없었기 때문이다. 그리고 그들은 정치적 자유뿐만 아니라 예술을 포함하여 삶의 모든 영역에서 자유를 억눌렀다.

음악 분야에서 초기의 몇 가지 예만 들자면, 이고르 스트라빈스키(Igor F. Stravinsky, 1882-1971)와 세르게이 라흐마니노프(Sergey V. Rachmaninoff, 1873-1943)는 자유를 위해 러시아를 떠났고, 반면 세르게이 프로코피예프(Sergey S. Prokofiev, 1891-1953)와 드미트리 쇼스타코비치(Dmitry D. Shostakovich 1906-1975)는 남기로 결정했으나, 이들은 계속되는 압제에 시달렸을 뿐이다.

유물론적 공산주의 개혁의 허점

레닌주의자들, 즉 볼셰비키 당원이 러시아에서 혁명을 일으킨 것은 자유를 위해서가 아니었음을 잊어서는 안 된다. 그것은 1917년 '2월 혁명'과 함께 시작되었다. 게오르기 르보프(Georgy Y. Lvov, 1861-1925) 공은 임시 정부의 초대 총리가 되었고 7월에 알렉산드르 케렌스키(Aleksandr F. Kerensky, 1881-1970)가 뒤를 이었다.

케렌스키는 사회 개혁가이긴 했지만 레닌주의자는 아니었다. 블라디미르 레닌(Vladimir I. Lenin, 1870-1924), 레온 트로츠키(Leon Trotsky, 1879-1940) 그리고 이오시프 스탈린(Iosif V. Stalin, 1879-1953)은 2월 혁명의 승리가 있기 전에는 러시아에 돌아가지도 못했었다. 레닌은 4월에 스위스에서 돌아오고 트로츠키는 5월에 뉴욕에서 돌아왔다. 스탈린은 3월에 시베리아에서 돌아왔다. 1917년 10월, 그들은 다른 사람들이 일으킨 혁명을 뒤집고 레닌의 지도 아래서 처음부터 압제 통치를 수립했다.

솔제니친(Aleksandr I. Solzhenitsyn, 1918-)은 『공산주의 : 공포의 유산』(Communism : A Legacy of Terror, 1975)에서 이렇게 말하고 있다. "다시 반복하지만, 이때는 10월 혁명이 일어난 지 넉 달밖에 되지 않은 1918년 3월이었는데, 페트로그라드의 공장 대표자들은 모두 자신들을 온갖 약속으로 속였던 공산주의자들을 저주하고 있었다. 더욱이 공산주의자들은 페트로그라드를 추위와 굶주림에 내버려 두었을 뿐만 아니라, 공장 뜰에서 독립된 공장 위원회의 선거를 요구하던 노동자들에게 기관총을 발사하라고 명령을 내렸다."

볼셰비키 당은 러시아 국민 가운데 소수에 불과했고, 11월에 선출된 제헌 의회의 4분의 1을 차지하고 있었을 따름이다. 1918년 1월에 최초로 의회가 소집될 때, 볼셰비키주의 군대가 무력으로 의회를 해산시켰다. 그것이 러시아에서 있었던 처음이자 마지막 자유 선거였다. 레닌주의자들이 10월에 장악하기 전에 레닌은 『파리 코뮌의 교훈』(The Lessons of the Paris Commune)이라는 책을 썼다. 거기서 그는 파리 코뮌이 1871년에 실패한 이유를 분석했다. 그의 주요 결론은 파리 코뮌은 적들을 충분히 죽이지 않았다는 것이었다. 레닌은 권좌에 오르자 이 분석에 따라서 행동했고, 압제를 수행할 조직을 모두 수립했다.

공산주의자들은 '사회주의'(socialism)와 '공산주의'(communism)에 대하여 말하면서, 사회주의가 단지 잠정적인 단계이며 유토피아인 공산주의에 앞서서 등장한다고 주장한다. 반세기가 훨씬 지났지만, 그들은 어디서도 공산주의의 목적을 성취하지 못했을 뿐만 아니라 자유로운 사회주의에도 이르지 못했다.

'잠정적인 프롤레타리아 독재'는 공산주의자들이 득세하면 어김없이 사실상 소수에 의한 독재가 되었음을 증명했다. 그리고 그것은 잠정적인 것이 아니라 영구적인 것이었다. 공산주의적 기반을 가진 곳이라면 어느 곳에서도 북부 유럽의 종교 개혁으로 생겨난 종류의 자유가 생겨나지 않았다.

공산주의자들은 내부적인 억압의 토대 위에서 움직여야 했다. 우리는 스탈린의 숙청뿐만 아니라, 레닌 치하에서 시작된 억압, 1961년 동독 국민을 무력으로 가두기 위해 세운 베를린 장벽, 중국에서의 자유 실종 등을 생각해 볼 수 있다.

외부적으로 그들은 강제력으로 '동맹국'을 제압했다. 그것을 가장 분명하게 보여주는 예로는 공산주의자들이 폴란드를 자신의 '동맹국'으로 만들 준비로 수천 명의 폴란드 장교들을 은밀히 처형하여 카틴 숲에 묻어 버린 일, 그리고 러시아의 탱크들이 1953년에는 동독에, 1956년에는 헝가리에, 1968년에는 체코슬로바키아에 진주한 일을 들 수 있다. 체코슬로바키아에서는 그 압제가 탱크로 끝나지 않았고, 후에 알렉산데르 두프체크(Alexander Dubček, 1921-)의 추종자 50만 명이 공산당에게 숙청당했다.

제6장 계몽주의

1961년에 세워진 베를린 장벽. "'잠정적인 프롤레타리아 독재'는 공산주의자들이 득세하면 어김없이 사실상 소수에 의한 독재가 되었음을 증명했다. 그리고 그것은 잠정적인 것이 아니라 영구적인 것이었다. 공산주의적 기반을 가진 곳이라면 어느 곳에서도 북부 유럽의 종교 개혁으로 생겨난 종류의 자유가 생겨나지 않았다. 공산주의자들은 내부적인 억압의 토대 위에서 움직여야 했다. 우리는 스탈린의 숙청뿐만 아니라, 레닌 치하에서 시작된 억압, 1961년 동독 국민을 무력으로 가두기 위해 세운 베를린 장벽, 중국에서의 자유 실종 등을 생각해 볼 수 있다. 외부적으로 그들은 강제력으로 '동맹국'을 제압했다."

개인 도덕과 정치 생활에 있어서의 기준

종교 개혁 국가와 남부 유럽과 공산주의 국가 사이에 나타나는 대조를 살펴보면서, 우리는 종교 개혁에서 나온 정치적, 사회적 부요를 축소시켜서는 안 된다. 종교 개혁의 합의가 충분히 미치지 못한 다른 곳에서조차 성경적 견해에 따라서 불의와 싸우려는 절대 기준이 있었다. 섀프츠베리, 윌버포스 그리고 웨슬리와 같은 사람들은 자신이 싸우는 악과 불의는 절대적으로 잘못된 것이라고 말할 수 있었다. 그리고 기독교인들이 특히 인종과 축적된 부의 자비로운 사용 부분에서 마땅히 소리를 높여야 할 때 너무 자주 침묵했음을 우리는 부끄러운 마음으로 말해야 하지만, 분명한 사실은 침묵했던 기독교인들은 자신의 입장과는 일치되지 못했다는 점이다.

이와는 달리 인본주의는 어떤 것이 옳고 그른지를 말할 수 있는 궁극적 방법을 가지고 있지 않다. 인본주의자에게 있어서 궁극적인 것, 즉 비인격적 우주는 옳고 그름, 잔인함과 잔인하지 않음에 대하여 중립적이며 침묵한다. 인본주의는 절대 기준을 제공할 방법이 없다. 그래서 인본주의의 필연적 결과로, 인본주의는 개인 도덕과 정치 생활에 있어서 자의적인 것에 방치되어 있다.

한 가지 좋은 예로, 『공산당 선언』(Manifesto of the Communist Party, 1848)에 나타난 카를 마르크스(Karl Marx, 1818-1883)의 가르침에 근거하여 러시아에서는 결혼이 자본주의의 일부로(마르크스의 표현을 빌리자면, 개인적 매춘으로) 생각되었고, 가정 역시 그렇게 천하게 생각되었다. 후에, 그 나라는 엄격한 가족법 조항을 공포했다. 이 법률은 더 잘 적용되기 때문에 부과된 '자의적 절대 기준'에 불과했다. 옳고 그름을 가르는 기반이 없었고, 자의적인 절대 기준은 언제나 완전히 반대되는 기준으로 번복될 수 있었다. 공산주의자들에게 법률은 언제나 역사의 진행으로 생겨나는 변화무쌍한 역사적 상황에만 근거를 두고 있을 따름이었다.

성경적 기반에서는 절대 기준들이 있고 따라서 우리는 인종 차별과 사회 불의를 포함하여 어떤 것이 옳거나 그르다고 말할 수 있다. 나사로의 무덤 앞에 서신 예수님을 생각해 보라. 신약에 따르면, 예수님은 우셨을 뿐만 아니라 분노하셨다. 자신이 하나님이라고 주장하셨던 분은 자신에게 화를 내지 않고 죽음의 비정상성에 대하여 화를 내셨다. 성경이 가르치는 바에 기초를 둔 기독교인에게 죽음은 비정상적인 것이며 인간에 대한 인간의 잔인함이기도 하다. 이런 일들은 하나님이 세계를 만드셨을 때는 없던 것이었다. 기독교인은 존재하는 것의 궁극의 실재와 싸우지 않고, 즉 하나님과 싸우지 않고 인간이 하나님께 반항함으로 생겨난 비정상성과 싸울 수 있다. 그러므로 하나님이 살아 계시고 절대 기준이 있으므로, 정의를 절대적으로 선한 것으로 보아야지 공정한 방편으로 보아서는 안 된다.

이런 문제들은 계몽주의 시대의 프랑스와 그 이후 러시아에서 산출된 결과와는 다르게 영국과 미국에서 산출된 결과를 통해서 살펴볼 수 있는 바와 같이 단지 이론적인 것이 아니라 아주 실제적인 것이다.

제6장 계몽주의 | 연구 문제

1. 프랑스 계몽주의자들은 영국의 무혈 혁명을 보면서 자국 내에서도 구체제를 개혁하고 자유로운 사회를 건설하려고 시도했다. 이 계몽주의자들은 그런 시도의 기반을 어디에서 찾으려고 했는가?

2. 계몽주의의 이념을 요약하는 말이 무엇인가? 그 표어에 인본주의적 사상이 어떻게 함축되어 있는지를 살펴보라.

3. 계몽주의는 인간과 사회에 대해 어떤 신념을 갖고 있었는가? 어떤 상황 속에서 그런 신념을 가졌는가?

4. 인간 자신에게 기반을 둔 프랑스 혁명은 어떤 성격을 띠었는가? 혁명 후에는 무엇이 뒤따랐는가? 이런 점에서 프랑스 혁명을 러시아 혁명과 비교해 보라.

5. 계몽주의처럼 인본주의를 기반으로 삼았던 러시아 공산주의가 행한 폭력을 열거해 보라.

6. 사람이 살아가려면 삶의 기준이 있어야 하는데, 인본주의는 이런 삶의 기준을 제공할 수 있는가? 제공할 수 없다면 그 이유는 무엇인가? 삶의 기준이 없을 때 취할 수 있는 대안은 무엇인가? 러시아의 가족법을 예로 들어 설명해 보라.

모든 과학자들이 개인적으로 다 철저한 기독교인이라는 것은 아니다. 그들 중 많은 사람이 그러했지만, 그들은 기독교가 만든 사상 속에서 살고 있었다. 그리고 이런 배경 속에서 사람의 창조적 작업이 계속되고 발전될 수 있는 기반을 가지고 있었다. 세계가 이성적인 하나님에 의하여 창조되었다는 생각 속에 살고 있었기 때문에 과학자들은 확신을 가지고 활동하며 관찰과 실험으로 세계에 관하여 발견할 수 있다고 기대했다. 이 점이 그들의 인식론적 기반, 즉 바른 인식에 도달할 수 있다는 신념을 갖게 한 철학적 기반이었다. 세계가 이성적인 하나님에 의해서 창조되었기에, 그들은 관찰자로서 자신과 관찰되는 사물의 사이, 즉 주체와 객체 사이의 상호 관계를 발견하고서도 놀라지 않았다. 기독교적 틀 속에서 활동하고 있는 사람에게 이 기반은 그가 의자를 관찰하든지 아니면 의자를 구성하는 분자를 관찰하든지 간에 규범적이다. 이 기초 없이는 서구 근대 과학은 태어날 수 없었을 것이다.

제7장
근대 과학의 발흥

근대 과학의 등장

역사에서 두 시기가 거의 동시에 나타났는데, 그것은 절정기 르네상스와 그와는 대조적인 종교 개혁이다. 그런데 우리가 다루어야 할 제3의 현상이 거의 동시에 시작되었다. 그것을 우리는 종종 과학 혁명이라고 부른다.

근대 과학의 등장 시기를 폴란드 천문학자 코페르니쿠스(Nicolaus Copernicus, 1473-1543)와 이탈리아인 베살리우스(Andreas Vesalius, 1514-1564)의 때로 잡을 수 있다. 그러나 그렇다고 그들 이전에 과학이라고 부를 수 있는 것이 전혀 없었다는 것은 아니다.

그리스인, 아랍인 그리고 중국인들은 세계에 대하여 깊이 있는 지식을 가지고 있었다. 그러나 중국인은 자신들의 지식에 근거한 과학 이론을 거의 발전시키지 못했고, 중세 과학도 주로 아리스토텔레스를 궁극적 권위로 받아들였다. 아랍 세계에서는 이 영역에 대하여 토론을 많이 하기는 했지만, 그들이 세계를 파악했던 원리는 아리스토텔레스주의와 신(新)플라톤주의의 영향을 받아 형성되었다.

「천문학자 코페르니쿠스 또는 하나님과의 대화」, 얀 마테이코 作. "역사에서 두 시기가 거의 동시에 나타났는데 그것은 절정기 르네상스와 그와는 대조적인 종교 개혁이다. 그런데 우리가 다루어야 할 제3의 현상이 거의 동시에 시작되었다. 그것을 우리는 종종 과학 혁명이라고 부른다. 근대 과학의 등장 시기를 폴란드 천문학자 코페르니쿠스와 이탈리아인 베살리우스의 때로 잡을 수 있다."

아랍 학자들은 괄목할 만한 업적을 남겼는데, 특히 수학(예를 들면, 삼각법과 대수학)과 천문학에서 그러했다. 『루바이야트』(Rubaiyat)로 유명한 오마르 하이얌(Omar Khayyam, 1048경-1122경)은 이 책에서 이슬람교의 운명 개념의 논리적 결론을 이끌어 내고 있다. 그는 태양년의 길이를 계산했고, 대수학을 이전보다 더 발전시켰다. 그러나 중세의 유럽인들과 마찬가지로 아랍인들도, 철학자들 특히 아리스토텔레스의 전통이 득세한 가운데, 과학을 철학의 한 부분으로 생각했다.

즉 중세 과학은 관찰보다 권위에 근거했다. 물론 두드러진 예외가 있기는 하지만, 그것은 실험보다 논리학을 통하여 발전했다.

아리스토텔레스 식 과학으로부터의 탈출

근대 과학의 기초는, 옥스퍼드 대학교 학자들이 토마스 아퀴나스가 권위로 삼았던 아리스토텔레스가 자연 현상에 관하여 어떤 잘못을 범했다는 점을 증명하여 토마스 아퀴나스의 가르침을 공격했을 때 놓여졌다고 말할 수 있다. 로저 베이컨(Roger Bacon, 1214-1294)도 이 옥스퍼드 집단의 일원이었지만, 가장 중요한 인물은 로버트 그로스테스트(Robert Grosseteste, 1175경-1253)로 그는 아리스토텔레스 식(式)의 과학에서 벗어나게 하는 철학적 기반을 놓았다. 물론 다른 요소도 개입되었지만, 아리스토텔레스의 권위에 도전함으로써 사상이 제약을 덜 받을 수 있는 기회가 열렸다. 아리스토텔레스의 개념에 대한 이러한 도전은 15세기와 16세기에 파도바 대학교에서 발전하여 결실을 맺었다.

로마 교회가 코페르니쿠스와 갈릴레이(Galileo Galilei, 1564-1642)를 공격했을 때, 이는 이 두 사람의 가르침이 성경과 다른 요소를 담고 있기 때문이 아니었다. 교회 당국은 그것이 이유라고 생각했으나, 실은 아리스토텔레스적 요소가 교회 정통 교리의 일부가 되었고 갈릴레이의 견해는 이들 요소와 분명하게 충돌했기 때문이었다. 실상, 갈릴레이는 코페르니쿠스와 성경이 서로 양립할 수 있다고 변호했고 이 점이 바로 그가 재판받게 된 요인 중 하나였다.

과학 혁명이 발생한 시기

르네상스와 종교 개혁이 과학 혁명과 겹친다는 사실로 다시 돌아가 보라. 종교 개혁이 근대 과학을 등장하게 했다고 말하고 있지 않음을 강조하는 바이다. 여기서 내가 지적하고 있는 것은 다만 절정기 르네상스, 종교 개혁 그리고 과학 혁명이 역사상 동시에 발생했다는 것뿐이다. 그 시간적 관계를 바르게 살피기 위해서 몇 가지 연대를 생각해 보자. 레오나르도 다 빈치는 1452년에서

『종교 재판에 회부된 갈릴레오 갈릴레이』, 크리스티아노 반티 作. "로마 교회가 코페르니쿠스와 갈릴레이를 공격했을 때, 이는 이 두 사람의 가르침이 성경과 다른 요소를 담고 있기 때문이 아니었다. 교회 당국은 그것이 이유라고 생각했으나, 실은 아리스토텔레스적 요소가 교회 정통 교리의 일부가 되었고 갈릴레이의 견해는 이들 요소와 분명하게 충돌했기 때문이었다. 실상, 갈릴레이는 코페르니쿠스와 성경이 서로 양립할 수 있다고 변호했고 이 점이 바로 그가 재판받게 된 요인 중 하나였다."

1519년까지 살았다. 루터는 95개조 반박문을 1517년 비텐베르크의 성(城) 교회 문에 붙였다. 칼빈의 『기독교 강요』가 1536년에 출판되었다. 1546년에 루터가 죽었다. 천문학자인 코페르니쿠스는 1473년에서 1543년까지 살았고, 1530년에 자신의 이론의 기초적 윤곽을 밝혔다. 그것은 지구가 태양의 둘레를 도는 것이지 태양이 지구의 주위를 도는 것이 아니라는 것이었다.

1540년대에는 세 가지 사건이 발생했다. 첫째로, 코페르니쿠스가 쓴 『천체의 회전에 관하여』(On the Revolutions of the Heavenly Spheres)가 그의 사망 후에 출판되었다. 둘째로, 베살리우스가 『인체의 구조에 관하여』(On the Structure of the Human Body)를 출판했다. 흔히 이 책을 『데 파브리카』(De Fabrica)라고 부른다. 셋째로, 아르키메데스(Archimedes, B. C. 287경-212) 전집의 라틴어 번역본 초판이 1544년 바젤에서 출판되었다. 이는 근대 과학 발달에 있어 핵심이 되는 몇몇 수학적 방법들을 도입시켰다.

프랜시스 베이컨(Francis Bacon)은 1561년부터 1626년까지 살았다. 그는 법률가이며 수필가이자 영국 대법관이었다. 이제 역사가들은 예전처럼 그를 중요하게 생각하지 않지만, 그럼에도 분명한 것은 그가 기존 권위에 노예처럼 의존하는 스콜라주의의 옛 질서에 맞서서 투쟁했다는 점이다. 그는 '자연의 비밀을 캐기 위한' 조심스러운 관찰과 체계적인 정보 수집을 강조했다.

1609년 갈릴레이는 새로 발명한 망원경을 사용하기 시작했다. 그가 관찰하고 기록한 것에 따르면, 아리스토텔레스가 주장한 우주의 얼개에는 실수가 있었다. 갈릴레이가 실험적 증거에 의존한 최초의 인물은 아니었다. 덴마크 사람인 티코 브라헤(Tycho Brahe, 1546-1601)도 관찰을 통해서 비슷한 결과에 도달했지만, 갈릴레이는 자기의 발견을 생애 내내 공개적으로 그리고 모국어로 분명하게 표현하여 모든 사람이 그가 쓴 글을 읽을 수 있었다. 1632년 로마 종교 재판에 의해 유죄를 선고받고 그는 자신의 견해를 수정해야만 했다. 하지만 그의 기록은 계속해서 코페르니쿠스가 옳았고 아리스토텔레스는 틀렸다고 증명했다.

기독교는 과학의 어머니

근대 과학의 등장은 성경이 가르치는 바와 대립하지 않았다. 사실상 결정적인 점에서 과학 혁명은 성경이 가르치는 바에 근거했다. 앨프레드 노스 화이트헤드(Alfred North Whitehead, 1861-1947)와 로버트 오펜하이머(J. Robert Oppenheimer, 1904-1967)는 둘 다 근대 과학이 기독교 세계관에서 탄생되었다고 강조했다. 화이트헤드는 널리 존경받는 수학자이며 철학자였고, 오펜하이머는 1947년 프린스턴 고등 연구소의 소장이 된 후에 과학에 관련된 주제를 광범위하게 기록했던 인물로, 그는 원자의 구조와 원자력을 다룬 자신의 분야에 대해서도 저술했다. 내가 아는 한, 두 사람은 모두 기독교인이 아니고 기독교인이라고 주장하지도 않았지만, 두 사람 모두 정직하게 근대 과학이 기독교 세계관에서 탄생했다는 점을 인정했다.

예를 들면, 오펜하이머는 1962년 10월 『인카운터』(Encounter)지에 기고한 '과학과 문화에 관하여'(On Science and Culture)라는 논문에서 이 점을 기술했다. 화이트헤드는 하버드 대학교 로웰 강좌에서 '과학과 현대 세계'(Science and the Modern World, 1925)라는 제목으로, '하나님의 합리성에 관한 중세의 주장' 때문에 기독교는 과학의 어머니라고 말했다. 화이트헤드는 또한 '인격적 존재의 지적 합리성'에 대한 신념도 언급했다. 이 강좌에서 그는 하나님의 합리성 때문에 초창기 과학자들은 어떤 난공불락의 신념을 가지게 되었다고 말한다. "그 신념은 모든 세세한 사건이 일반 원칙을 따라 아주 일정한 방식으로 그 선행 사건과 연결될 수 있다는 것이다. 이 신념 없이는 과학자들의 믿기 어려운 작업이 물거품이 되었을 것이다." 다른 말로 하면, 초창기 과학자들은 세계가 이성적인 하나님에 의하여 창조되었다고 믿었기 때문에, 사람들이 이성의 기초 위에서 자연과 우주에 관하여 참된 것을 발견할 수 있다는 것에 놀라지 않았다는 것이다.

합리적이며 이성적인 창조주가 지으신 세계

지금 이 순간은 내가 지금 무엇을 주장하고 있지 않은지를 강조할 수 있는 좋은 기회이다.

첫째, 합리적인 하나님이 지으신 창조계에 근거한 피조된 질서의 합리성은 종교 개혁의 특징적 강조점이 아니었다. 그것은 종교 개혁 이전의 교회와 종

기호 논리학의 대가, 앨프레드 노스 화이트헤드(상단). 원자 폭탄 개발 계획에 참여했던 이론 물리학자, 로버트 오펜하이머(하단). "결정적인 점에서 과학 혁명은 성경이 가르치는 바에 근거했다. 앨프레드 노스 화이트헤드와 로버트 오펜하이머는 둘 다 근대 과학이 기독교 세계관에서 탄생되었다고 강조했다. ……내가 아는 한, 두 사람은 모두 기독교인이 아니고 기독교인이라고 주장하지도 않았지만, 두 사람 모두 정직하게 근대 과학이 기독교 세계관에서 탄생했다는 점을 인정했다."

교 개혁자들이 모두 공통적으로 가지고 있던 것이다. 화이트헤드가 기술한 신념은 다음 둘 다에 공통적이었다. 즉 하늘과 땅을 하나님이 만드셨고, 하나님은 성경이 이야기하는 바처럼 합리적인 신이시라는 것이다.

둘째, (종교 개혁에서 흘러나온 예술을 고려할 때 강조한 바이지만 여기서 다시 반복하자면) 아름다움을 그릴 수 있는, 혹은 과학에서 창조적인 작업을 할 수 있는 사람은 기독교인뿐만이 아니라는 것이다. 이런 창조적 욕구는, 본인이 알고서 인정하든지 인정하지 않든지 간에, 지금은 하나님의 형상이 일그러졌지만 위대한 창조주이신 하나님의 형상으로 지음을 받았다는 사실에 뿌리를 두고 있다. (예술과 과학에서든지 혹은 공학에서든지) 이 창조성은 하나님의 형상으로 지음받은 사람의 독특한 사람됨의 일부를 이룬다. 인간이 아닌 다른 존재와 달리 인간은 창조적이다. 그러나 사람의 세계관은 밖으로 드러난다. 이 점은 과학에서 이루어지는 창조적 작업과 관련해서도 마찬가지이다. 세계관은 그런 창조적 작업이 취하는 방향과 방법을 결정한다. 그리고 그런 작업이 계속될지 그칠 것인지도 결정한다.

셋째, 이 부문에서 살펴보고 있는 모든 과학자들이 개인적으로 다 철저한 기독교인이라는 것은 아니다. 그들 중 많은 사람이 그러했지만, 그들은 기독교가 만든 사상 속에서 살고 있었다. 그리고 이런 배경 속에서 사람의 창조적 작업이 계속되고 발전될 수 있는 기반을 가지고 있었다. 화이트헤드의 말을 다시 한 번 인용하면, 초창기 과학자들의 기독교적 사고 형식이 그들에게 '과학의 가능성에 대한 믿음'을 주었던 것이다.

세계가 이성적인 하나님에 의하여 창조되었다는 생각 속에 살고 있었기 때문에 과학자들은 확신을 가지고 활동하며 관찰과 실험으로 세계에 관하여 발견할 수 있다고 기대했다. 이 점이 그들의 인식론적 기반, 즉 바른 인식에 도달할 수 있다는 신념을 갖게 한 철학적 기반이었다. (인식론이란 인식에 관한 이론으로, 우리가 어떻게 아는가 혹은 우리는 자신이 인식할 수 있다고 어떻게 아는가의 문제를 다룬다.)

세계가 이성적인 하나님에 의해서 창조되었기에, 그들은 관찰자로서 자신과 관찰되는 사물의 사이, 즉 주체와 객체 사이의 상호 관계를 발견하고서도 놀라지 않았다. 기독교적 틀 속에서 활동하고 있는 사람에게 이 기반은 그가 의자를 관찰하든지 아니면 의자를 구성하는 분자를 관찰하든지 간에 규범적이다. 이 기초 없이는 서구 근대 과학은 태어날 수 없었을 것이다.

근대 과학 탄생에 영향을 끼친 기독교적 요인

여기서 사람들은 한 가지 중요한 질문을 살펴보아야 한다. 즉 르네상스의 업적이 근대 과학의 탄생에 한 몫을 담당하지 않았는가 하는 문제이다. 물론 그렇다. 그러나 르네상스보다 중세의 점차적인 지적, 문화적 각성이 또한 영향을 끼쳤다. 그리스 사상에 대한 증가된 지식이 예컨대 파도바 대학교에서 새로운 문을 열었다. 확실히, 르네상스의 요소와 그리스의 지적 전통의 요소들이 과학적 각성에 도움을 주었다. 그러나 그리스 전통이 그 자체로 과학 혁명에 충분한 자극이 되었다고 이론적으로 말하면 실제로 그렇지 않았던 현실과는 반대로 주장하는 셈이다.

중요한 역할을 한 것은 기독교적 요인이었다. 화이트헤드와 오펜하이머가 옳다. 기독교는, 우주를 창조하신 하나님이 자신이 어떤 분인지 성경에 계시하셨다고 주장하므로 근대 과학의 어머니이다. 결과적으로, 우주를 연구하는 과학을 지지하는 충분한 기반이 있게 되었다. 후에 기독교적 기반이 상실되었을 때, 전통과 타성이 작용하기 시작했고 실용적인 기술의 필요성과 심지어 국가에 의한 통제가 과학을 추진시키게 되었다. 하지만 우리가 볼 수 있듯이 그때는 강조점이 미묘하지만 중대하게 변화했다.

과학 혁명의 대(大)선지자라고 부를 수 있는 프랜시스 베이컨은 성경을 사실로 받아들여 역사적 타락, 즉 역사에서 발생한 인간의 반역을 인정했다. 그는 『학문의 신기관』(Novum Organum Scientiarum, 1620)에서 이렇게 말했다. "인간은 타락에 의해 그의 무죄한 상태와 자연에 대한 지배력을 함께 상실했다. 그러나 이러한 것이 현세에서도 다소 회복될 수 있다. 전자는 종교와 신앙으로, 후자는 예술과 과학에 의해 가능하다." 베이컨이 과학을 자율적인 것으로 보지 않은 점을 주목하라. 과학을 포함하여 인간은 자율적이지 않다. 사람은 성경이 역사에 대하여 그리고 우주에서 발생하는 일에 대하여 가르치는 바를 사실로 받아들여야 한다. 성경의 가르침의 기반 위에서 과학과 예술은 본질적으로 하나님과 인간 앞에 가치 있는 것이다. 이 점은 과학의 창조적 작업이 순간적인 것이 아니라 지속적인 것이 되도록 돕는 강력한 추진력을 제공했다.

이유에 대해 의문이 없는 과학자

근대 과학의 기초자들로부터 시작하자. 독일 천문학자인 요하네스 케플러(Johannes Kepler)는 1571년에서 1630년까지 살았는데, 이는 갈릴레이와 같은 시대이다. 그는 행성의 궤도가 원형이 아니라 타원형임을 보여준 최초의 인물이었다. 아이작 뉴턴(Isaac Newton, 1642-1727) 경은 20대의 젊은 교수로 케임브리지 대학교에 있을 때, 우주의 모든 물체 사이에는 보편적 인력이 있고 그것은 계산될 수 있다는 결론에 도달했다. 그는 그 힘을 중력이라고 불렀다. 그는 이 사실을 후에 『자연 철학의 수학적 원리들』(The Mathematical Principles of Natural Philosophy, 1687)에서 설명했다. 이 책은 인간 사상사에서 가장 영향력 있는 책들 가운데 하나가 되었다. 또한 케임브리지 대학교 트리니티 칼리지의 네빌 뜰에서 행한 실험을 통해서 그는 자신이 떨어뜨린 물체의 소리와 일정한 거리에서 자신에게 되돌아오는 반향 사이의 간격을 측정하여 소리의 속도를 계산해 낼 수 있었다.

전 생애를 통하여 뉴턴은 자신이 믿는 성경의 가르침에 충실하려고 힘썼다. 17세기 과학자들은 '이유'(why)에 대하여 관심을 두지 않고 '방법'(how)에만 매달렸다고들 한다. 이 점은 사실이 아니다. 뉴턴에게는 다른 초창기 과학자들과 마찬가지로 이유에 대한 문제가 없었는데, 이는 그가 우주를 창조하신 인격적인 하나님의 존재에서 출발했기 때문이다.

생애 후반에 뉴턴은, 비록 거의 출판되지 않았지만 과학이 아니라 성경에 대하여 더 많은 것을 썼다. 인본주의자들은 뉴턴이 그의 모든 시간을 과학에 썼기를 바란다고 말했다. 그들은 그가 성경 공부에 보낸 시간을 허비했다고 생각하는데, 이런 말을 하는 그들은 실로 눈이 먼 사람들이다. 화이트헤드와 오펜하이머가 강조한 것처럼, 만일 뉴턴 등이 성경적 기반을 가지고 있지 않았다면, 그들은 자신들의 과학에 대해 아무런 기반도 갖지 못했을 것이다. 이 말은 사람들이 형이상학이나 교리에 대한 뉴턴의 사색에 전적으로 동의해야 한다는 말이 아니다. 요점은, 뉴턴이 성경에 깊은 관심을 보인 것은 우주를 창조하신 하나님이 사람들에게 성경을 통하여 진리를 주셨다는 견해에서 나왔다는 점이다. 그리고 그의 견해는 성경이 우주에 대한 연구를 통해 얻을 수 있는 것과 같은 종류의 진리를 담고 있다는 것이다. 뉴턴과 다른 과학자들은, 우주가 작동하는 방법에는 사로잡혔으나 전문적으로 '왜?'라는 질문은 던지지 않았던 과학에 놀랐을 것이다.

인간의 특수한 존재성에 대한 인식

후에 과학에 대한 환상을 버렸지만, 블레즈 파스칼(Blaise Pascal, 1623-1662)은 성공적인 기압계를 최초로 만들었고 유체(流體)의 평형에 대한 중요한 연구를 했다. 그는 실험실에서 연구하는 것으로 만족할 수 없어 수은관을 퓌드돔산으로 가지고 가서 고도에 따라 수은주 높이의 변화를 기록했다. 그는 또한 미분학을 발전시킨 뛰어난 수학자였다. 어떤 사람들은 그를 프랑스의 가장 뛰어난 산문 작가로 보기도 한다.

훌륭한 기독교인이기도 한 그는 사람을 (사람들이 생각하는 것보다 훨씬 더 크고 더 복잡한) 우주 속에 있는 먼지처럼 버려진 존재로 보지 않았는데 이는 사람은 독특한 존재로 우주의 어떤 점을 파악할 수 있기 때문이었다. 사람들은 별들을 파악하지만, 별들은 아무것도 파악하지 못한다. 그리고 이 외에도 파스칼이 보기에 인간은 그리스도께서 그들을 위하여 죽으셨으므로 특수한 존재였다.

르네 데카르트(René Descartes, 1596-1650)는 수학적 분석과 과학 이론을 강조한 중요한 인물이다. 나는 개인적으로 그의 철학적 견해를 거부한다. 그러나

근대 과학의 기초자들, 아이작 뉴턴(좌측)과 블레즈 파스칼(우측). "전 생애를 통하여 뉴턴은 자신이 믿는 성경의 가르침에 충실하려고 힘썼다. 17세기 과학자들은 '이유'에 대하여 관심을 두지 않고 '방법'에만 매달렸다고들 한다. 이 점은 사실이 아니다. 뉴턴에게는 다른 초창기 과학자들과 마찬가지로 이유에 대한 문제가 없었는데, 이는 그가 우주를 창조하신 인격적인 하나님의 존재에서 출발했기 때문이다."

제7장 근대 과학의 발흥 197

그는 자신을 진실한 가톨릭 신사로 보았다. 그의 철학적 견해에 비추어 보면, 그를 유아론(唯我論)에서 즉 자기 자신의 껍질 속에 갇힌 삶에서 구해 준 것은 바로 그의 신앙이었다.

성경이 말하는 곳에서 말하며
성경이 침묵하는 곳에서 침묵한다

1662년에 설립된 자연 지식의 진흥을 위한 런던 왕립 학회(The Royal Society of London for Improving Natural Knowledge)의 초창기에는 대부분의 회원들이 신앙 고백을 하는 기독교인이었다. 조지 트리벨리언(George M. Trevelyan, 1876-1962)은 『영국 사회사』(English Social History, 1942)에서 이렇게 쓰고 있다. "로버트 보일(Rovert Boyle, 1627-1691), 아이작 뉴턴(Isaac Newton, 1642-1727) 그리고 왕립 학회의 초창기 회원들은 신앙인이었고, 그들은 토머스 홉스(Thomas Hobbes, 1588-1679)의 회의론적 주장을 반박했다. 오히려 그들은 우주 법칙의 사상과 진리 발견을 위한 과학적 방법이 국민들에게 친숙해지도록 했다. 이들 방법은 결코 성경의 역사와 기적 종교에 상충하는 결론에 이르지 않는다고 사람들은 믿었다. 뉴턴은 그런 신앙 속에서 살다가 죽었다." 우리는 기독교적 기반이 과학을 방해했다고 생각해서는 안 된다. 오히려 기독교적 기반이 근대 과학을 가능하도록 했다.

베이컨과 뉴턴 그리고 초창기 왕립 학회의 전통은 19세기 동안 줄곧 강력하게 유지되었다. 마이클 패러데이(Michael Faraday, 1791-1867)는 전기 분야에 커다란 공헌을 했다. 그가 발견한 최고의 것은 전류의 유도(誘導)였다. 패러데이도 역시 기독교인이었다. 그는 다음과 같은 입장을 취하는 집단에 속해 있었다. 즉 "성경이 말씀하는 곳에서 우리는 말하며, 성경이 침묵하는 곳에서 우리는 침묵한다." 그는 하나님의 창조에 대한 지식은 모든 사람이 향유하는 것이지 단지 전문적인 엘리트를 위한 것이 아니라는 확신을 가지고, 전기에 관한 자신의 선구적인 작업을 공개적으로 발표한 것으로 유명했다. 제임스 클러크 맥스웰(James Clerk Maxwell, 1831-1879)은 패러데이와 같이 전기를 연구했던 사람으로, 역시 인격적인 하나님을 믿는 신자였다. 실제로 코페르니쿠스로부터 맥스웰까지 근대 과학을 세운 대부분의 사람이 기독교적 기반에서 활동하고 있었다. 그들 가운데 많은 사람이 개인적으로 기독교인이었지만, 그렇지 않았던 사람들까지도 기독교가 만든 사고방식, 특히 창조주이시며 입법자이신 하나님이 창조계에 법칙을 심어 두셔서 사람들이 발견할 수 있게 하셨다는 신념 속에서 살고 있었다.

질서 잡힌 우주라는 개념에 대한 평가

그러나 우리는 이렇게 질문할 수 있을 것이다. "과학이 지금 도달한 새로운 단계에서는 질서 잡힌 우주라는 개념은 이미 시대에 뒤진 개념이 아닐까?" 사람들은 종종 알베르트 아인슈타인(Albert Einstein, 1879-1955)의 상대성 이론이 철학으로서, 세계관으로서 상대성을 지지하고 있다고 한다. 그러나 이 주장은 잘못된 것인데, 이는 아인슈타인의 상대성 이론은 우주의 모든 장소에서 빛이 진공에서 일정한 속도로 움직인다고 주장하기 때문이다. 다른 말로 하면, 상대성 이론만큼 철학적으로 덜 상대적인 것은 없다고 우리는 강력하게 말해야 한다. 아인슈타인 자신은 자신의 개념을 그렇게 적용하는 것을 준엄하게 반대했다. 우리는 『런던 옵서버』(London Observer)지 1964년 4월 5일자에 기록되어 있는, 가끔 인용되는 그의 말을 생각해 볼 수 있다. "나는 신이 우주를 가지고 주사위 놀이를 한다고 믿을 수 없다."

그러면 사람들은 아마도 아인슈타인의 견해가 베르너 하이젠베르크(Werner Heisenberg, 1901-1976)의 불확정성의 원리 혹은 불확실성의 원리(1927)에 의하

공개 실험을 하는 마이클 패러데이(상단). 다수의 실험으로 전자기학 이해에 크게 공헌한 마이클 패러데이(하단). "마이클 패러데이는 전기 분야에 커다란 공헌을 했다. ……그는 다음과 같은 입장을 취하는 집단에 속해 있었다. 즉 '성경이 말씀하는 곳에서 우리는 말하며, 성경이 침묵하는 곳에서 우리는 침묵한다.' 그는 하나님의 창조에 대한 지식은 모든 사람이 향유하는 것이지 단지 전문적인 엘리트를 위한 것이 아니라는 확신을 가지고, 전기에 관한 자신의 선구적인 작업을 공개적으로 발표한 것으로 유명했다."

여, 그리고 폭넓게 받아들여진 양자(量子)의 개념에 의하여 구식의 사고방식임이 증명되지 않았는가 하고 묻게 될 것이다. 그 대답은 물론 "그렇지 않다."이다.

불확정성의 원리는 어떤 관찰 영역, 즉 한 대상의 위치와 그 속력과 관계된다. 예를 들면, 우리가 서로 충돌하게 될 두 원자 알갱이의 정확한 위치와 속도를 측정하려고 할 때 그것들이 어떻게 튕겨 나올는지를 결코 정확하게 확정할 수 없을 것이다. 물리학자들은 원자들의 위치와 속력을 동시에 정확하게 관찰할 수 없다.

빛이나 소립자의 양자 이론에 따른다고 해서, 우연의 개념이나 임의적인 우주 개념에 도달하는 것은 아니다. 예를 들면, 빛은 파장이거나 소립자이거나 간에 임의적으로 활동하지 않는다. 그것은 한 원인의 결과이고 또 다른 결과들의 원인이 된다. 심지어 존 테일러(John G. Taylor, 1931-)가 설명한 것처럼, 공간에 '블랙홀'(black hole)이 있다는 지극히 이론적인 사실도 질서 잡힌 우주의 개념과 그 개념에 근거한 계산에 근거한다.

만일 어떤 비행기가 날 수 있으려면, 그것은 존재하고 있는 우주의 질서에 맞도록 제작되어야 한다. 사람들은 자신이 무엇을 믿든지, 여전히 더 이전의 다른 사건으로 어떤 사건을 설명하려고 한다. 만일 이것이 가능하지 않다면, 설명은 중단될 뿐만 아니라 과학은 기술에 안심하고 사용될 수 없다. 자연 원인들의 제일성(齊一性)이 있으므로, 사람들은 우주 속에서 달까지 수십만 마일을 여행하고 자신이 계획한 목적지에 거의 틀림없이 도착할 수 있으며, 혹은 지구 한 편에 있는 목표에 원자탄을 겨냥하여 그것을 그 목표의 10피트 이내로 떨어지게 할 수 있다. 우리는 자신이, 과학자들을 포함한 사람들이 생각했던 것보다 훨씬 더 복잡하지만, 임의적인 우주의 개념과는 아주 동떨어진 우주에 살고 있다는 것을 안다.

기독교적 기반의 세계관의 결과들

기독교적 기반에서 사람들은 이성으로 우주에 관하여 무엇을 발견하리라고 기대할 수 있었다. 기독교 세계관의 다른 결과들이 있었다. 예를 들면, 과학이 탐구할 수 있는 '저기'의 무엇(객관적 실재)의 확실성이 있었다. 우리가 관찰하는 것은 힌두교와 불교의 사고방식에서 말하는 하나님의 본질의 연장이 아니다. 기독교 세계관은 우리에게 객관적으로 연구할 수 있는 저기 실재하는 세계를 보여준다.

기독교적 기반의 또 다른 결과는 세계가 발견할 가치가 있고 발견을 통해서 사람들은 하나님의 창조계를 연구하고 있다는 점이었다. 그리고 사람들은

케네디 우주 센터. "사람들은 자신이 무엇을 믿든지, 여전히 더 이전의 다른 사건으로 어떤 사건을 설명하려고 한다. 만일 이것이 가능하지 않다면, 설명은 중단될 뿐만 아니라 과학은 기술에 안심하고 사용될 수 없다. 자연 원인들의 제일성(齊一性)이 있으므로, 사람들은 우주 속에서 달까지 수십만 마일을 여행하고 자신이 계획한 목적지에 거의 틀림없이 도착할 수 있으며, 혹은 지구 한 편에 있는 목표에 원자탄을 겨냥하여 그것을 그 목표의 10피트 이내로 떨어지게 할 수 있다."

자연을 연구하는 데 자유로웠는데, 이는 자연을 신(神)과 금기로 가득 차 있는 것으로 보지 않았기 때문이다. 모든 사물은 하나님이 만드셨고, 사람들의 연구를 향해 열려 있다. 하나님은 친히 인간에게 자연을 다스리라고 말씀하셨다. 프랜시스 베이컨의 말을 인용하면서 확인했듯이, 그는 과학이 이 일의 일부분을 이루고 있다고 생각했다. 거기에 자연에 대한 관심이 계속되고 심화되어야 할 이유가 있었다.

이런 배경에서, 사람들의 창조적 작업에는 그것이 발전하고 계속되어야 할 이유를 제공하는 기반이 있었다. 베이컨의 말을 다시 인용하면, "그러므로 결론적으로, 사람을 신중이라는 우둔한 기만이나 잘못 적용된 절제에 빠지게 하여, 하나님의 말씀의 책이나 하나님의 사역의 책에서 너무 많이 혹은 너무 깊이 탐구하고 연구했다고 생각하거나 주장하지 않게 하라." '하나님의 말씀의 책'은 성경이고 '하나님의 사역의 책'은 하나님이 만드신 세계이다. 그래서 기독교적 기반에서 활동한 베이컨과 다른 과학자들에게는 성경의 가르침과 과학 사이에 분리나 궁극적인 대립이 없었다.

그리스인, 이슬람교도 그리고 중국인들은 결국 과학에 대한 관심을 잃어버렸다. 전에 우리가 말한 바와 같이, 중국인들은 일찍이 세계에 대한 심오한 지식을 가지고 있었다. 조지프 니덤(Joseph Needham, 1900-)은 자신의 책 『웅대한 적정』(The Grand Titration, 1969)에서 중국의 과학이 충분히 발달된 과학으로 발전하지 않았던 이유를 다음과 같이 설명하고 있다. "자연 법칙의 암호가 풀릴 수 있고 해독될 수 있다는 신념이 없었는데, 이는 우리보다 더 합리적인 신적 존재가 해독될 수 있는 그런 암호를 구성했다는 확신이 없었기 때문이다."

그러나 기독교적 기반에서 활동하고 있었던 과학자들에게는, 자신들이 알 만한 충분한 이유가 있는 객관적 진리가 거기 있었기에 탐구를 계속할 동기가 있었다. 그래서 노동의 정당성과 모든 직업의 존엄성을 강조하는 성경에 따라서 자연스럽게 배운 것은 실친적 측면으로 흘러갔고 단순한 시석 호기심의 문제로 머무르지 않았다. 달리 말해, 유익을 위하여 기술이 탄생하게 되었다.

열린 체계에서의 자연 원인들의 제일성

그러면 기독교적인 기반에 선 근대 과학자들의 견해는 무엇이었는가? 그들은 열린 체계에서의 자연 원인들의 제일성, 혹은 한정된 시간 범위에서의 자연 원인들의 제일성이라는 개념을 고수하였다. 하나님은 인과 법칙의 우주 세계를 창조하셨다. 그러므로 우리는 결과에서 원인을 발견할 수 있다. 그러나(이 '그러나'라는 말은 매우 중요하다) 하나님과 인간은 자연 원인들의 제일성의 바깥에 있기 때문에, 우주는 열린 우주이다. 달리 말하면, 존재하는 모든 것은 모든 것을 속에 포함하고 있는 하나의 거대한 우주 기계가 아니다. 물론, 만일 사람이 움직이는 차 앞으로 다가선다면, 인과적 우주가 그에게 작용할 것이다. 그러나 하나님과 인간들은 전체 우주 기계의 부품이 아니다. 사물들은 인과의 연속선상에 있지만, 어떤 시점에서 그 방향은 하나님이나 사람에 의하여 바꾸어진다. 결론적으로 하나님의 고유한 자리가 있으며 인간에게도 역시 고유한 자리가 있다.

이 점은 심오한 것을 담고 있다. 즉 우주 기계나 사람들이 만드는 기계나 그 어느 것도 주인도 아니고 위협도 아니다. 이는 기계는 모든 것을 포함할 수 없기 때문이다. 우주 기계 '밖에는' 존재하는 무엇이 있고 인간이 인간이 될 수 있는 영역이 있다는 것이다.

제7장 근대 과학의 발흥 | 연구 문제

1. 중세인들과 아랍인들은 과학을 어떻게 이해했으며 어떤 방식을 따랐는가?

2. 근대 과학 성립에 옥스퍼드 대학교 학자들과 로저 베이컨은 어떻게 기여했는가?

3. 비기독교인인 오펜하이머와 화이트헤드는 근대 과학이 성립하는 데 기독교가 어떤 역할을 담당했다고 평가하는가?

4. 근대 과학의 발흥에 기독교가 어떤 역할을 했느냐는 문제에 대해서는 논쟁이 있다. 이 문제에 대한 저자의 주장을 다른 사람들의 입장과 비교해 보라.

5. 케플러와 뉴턴, 파스칼, 런던 왕립 학회의 과학자들 등 당시의 기독교인 과학자들은 기독교의 가르침을 과학과 어떻게 연결시켜 이해했는가?

6. 기독교 세계관이 관찰 대상으로서의 객관적 세계의 존재에 대한 확실성을 어떻게 제공했으며 과학적 연구 활동을 어떻게 정당화했는지 설명해 보라.

7. 우주가 열린 체계란 말은 무슨 뜻인가? 이 사실이 우리의 삶에 대해 지니는 의미는 무엇인가?

물리학, 천문학, 화학을 따라 심리학과 사회 과학이 닫힌 인과율의 체계의 일부가 되었을 때, 하나님만 죽은 것이 아니었다. 인간도 역시 죽어 버렸다. 그리고 이러한 틀 속에서는 사랑도 죽었다. 전적으로 닫힌 인과율 체계 속에서는 사랑이 들어설 여지가 없다. 전적으로 닫힌 인과율 체계 속에서는 도덕도 들어설 여지가 없다. 전적으로 닫힌 인과율 체계 속에서는 인간들의 자유도 들어설 여지가 없다. 인간은 무(無)가 된다. 사람들과 사람들이 하는 모든 일이 기계의 부품이 되어 간다. 이 사실은 핵심적인 문제를 갖고 온다. 인간 자신으로부터 시작하여 사람들은 인간이 단지 기계일 뿐이라고 주장한다. 그러나 이 입장을 취하는 자들도 기계처럼 살 수는 없다. 그래서 그들은 이성에 반대하여 상층부로 도약해야 했고, 그렇게 하려면 자신의 이성을 부인해야 하지만 그렇게 해서라도 삶에 의미를 주는 것을 발견하려고 했다.

제8장

철학과 과학에서의 붕괴

통일과 의미의 최종적 권위, 절대자

제1장에서 다룬 내용의 요점은, 오늘날 우리가 지적인 사상과 (우리의 문화적, 정치적 생활을 포함한) 매일의 생활 속에서 어떤 위치에 있는지 이해하려면, 세 가지 흐름 즉 철학적 흐름과 과학적 흐름과 종교적 흐름을 추적해야 한다는 것이었다. 우리는 앞 장부터 계속해서 이런 탐구를 해왔고, 이제 현대인의 시대에 도달했다. 이제 내가 '붕괴'(the Breakdown)라고 부르는 것에 도달했으므로, 우리는 여기서 철학적 측면과 과학적 측면 그리고 그것들의 상호 관계를 살펴야 할 것이다.

앨프레드 노스 화이트헤드는 유럽 철학의 전(全) 역사가 플라톤에 대한 일련의 각주에 불과하다고 논평했다. 물론 이 말은 좀 지나친 감이 있다. 그렇지만, 플라톤은 이론적 사고뿐만 아니라 실제 생활에서 핵심적인 내용을 이해했었다. 그는 절대자가 없다면 개체 사물(개별자, 구체적인 것들)이 의미를 가지지 못한다고 보았다. 개별자라는 말은 우리 주변에 있는 개체 사물을 뜻한다. 해변에 있는 돌들은 각각 모두 개별자이다. 그 돌을 구성하고 있는 분자도 개별자이다. 또 해변 전체가 하나의 개별자이다. 그리고 개인으로서 나와 여러분도 다 개별자이다.

플라톤은 사람들이 말하는 개별자가 어떤 종류이든지 간에 절대자가 없다면, 즉 보편자가 없다면 개별자도 의미를 가지지 못한다고 이해했다. 보편자나 절대자는 모든 개별자들이 그 아래서 조화를 이루게 하며, 그 전체에 통일과 의미를 주는 것이다. 우리는 이것을 언어에 적용할 수 있다. 사과는 아주 다양하지만, 우리는 매번 다양한 사과의 이름들을 다 나열하여 말하지 않는다. 우리는 사과라는 단어를 통해서 그것들을 통칭한다. 마찬가지로 많은 종류의 배가 있지만, 우리는 그것들을 통칭하여 배라고 부른다. 한 단계 더 높은 일반적인 수준으로 보면, 많은 종류의 과일이 있다. 그러나 우리는 이 모든 것들을 다 나열하지 않고 간단히 과일이라고 말한다.

그러나 문제는 언어뿐만 아니라 실제에서도 마찬가지이다. 모든 것들에게 통일을 주고 의미를 주는 것이 있는가? 프랑스의 실존주의 철학자인 장-폴 사르트르(Jean-Paul Sartre, 1905-)는 바로 우리 세대에서 이 문제를 강조했다. 그의 이해로는, 만일 어떤 유한한 존재가 유한한 준거점이 없다면 부조리하다는 것이었다. 이런 개념은 도덕의 영역에서 가장 쉽게 이해된다. 만일 절대적인 도덕 기준이 없다면, 사람들은 최종적으로 어떤 것이 옳다 그르다라고 말할 수 없다. 여기서 '절대자'는 언제나 적용되는 것, 최종적이거나 궁극적인 기준을 제공하는 것을 뜻한다. 도덕이 존재할 수 있으려면 절대자가 있어야 하고, 진정한 가치가 존재할 수 있으려면 역시 절대자가 있어야 한다. 만일 인간을 넘어서는 절대자가 없다면, 개인과 사회의 도덕적 판단이 충돌할 때 판단을 내릴 수 있는 최종적인 권위가 없는 것이다. 우리는 상충하는 견해들 속에 다만 방치되고 있을 뿐이다.

그러나 우리는 도덕과 가치에만 절대자를 필요로 하는 것은 아니다. 우리 존재, 즉 나의 존재, 여러분의 존재, 인간의 존재가 의미를 가지려면 역시 절

프랑스의 실존주의 철학자, 장-폴 사르트르와 그와 평생 계약 결혼 관계를 유지했던 작가이자 철학자, 시몬 드 보부아르. "모든 것들에게 통일을 주고 의미를 주는 것이 있는가? 프랑스의 실존주의 철학자인 장-폴 사르트르는 바로 우리 세대에서 이 문제를 강조했다. 그의 이해로는, 만일 어떤 유한한 존재가 유한한 준거점이 없다면 부조리하다는 것이었다. 이런 개념은 도덕의 영역에서 가장 쉽게 이해된다. 만일 절대적인 도덕 기준이 없다면, 사람들은 최종적으로 어떤 것이 옳다 그르다라고 말할 수 없다."

대자가 필요하다. 더욱 중요한 것은 견고한 인식론(인식론이란 인식에 관한 이론으로, 우리가 어떻게 아는가 혹은 우리는 자신이 인식할 수 있다고 어떻게 아는가의 문제를 다룬다)을 가지려면 절대자가 있어야 한다는 것이다. 우리가 알고 있다고 생각하는 우리 자신 밖의 세계가 거기 존재하는 세계와 실제로 일치한다는 것을 우리는 어떻게 확신할 수 있는가? 그리고 이 모든 영역 가운데서 다른 것보다 더욱 중요한 것으로서, 절대자가 없으면 우리에게서 사라질 것이 있는데, 그것은 도덕, 가치, (인간의 의미를 포함한) 존재의 의미 그리고 지식의 기초이다.

현대 이전 비기독교 철학자들의 공유점

비기독교 철학자들은 그리스 시대부터 현대 직전까지 세 가지를 공유했다. 첫째, 그들은 합리주의자였다. 즉 그들은 사람이 (비록 유한하고 제한적이기는 하지만) 자신으로부터 시작할 수 있고 자신의 보편자를 만들기에 충분하게 개별자들을 모을 수 있다고 주장했다. 합리주의는 인간 자신의 외부에서 오는 지식, 특히 신으로부터 오는 지식을 거부한다.

둘째, 그들이 공유했던 점은 그들은 이성을 중요하게 생각했다는 것이다. 그들은 이성의 타당성을 받아들였다. 지성은 반정립을 통해서 사고한다는 것이다. 즉 사람들은 자기 지성으로 어떤 것은 참이지만 다른 것은 거짓이라는 결론, 어떤 것은 거짓된 반면 다른 것은 참되다는 결론에 도달할 수 있다는 것이다. 고전 논리학의 첫 번째 가르침은 'A는 A이고 A는 비(非)A가 아니다.'라는 것이다.

셋째, 합리주의자들이 이성의 타당성을 신뢰했던 것에 덧붙여, 18세기 이전의 비기독교적 철학자들은 또한 낙관론적이었다. 그들은 오직 이성으로 실재의 통일되고 참된 지식을 수립하려는 자신들의 노력이 성공할 수 있으며, 성공할 것이라고 생각했다. 만일 그렇게 된다면, 사람들이 우주에서 직면하고 있는 모든 것에 대하여 그리고 모든 사람들에 대하여 그리고 사람이 생각하는 모든 것에 대하여 만족할 만한 설명을 가질 수 있게 될 것이다. 그들은 모든 지식과 모든 삶을 통일시킬 무엇을 희망했다.

닫힌 체계에서의 자연 원인의 제일성이라는 개념으로의 변화

그러나 세 가지 변화가 일어났고, 바로 이 세 가지 변화가 오늘날의 현대인과 오늘날의 현대 사회를 만들었다. 첫째, 우리는 과학에서 이 변화를 살펴볼 것이고, 그 다음 철학에서 그리고 나중에 신학에서 그 변화를 살펴볼 것이다.

앞에서 우리는 과학 혁명이 기독교적 기반에 서 있었음을 살펴보았다. 초창기 근대 과학자들은 열린 체계에서의 자연 원인의 제일성이라는 개념을 믿었다. 하나님과 인간은 인과율이 지배하는 우주 기계 밖에 있었고, 따라서 그들은 모두 그 기계에 영향을 끼칠 수 있었다.

근대 과학에서 내가 말하는 현대적 근대 과학(modern modern science)으로의 변화는, 열린 체계 속에서의 자연 원인의 제일성이라는 개념에서 닫힌 체계 속에서의 자연 원인의 제일성이라는 개념으로 옮아간 변화이다. 후자의 견해에 따르면, 전체 우주 기계 밖에는 아무것도 없고, 존재하는 모든 것은 그것의 부분이다.

17세기와 18세기의 과학자들은 하나님이라는 말을 계속하여 사용했지만, 하나님을 점점 자신들의 체계의 가장자리로 내몰았다. 결국, 과학자들은 이런 사고의 흐름 속에서 완전히 닫힌 체계의 이념으로 옮아갔다. 그리하여 하나님이 들어설 자리가 없어졌다. 그러나 동시에 사람이 들어설 자리도 없어졌다. 사람은 사라지고, 있더라도 일종의 결정된 혹은 행동주의적 기계로 보여질 따름이었다. 사람을 포함하여 모든 것은 우주 기계의 부분이었다. 달리 표현하면, 현대적 근대 과학(자연주의적 과학 혹은 유물론적 과학)의 출현에 앞서 인과의 법칙들이 물리학, 천문학 그리고 화학에 적용되었다. 오늘날 기계론적 인과율의 관점이 심리학과 사회학에도 똑같이 적용된다.

유물론적 세계관에 대한 수용

특히 초창기 과학의 위대한 도약을 이루었던 과학자들은 이런 개념을 받아들이지 않았으리라는 점을 주목하라. 이 개념이 발생한 것은 과학으로 증명할 수 있는 것 때문이 아니라, 이 새로운 견해를 취한 과학자들이 다른 철학적 기반을 수용했기 때문이었다. 과학에서 발견한 것 자체가 이러한 견해를 갖도록 한 것이 아니라 오히려 그들의 세계관이 그들을 이러한 자리로 이끌었다. 그들은 자연주의적 혹은 유물론적 전제를 갖게 되었다.

독일의 철학자인 루트비히 포이어바흐(Ludwig Feuerbach, 1804-1872)는 유물론 철학의 초대 대표자였고, 독일의 의사 루트비히 뷔히너(Ludwig Büchner, 1824-1899)도 그러했는데, 그의 책 『힘과 물질』(Force and Matter, 1855)은 21판이 찍혔고 모든 주요한 나라의 언어로 번역되었다. 독일의 오페라 작곡가인 리하르트 바그너(Richard Wagner, 1813-1883)가 일찍이 1848년에 포이어바흐의 책을 읽고 있었다는 사실은 흥미로운 일로 지나치기에는 너무 중요한 사실이다. 바그너는 이 시기에 포이어바흐에게 깊이 영향을 받았고, 바이에른의 루트비히 2세(Ludwig II, 1845-1886)에게 포이어바흐의 책을 읽을 것을 권장하기도 했다. 그래서 포이어바흐의 작품은 추상적 사고뿐만 아니라 예술과 국가에도 영향을 끼치게 되었다.

독일의 작곡가이자 지휘자, 리하르트 바그너(좌측). 바이에른 왕국의 국왕이자 바그너의 열렬한 숭배자였던 루트비히 2세(우측). "독일의 오페라 작곡가인 리하르트 바그너가 일찍이 1848년에 포이어바흐의 책을 읽고 있었다는 사실은 흥미로운 일로 지나치기에는 너무 중요한 사실이다. 바그너는 이 시기에 포이어바흐에게 깊이 영향을 받았고, 바이에른의 루트비히 2세에게 포이어바흐의 책을 읽을 것을 권장하기도 했다."

에른스트 헤켈(Ernst Haeckel, 1834-1919)은 예나 대학교의 생물학자로 『19세기 말엽에 본 우주의 수수께끼』(The Riddle of the Universe at the Close of the 19th Century, 1899)를 썼고, 그것은 베스트셀러가 되기도 했다. 이 작품에서 헤켈은 물질과 에너지가 영원하다고 전제하고 인간 지성이나 영혼도 유물론적 기반에서 설명될 수 있다고 주장하기도 했다. 그는 이런 입장이 어떤 결론에 도달할지를 알고 사람에게는 의지의 자유가 없다는 사실을 받아들였다.

가치와 의미와 본래의 인간의 죽음

사람들이 이런 식으로 생각하기 시작하자, 하나님과 인간다운 인간이 들어설 자리가 없어졌다. 물리학, 천문학, 화학을 따라 심리학과 사회 과학이 닫힌 인과율의 체계의 일부가 되었을 때, 하나님만 죽은 것이 아니었다. 인간도 역시 죽어 버렸다. 그리고 이러한 틀 속에서는 사랑도 죽었다. 전적으로 닫힌 인과율 체계 속에서는 사랑이 들어설 여지가 없다. 전적으로 닫힌 인과율 체계 속에서는 도덕도 들어설 여지가 없다. 전적으로 닫힌 인과율 체계 속에서는 인간들의 자유도 들어설 여지가 없다. 인간은 무(無)가 된다. 사람들과 사람들이 하는 모든 일이 그 기계의 부품이 되어 간다.

절정기 르네상스의 인본주의가 계몽주의를 거쳐서 완숙기로 가면서, 인간은 스스로 자신을 자율적인 존재로 만들기로 결정하였다. 이 흐름이 계속되었는데, 현대적 근대 과학에 이르면서 사람은 잠식되고 말았다. 본래의 인간은 죽었다. 삶은 의미를 상실한 채 무의미하게 되었다.

뷔히너와 헤켈은 물질과 에너지가 영원하다고 말했다. 이제 유물론적 세계관은 인간을 닫힌 체계 속에서의 인과율 제일성으로 설명하려고 한다. 찰스 라이엘(Charles Lyell, 1797-1875)은 『지질학의 원리』(Principles of Geology, 1830-1833)로 지질학 분야에서 자연 원인의 제일성을 특히 강조하여 이 방향으로 문을 연 인물이었다. 그의 생각은 지금 활동하는 힘 이외에는 과거의 어떤 힘도 존재하지 않는다는 것이었다.

시간과 우연이 생물학적 복잡성을 만들 수 있다는 문제

찰스 다윈(Charles Darwin, 1809-1882)은 라이엘의 생각을 생물학적 생명의 기원으로 확장시켰다. 자신의 책 『생존 투쟁에서 자연 선택 혹은 선호되는 종족의 보존에 의한 종의 기원』(The Origin of Species by Means of Natural Selection or the Preservation of Favoured Races in the Struggle for Life, 1859)에서 다윈은 모든 생물학적 생명은 소위 '적자 생존'의 과정을 통해 더 단순한 형태에서 생겨난다는 개념을 주장했다. 아직도 이 개념에 대해 질문들이 제기되고 있다. 다윈주의, 신(新)다윈주의 그리고 환원주의는 모두 그것들이 상정하는 과정들이 실제로 어떻게 진행되는지를 설명해야 할 문제를 안고 있다.

머리 이든(Murray Eden, 1920-)이 1967년에 『과학 연구』(Scientific Research, 1967. 11.)지에 실린 '생물학의 전당의 이단 – 다윈에게 수학자들이 질문한다'(Heresy in the Halls of Biology – Mathematicians Question Darwin)라는 논문에서 지적한 바와 같이 통계학적인 문제도 역시 있다. 이 문제는 또한 『신다윈주의적 진화 해석에 대한 수학적 도전』(Mathematical Challenges to the Neo-Darwinian Interpretation of Evolution, 1967)에 실린 이든의 논문 '과학 이론으로서의 신다윈주의 진화론의 부적합성'(Inadequacies of Neo-Darwinian Evolution as a Scientific Theory)에서 더 기술적인 방식으로 다루어졌다. 통계학적 연구에 따르면, 순수 우연(무작위)은 이 세상의 생물학적 복잡성을 혼돈에서 만들 수 없었으며, 지금까지 제시된 시간이 흘렀어도 역시 그렇다. "다윈주의나 신다윈주의의 접안경을 통해서 살펴본 바와 같이 자연 선택이 관찰된 자연 현상을 작동시키거나 일으킬 충분한 시간이 있었는가? 이 수학자들은 아니라고 말한다." 사실상 우리는 더 멀

현대 진화론의 창시자, 찰스 다윈. "찰스 다윈은 자신의 책 『생존 투쟁에서 자연 선택 혹은 선호되는 종족의 보존에 의한 종의 기원』에서 모든 생물학적 생명은 소위 '적자 생존'의 과정을 통해 더 단순한 형태에서 생겨난다는 개념을 주장했다. 아직도 이 개념에 대해 질문들이 제기되고 있다. 다윈주의, 신(新)다윈주의 그리고 환원주의는 모두 그것들이 상정하는 과정들이 실제로 어떻게 진행되는지를 설명해야 할 문제를 안고 있다."

리 나아갈 수 있다. 통계학적 연구는 순수 우연이 계속 증가하는 복잡성을 만들 수 있었을까 하는 문제를 제기한다. 만일 오직 우연만 작동한다면, 왜 (생물학적 구조를 포함하여) 존재하는 것이 일관되게 복잡성의 증가로만 진행해야 하는가?

가장 중요한 점은 어느 누구도 인간이 어떻게 우연과 시간으로만 인간 아닌 존재에서 나오게 될 수 있었는지를 보여주지 않았다는 것이다. 이 입장은 인간을 인간 아닌 존재로 만들거나 아니면 말의 홍수로 이끄는 갑작스런 낭만적 폭발로 끝난다. 예를 들면, 야코프 브로노프스키(Jacob Bronowski, 1908-1974)는 자신의 책 『인간의 상승』(The Ascent of Man, 1973)을 다음과 같이 아주 낭만적인 문장을 쏟아부으며 끝맺는다. "우리는 합리적인 지성이 단순한 반사 반응보다는 더 확실함을 증명하고자 하는 자연의 독특한 실험 장치이다. 지식은 우리의 운명이다. 결국 예술의 체험과 과학의 설명을 함께 가져올 자기 인식은 우리를 기다리고 있다."

자율적으로 자신으로부터 시작하는 인본주의적 사상가들은 가치와 의미가 없다는 결론에 이르거나 갑자기 의미와 가치를 수사학에서 만들어 내려고 한다. 그래서 거기에는 방법과 이유에 관한 문제가 모두 있었다. 시간과 우연에만 기초를 둔 분자에서 인간까지 죽 이어지는 과정이라는 개념은 이와 같은 방법과 이유에 대한 본질적인 문제에 답을 주지 않는다.

사회적 다원주의로의 발전과 그 결과

다윈의 생각은 토머스 헉슬리(Thomas Huxley, 1825-1895), 허버트 스펜서(Herbert Spencer, 1820-1903)에 의하여 일반화되었는데, 이들은 '적자 생존'이라는 문구를 새로 사용하여 생물학적 진화론을 (윤리학을 포함하여) 모든 삶에 확장시켰다. 스펜서는 이렇게 말했다. "무능한 자의 궁핍······게으른 자의 굶주림, 강한 자에 의해 밀쳐진 약한 자······는 크고 거시적인 자비의 법칙이다."

생물학적 진화를 '사회적 다원주의'로 확대할 필연성은 존재하지 않았다. 그러나 자율적인 인간으로 하여금 자연주의적 과학을 통해서, 즉 닫힌 체계 속에서의 자연 원인의 제일성에 근거하여 모든 것을 설명할 수 있도록 하는 통일된 원리를 발견하려는 욕구 때문에 이들이 이렇게 한 것은 자연스러운 것이었다. 이 사실은 그들이 개체 사물, 개별자, 우주의 구체적인 것 그리고 인간 역사에 통일을 주려고 시도할 때 그 준거틀이 되었다.

『물리학과 정치학 : 정치 과학에 적용한 자연 선택과 유전의 원리에 대한 생각들』(Physics and Politics : Thoughts on the Application of Principles of Natural Selection and Inheritance to Political Science, 1872)에서 월터 배젓(Walter Bagehot, 1826-1877)은 스펜서보다 더 앞서 나아가 이런 개념들을 집단의 진보에 적용하였다. 그래서 이들 개념들은 인종 차별주의와 축적된 부의 무자비한 사용이 공인받고

독일 민족주의자, 반유대주의자로 국가 사회주의 독일 노동당(나치스) 총통을 지낸 아돌프 히틀러. "게슈타포의 지도자였던 하인리히 힘러는 자연의 법은 적자 생존의 진로를 취해야 한다고 공표했다. 그 결과는 가스실이었다. 아돌프 히틀러는 수없이 여러 번 기독교와 그 자비 개념은 약자를 지배하는 강자의 윤리로 대체되어야 한다고 공표했다."

'과학'이라는 미명하에 존경받도록 문을 열어 놓았다.

후에, 이 생각들은 더욱더 심각하나 필연적인 결론이었던, 독일 나치 운동이 생기는 데 영향을 주었다. 게슈타포의 지도자였던 하인리히 힘러(Heinrich Himmler, 1900-1945)는 자연의 법은 적자 생존의 진로를 취해야 한다고 공표했다. 그 결과는 가스실이었다. 아돌프 히틀러(Adolf Hitler, 1889-1945)는 수없이 여러 번 기독교와 그 자비 개념은 약자를 지배하는 강자의 윤리로 대체되어야 한다고 공표했다. 독일에서 나치주의 즉 국가 사회주의가 등장하는 데에는 확실히 많은 요인이 작용했다.

예를 들면, 기독교적 합의는 세속적인 합리주의적 철학과 낭만적 범신론 그리고 (합리주의를 신학 용어로 수용한) 대학교와 많은 교회의 자유주의 신학으로부터 공격을 받아 상실되었다. 따라서 성경적 기독교는 더 이상 독일 사회에 합의를 주지 않았다. 제1차 세계 대전 이후에 정치적 경제적 혼란과 도덕적 타락의 홍수가 독일에 밀어닥쳤다. 그래서 많은 요인이 그 상황을 만들었다. 그러나 그런 배경에서 상황을 정당화한 것은 적자 생존이었다.

나치 운동은 이런 사고방식의 마지막 결과가 아니었다. 좀 더 조용한 방법으로 그렇지만 아주 의미심장하게 오늘날 유전 공학의 옹호자들 가운데 일부가 같은 논증을 사용하여, 의학적 진보를 통해서 약자가 살아남아 더 약한 차세대를 낳지 않도록 해야 한다는 입장을 지지한다. 나아가 그들은 적자를 번식시키는 데에 유전 공학을 사용해야 한다고 주장한다. 인본주의는 인간을 자율적으로 만들기 시작했는데, 나타난 결과는 인본주의의 주창자들이 이상적으로 그렸던 것이 아니었다.

낙관론적이었던 이전의 철학적 견해들

과학에 등장한 변화를 살펴보았으므로, 이제 철학에 나타난 변화를 연구해 보자. 우리는 이미 이전의 철학적 견해들이 낙관론적이었음을 지적했는데, 그 이유는 그들이 사람은 오직 이성을 통해서 실재에 대하여 통일되고 참된 지식을 수립할 수 있고, 이런 일이 나타나면 그들은 우주에서 직면하는 모든 것에 대하여, 모든 사람과 사람의 모든 사고에 대하여 만족할 만한 설명을 할 것이라고 주장했기 때문이다.

이런 계통의 비기독교적 철학자의 역사를 우리는 다음과 같이 그려 볼 수 있다. 어떤 사람이 이렇게 말한다. "여기에 실재에 대한 통일되고 참된 지식을 줄 원이 하나 있다"(○). 다음 사람이 말하기를 "아니다!" 하고서 원에 가위표를 그린다(⊗). 그리고 나서 그는 "여기에 유일한 원이 있다."라고 말한다(○). 세 번째 사람은 말하기를 "아니다!" 하고서 그 원에 가위표를 그린다(⊗). 그리고 말하기를 "여기에 유일한 원이 있다."라고 한다(○). 그리고 그렇게 수세기가 지나갔다. 각자는 이전의 철학자들이 실패했음을 보이고 자신의 대답을 만들려고 노력했고, 뒤따르는 사상가는 다시 이전의 대답이 모든 지식과 모든 삶을 담기에 충분하지 않다는 점을 보여준다. 이전 세대의 철학자들은 유일한 원을 발견하지 못했지만, 그들은 낙관적으로 누군가가 발견하리라고 믿었다. 그때 가위표가 그려진 원들의 흐름이 무너지고 격렬한 변화가 일어났다. 바로 이 변화가 현대인을 현대인이게끔 만든 것이다.

많은 학자들이 르네 데카르트(René Descartes, 1596-1650)를 근대 철학의 아버지라고 하는데, 어느 누구도 그의 중요성을 과소평가해서는 안 될 것이다. 그러나 내가 생각하기에는, 그는 두 가지 이유 때문에 오히려 이전 시대의 철학자에 포함되어야 할 것 같다. 첫째, 그는 오직 인간의 사고에 의해 사람들은 권위 위에 서 있는 모든 지식을 의심할 수 있고 전적 충족성을 가지고 자신으로부터 시작할 수 있다("나는 생각한다. 고로 존재한다")고 궁극적으로 확신했다. 둘째, 그는 수학이 모델로서 모든 탐구에 통일성을 줄 것이라고 믿었다. 그는 수학과 수학적 분석에서 조심스럽게 연역하면, 수학과 수학적 분석이 모든 지식에 통일을 줄 어떤 요인을 제공할 것이라고 낙관했다. 철학적 사유는 하나의 흐름이므로, 확실히 데카르트는 다음에 나타날 것을 준비하는 데에 중요한 역할을 담당했다. 하지만 나의 견해로는 그 변화는 그 다음 세기인 18세기에 나타났다.

비관론적 견해로의 변화

네 사람이 이전 세대의 낙관론적 견해에서 이런 낙관론적 희망이 사라진 근대적 견해로 변하게 했다. 인본주의적 이상이 실패했기에 그런 변화가 생겼다. 원들이 제시되던 몇 세기가 지난 후, 자율적인 인간이 모든 지식과 모든 삶에 통일성을 가져다주리라는 인본주의적 기대는 궁지에 빠졌다. 사람들은 여러 가지로 변화된 동일한 대답의 주위를 거듭거듭 맴돌았는데, 그것은 마치 크고 어두운 둥근 방에서 출구를 찾으려고 돌아다니는 것과 같았고, 출구는 없다는 사실이 서서히 그들에게 뚜렷하게 드러나게 되었다. 이런 자각은 18세기에 이루어졌고, 그로써 인본주의적 인간의 입장이 낙관론에서 비관론으로 변화되었다. 그들은 통일된 대답을 향한 기대를 포기했다.

이 네 사람 가운데 누가 상대적으로 더 중요한가를 물어볼 수는 있지만, 이 네 사람의 영향력이 함께 (추종자들의 확산과 더불어) 발휘되었을 때, 오직 이성에 기초한 통일되고 참된 지식이라는 이전의 낙관론이 사라졌다. 이 사실은 서구 문화와 사회에 엄청난 여파를 끼쳐 길거리의 평범한 사람들까지도 그 영향을 받았다. 이 핵심적인 네 사람은 장-자크 루소(Jean-Jacques Rousseau, 1712-1778), 이마누엘 칸트(Immanuel Kant, 1724-1804), 게오르크 빌헬름 프리드리히 헤겔(Georg Wilhelm Friedrich Hegel, 1770-1831) 그리고 쇠렌 키에르케고르(Søren Kierkegaard, 1813-1855)였다.

인본주의의 새로운 형식

먼저, 살펴볼 장-자크 루소(Jean-Jacques Rousseau, 1712-1778)는 제네바 출신으로 프랑스어 사용권 스위스인이었다. 여러분은, 인간이 오직 자기 자신으로부터 출발했을 때, 개체 사물 즉 개별자와 그것들의 의미 사이의 긴장으로 인해 절정기 르네상스의 인본주의가 문제로 치달았던 사실을 기억할 것이다. 우리는 그 점을 아래와 같이 표현해 볼 수 있다.

개별자에게 의미를 주는 보편자

―――――――――――――――

인격체인 우리 각자를 포함한 개별자

루소의 시대까지 이 인본주의자의 문제는 더욱 발전하였다. 루소와 더불어 그 문제는 다르게 표현되었고, 우리는 그것을 다음과 같이 나타낼 수 있다.

자율적 자유

자율적 자연

이전의 인본주의자의 문제를 새로운 형식으로 표현한 이 공식은 두 부분으로 되어 있다.

첫째, 이성의 영역에서는 사람들이 모든 것뿐만 아니라 심지어 사람까지도 기계로 보는 위치로 점차 다가가게 될 것임을 의식한 사람들이 있었다. 레오나르도 다 빈치는 생애 말년에, 인본주의적으로 수학에서 출발하면 개별자들만 가지게 되고 결코 보편자나 의미에는 도달하지 못할 것이라는 사실을 예견했다. 인본주의 사상이 레오나르도가 예견했던 위치에 도달하는 데는 250여 년이 걸려 18세기에 이르러서야 나타났다. 이때 인간을 포함하여 모든 것은 기계였다.

둘째, 루소 자신은 특별히 사회, 정치적 생활 그리고 문화의 관점에서 그 긴장을 바라보았다. 그는 원시인, '고귀한 야만인'(noble savage)을 문명인보다 더 뛰어나게 생각했다. 그는 이렇게 썼다. "내가 믿기로 이미 증명한 바인데, 만일 사람이 본성상 선하다면, 그는 자신에게 낯선 어떤 것이 자신을 타락시키지 않는 한, 그와 같은 상태에 머물러 있다." 그는 1749년, 계몽주의가 이성과 예술과 과학을 강조하면서 사람들로 하여금 얻은 것보다 더 많은 것을 잃어버리게 했다는 결론을 내리고서 일종의 '회심'을 경험했다. 그리하여 그는 '진보'에 대한 신념을 포기했다.

루소의 자율적 자유 개념

루소와 그 추종자들은 이성을 깔보고 문명의 제약들을 악으로 보았다. "인간은 자유롭게 태어났으나, 도처에서 그는 쇠사슬에 얽매여 있다!" 루소는 원시적인 것을 순전한 것으로, 자율적 자유를 궁극적 선으로 보았다. 우리는 그가 옹호한 자유가 신이나 성경으로부터의 자유가 아니라 온갖 제약으로부터의 자유, 즉 문화로부터의 자유, 모든 권위로부터의 자유, 개인의 절대적 자유, 개인이 우주의 중심이 되는 자유였음을 이해해야 한다.

이론적으로 이 개인적인 자유는 '사회 계약'을 통해서 형성되는 '일반 의지'에 완전하게 반영될 것이다. 이 개념이 말하는 유토피아니즘은 프랑스 혁명의 공포 정치에서 보여지는데, 이 시기 동안 일반 의지의 정화(淨化) 운동은 개인의 자유 상실을 의미했을 뿐만 아니라 단두대의 통치도 의미했다. 사실 이런 문제점을 공포 정치에서만 볼 수 있는 것은 아니다. 이미 이런 사실은 루소의 글 속에 있었다.

루소의 자율적 자유 개념은 그가 개인에게서 사회로 옮아갔을 때 그의 제시 내용과 충돌하게 되었다. 『사회 계약론』(The Social Contract, 1762)에서 그는 이렇게 쓰고 있다. "사회의 협약이 공허한 구호로 끝나지 않으려면, 그 협약은 홀로 나머지 사람들에게 힘을 사용할 수 있도록 보장을 받아, 일반 의지에 복종하기를 거부하는 자는 누구나 전체에 의하여 거기에 복종하게 강제되도록 해야 한다. 이는 다름 아니라 그가 자유롭도록 강요당한다는 것을 뜻한다."

루소의 글에서건, 루소의 입장을 결론까지 이끌어 간 공포 정치에서건 상관없이 다시 한 번 인본주의적 유토피아니즘은 독재로 끝난다. '공포 정치의 왕'이었던 로베스피에르는 루소의 교조적 제자였고, 루소의 생각을 빌려 자신의 행동을 합리화했었다. 계몽주의와 프랑스 혁명이 루소와 갖는 관계를 생각할 때, 페르네에 있는 볼테르의 대저택 주 출입문 양편에 볼테르와 루소의 실물 크기 조상이 완벽하게 균형을 이루며 배치되어 있다는 사실을 주목해 보면 재미있다.

루소의 자유 개념은 여러 가지 형태로 나타났다. 예를 들어, 그의『고백록』(Confessions, 1782)에서 그는 최상의 교육은 사실상 교육의 부재라고 주장했다. 이 사실은 오늘날 큰 영향력을 발휘하고 있는 자기 표현(self-expression)에 대한 후대의 교육 이론에 영향을 끼쳤다.

사람은 누구나 모순을 가지고 있지만, 루소가 교육에 대하여 많은 글을 쓰는 동안 정부(情婦)에게서 난 다섯 아이들을 고아원으로 보내 버렸던 사실을 언급하지 않을 수 없다. 그의 개념은 정치관에서도 그랬지만, 개인적인 사생활에서도 유토피아적이다.

루소의 영향은 그의 산문 책자뿐만 아니라 그가 작곡한 오페라에 의해서도 나타난다. 『마을의 점쟁이』(Le Devin du Village, 1752)라는 작품은 프랑스 희가극의 형식이 형성되어 가는 데 있어서 중요한 역할을 담당했지만, 후기 작품 『피그말리온』(Pygmalion, 1775 상연)은 멜로드라마의 기초를 놓았다. "자연으로 돌아가자."라고 외친 루소는 저술과 회화에서 나타난 새로운 운동뿐만 아니라 당대 음악에도 꾸준히 영향을 미쳤다.

『루소와 혁명』(Rousseau and Revolution, 1967)에서 윌 듀랜트(Will Durant, 1885-)와 에어리얼 듀랜트(Ariel Durant, 1898-)는 루소를 근대 사상에 가장 중요한 영향을 끼친 인물로 묘사하면서 서두부터 그를 다룬다. 나는 그들이 이런 입장을 취한 것이 옳다고 본다. 루소는 그를 따랐던 사람들의 사상과 생활에 심대한 영향을 끼쳤다. 그의 사고방식은 많은 면에서 우리 시대의 사고방식에 영향을 미쳤다. 이런 이유로 나는 칸트, 헤겔 그리고 키에르케고르보다 그의 개념과 영향력에 대해 더 많은 시간을 할애하려고 한다.

프랑스 페르네의 볼테르 저택에 소재한 볼테르와 루소의 조각상(상단). 볼테르 저택 전경(하단). "루소의 글에서건, 루소의 입장을 결론까지 이끌어 간 공포 정치에서건 상관없이 다시 한 번 인본주의적 유토피아니즘은 독재로 끝난다. '공포 정치의 왕'이었던 로베스피에르는 루소의 교조적 제자였고, 루소의 생각을 빌려 자신의 행동을 합리화했었다. 계몽주의와 프랑스 혁명이 루소와 갖는 관계를 생각할 때, 페르네에 있는 볼테르의 대저택 주 출입문 양편에 볼테르와 루소의 실물 크기 조상이 완벽하게 균형을 이루며 배치되어 있다는 사실을 주목해 보면 재미있다."

보헤미안적 이상

루소의 자율적 자유 개념은 보헤미안의 이상으로 나아가는데, 이 이상에 따르면 영웅은 사회의 모든 기준, 가치 그리고 제약과 싸우는 사람이다. 자코모 푸치니(Giacomo Puccini, 1858-1924)는 자신의 가장 인기 있는 오페라 『라 보엠』(La Bohème, 1896)에서 이런 이상을 표현했다. 그리고 최근 우리 시대에도, 이런 보헤미안적 이상은 1960년대 히피 세계의 진면목에 실감나게 이어져 있는 요소였다.

그러나 루소는 혼자가 아니었다. 영국 스코틀랜드의 철학자 데이비드 흄(David Hume, 1711-1776)이 정확히 같은 시기에 활동하고 있었다. 그도 역시 이성은 진리를 인식하는 한 방법에 불과하다고 비판하고 인간의 경험과 감정의 중요성을 변호했다. 이성을 인식의 한 방법으로 비판하면서, 흄은 인과 개념 자체의 실재성을 의심했다. 흄은 영국 철학과 뒤에 우리가 다룰 독일 철학자 이마누엘 칸트에게 널리 영향을 끼쳤다.

루소의 흐름 속에 서 있는 자들을 살펴볼 때, 우리는 독일의 시인이자 철학자인 요한 볼프강 폰 괴테(Johann Wolfgang von Goethe, 1749-1832)를 고찰해야 한다. 괴테는 자연과 진리를 같은 것으로 보았다. 괴테는 자연을 성경과 바꾼 것이 아니었다. 그에게 자연은 곧 하나님이었다. 여기서 우리는 이 당시의 사고 흐름을 대부분 장악했던 모호한 범신론을 보게 된다. 괴테는, 심지어 개별자들이 실로 모순될지라도, 실재 속에서 발견된 모든 개별자에 대한 보편자를 찾으려는 의식적인 시도에서 범신론자가 되었다. 예를 들면, 유난히 좋은 포도주가 많이 난 해에 프랑스 혁명의 잔학성이 드러나지 않았던가! (솔직한 유물론 대신에 모호한 범신론의 방향을 취한) 자신의 자연주의를 통해서 괴테는 낭만적으로 인간에게 고유한 어떤 자리를 남겨 두기를 바랐다. 괴테가 표현한 바에 따르면, 자연이 모든 인간의 판단에 대한 궁극적 권위인 것이다.

『캄파냐에서의 괴테』, 요한 하인리히 빌헬름 티슈바인 作. "루소의 흐름 속에 서 있는 자들을 살펴볼 때, 우리는 독일의 시인이자 철학자인 요한 볼프강 폰 괴테를 고찰해야 한다. 괴테는 자연과 진리를 같은 것으로 보았다. 괴테는 자연을 성경과 바꾼 것이 아니었다. 그에게 자연은 곧 하나님이었다. 여기서 우리는 이 당시의 사고 흐름을 대부분 장악했던 모호한 범신론을 보게 된다."

모든 창조물은 자연의 가슴에서 즐거움에 도취되도다

루소에게 영향을 받은 낭만주의는 독일에서 괴테, 요한 크리스토프 프리드리히 폰 실러(Johann Christoph Friedrich von Schiller, 1759-1805) 그리고 고트홀트 에프라임 레싱(Gotthold Ephraim Lessing, 1729-1781)과 더불어 탄생했다. 이들은 루소를 따라가기 전에는 계몽주의의 추종자였다. 이성은 계몽주의의 영웅이었고, 감정은 낭만주의의 영웅이었다. "모든 창조물은 자연의 가슴에서 즐거움에 도취되도다."라는 실러의 시행은 이 파의 생각을 적절하게 요약해 준다.

베토벤(Ludwig van Beethoven, 1770-1827)도 이 흐름을 따라서 음악으로 표현했다. 베토벤의 음악은 그 이전 어느 작곡자의 음악보다도 더 직접적으로 자신의 개성을 표현했다는 인상을 준다. 우리는 이미 그 음악에서 현대인의 자기 표현이 강조된 것을 느낀다. 베토벤의 후기(1825-1826) 현악 사중주곡들은 20세기 음악으로 가는 문을 열었다.

영국의 낭만주의 시인, 윌리엄 워즈워스(William Wordsworth, 1770-1850)와 새뮤얼 테일러 콜리지(Samuel Taylor Coleridge, 1772-1834)도 같은 흐름에 속해 있었다. 워즈워스는 학문보다는 인간의 본능에서 자신의 가치를 발견했다. 영국의 화가 존 컨스터블(John Constable, 1776-1837)은 나무와 구름을 그렸을 뿐만 아니라 자신이 보았던 자연을 우주의 도덕적 웅장함이라는 개념에 연결지었고, 그래서 '뒤집혀진 책상들'(The Tables Turned)에서 다음과 같이 쓴 워즈워스를 흉내 내었다.

봄 숲에서 흘러나온 어떤 충동이
사람의 더 많은 점을
죄악과 선의 더 많은 점을 네게 가르치나니
이는 모든 현자보다 더하네.

이 점은 루소의 '고귀한 야만인'이라는 개념, 즉 자연적인 것은 도덕적으로 선하다는 개념을 또한 흉내 내고 있다.

자연을 도덕의 기초로 삼으려는 시도의 문제

자연을 도덕의 기초로 삼으려는 시도는 또한 시민법의 영역에서도 나타났고, 이를 일러 자연법 학파라고 한다. 그 영향을 우리는 여전히 법학에서 강하게 느끼고 있다. 18세기에는 '하나님이 없을지라도' 법의 원칙을 가지려는 시도가 있었다. 이들 법학자들은 완전하고 완결된 법체계를 자연법의 원리에서 구성할 수 있다고 생각했다. 그러나 법체계를 자연 위에 세우려는 데에는 심각한 문제가 있었다. 자연은 잔인하지 않기도 하지만 동시에 잔인하기 때문이다.

프랑스 화가이며 루소의 추종자인 고갱(Paul Gauguin, 1848-1903)이 직면했던 딜레마를 살펴보라. 그는 완전한 자유를 찾기 위해 가족을 버리고 타히티섬으로 가서 고귀한 야만인 속에서 자유를 찾으려고 했다. 잠시 타히티에서 살아 보고 그는 고귀한 야만인의 이상은 허구에 지나지 않음을 발견했다.

보스턴 미술관에 걸려 있는 그의 마지막 위대한 그림 『우리는 어디서 왔는가? 우리는 무엇인가? 우리는 어디로 가는가?』(Whence Come We? What Are We? Whither Do We Go?, 1897-1898)에서 그는 인간은 자신 안에서는 궁극적인 해답을 가지지 못한다는 것을 보여주었다. 이러한 사실은 원시인에게서처럼 문명인에게도 마찬가지로 적용된다. 고갱은 제목을 그림에 그려 넣어 누구도 그 의미를 그냥 지나치지 못하게 했다. 그는 작업하는 동안에 그림에 대하여 글을 썼고, 그것을 철학적 작품이라고 부르고 복음과 견줄 수 있는 것이라고 했다.

그러나 '복음'이라니! 그림을 보면 늙은 원시인 여자가 죽어 가고 있다. 그

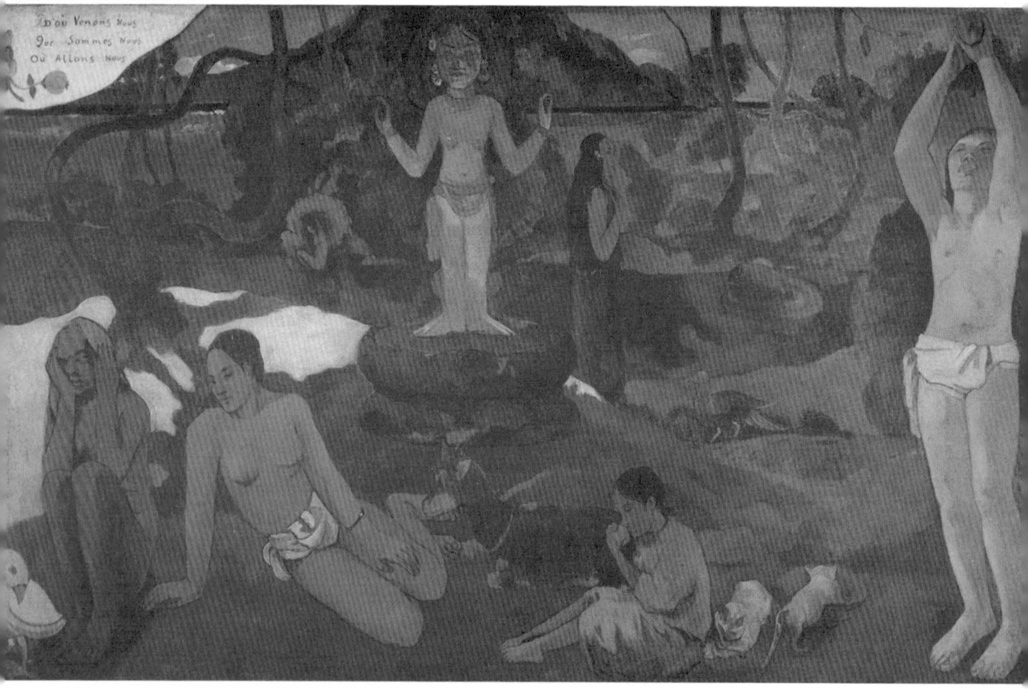
D'où Venons Nous
Que Sommes Nous
Où Allons Nous

D'où Venons Nous
Que Sommes Nous
Où Allons Nous

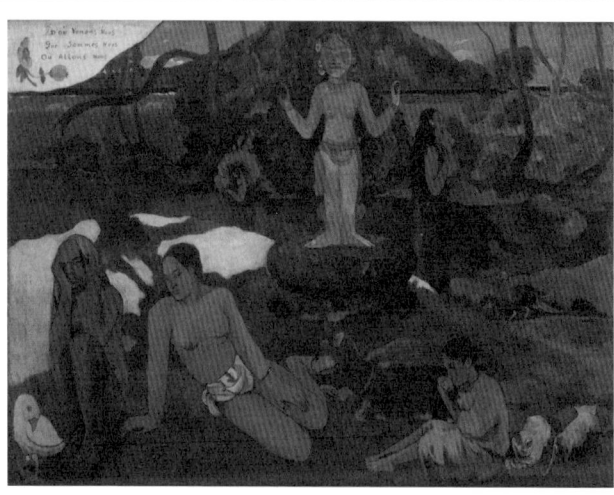

「우리는 어디서 왔는가? 우리는 무엇인가? 우리는 어디로 가는가?」, 폴 고갱 作. "프랑스 화가이며 루소의 추종자인 고갱은 완전한 자유를 찾기 위해 가족을 버리고 타히티섬으로 가서 고귀한 야만인 속에서 자유를 찾으려고 했다. 잠시 타히티에서 살아 보고 그는 고귀한 야만인의 이상은 허구에 지나지 않음을 발견했다. 그의 마지막 위대한 그림「우리는 어디서 왔는가? 우리는 무엇인가? 우리는 어디로 가는가?」에서 그는 인간은 자신 안에서는 궁극적인 해답을 가지지 못한다는 것을 보여주었다."

리고 고갱은 친히 조르주-다니엘 드 몽프레드(George-Daniel de Monfreid, 1856-1929)에게 보내는 편지에서 이렇게 쓰고 있다. "우리는 어디로 가는가? 한 늙은 여인의 죽음이 임박한 것을 안 이상하고 어리숙한 어떤 새가 이렇게 결론을 내린다. 우리는 무엇인가? 오 슬픔이여, 그대는 나의 주인이라. 운명이여, 그대는 얼마나 잔인한가. 나는 언제나 패배하면서도 반항하노라." (루소와 고갱에게는 '당위'였던 인간의 제한 없는 자유를 발견하려고 찾아갔던) 타히티섬에서 고갱이 발견한 것은 죽음과 잔인함이었다. 그는 이 그림을 끝내고 자살을 시도했으나 성공하지 못했다.

다른 방법으로 자연을 도덕적 기준으로 삼는 것의 문제를 예시하기 위해서 우리는 사드 후작(Donatien Alphonse François, marquis de Sade, 1740-1814)을 살펴볼 수 있는데, 그는 자연의 신격화의 필연적 결론이 무엇인지 잘 이해했다. 그는 만일 자연이 전부이면 존재하는 것이 모두 옳기 때문에 더 이상 말할 수 있는 것이 없다는 것을 알았다. 이 사실의 자연적인 결과는 그의 '사디즘'(sadism), 특히 여성에 대한 그의 잔인성이었다. 그는 『신(新)쥐스틴』(La Nouvelle Justine, 1791-1797)에서 이렇게 썼다. "자연이 우리 남자들을 가장 강한 자로 만들었으므로, 우리는 여자를 우리가 기뻐하는 대로 다룰 수 있다." 여기에는 도덕적 차별이나 가치 체계가 없다. 존재하는 것은 옳다. 그래서 도덕이나 법의 기초는 없다.

네덜란드의 종교 개혁 화가들이 첫째로 인격적이고 선하신 하나님이 지으신 자연과 둘째로 타락 때문에 나타난 현재 자연의 비정상성이라는 두 가지 부분으로 된 틀 속에서 그림을 그렸기 때문에 삶의 단순한 사물들을 즐겨 그렸던 점과, 지금의 자연을 가지고 선의 기준으로 삼는 것은 전혀 다른 것이다. 왜냐하면, 만일 존재하는 대로의 자연이 인간이 삶을 살아가는 데에 취하는 기준이라면, 잔인함은 잔인하지 않음과 동일한 것이 되기 때문이다.

다시금 루소의 자율적 자유 개념은 시간이 지나감에 따라 점차로 지배적이었던 어떤 결론과 정면으로 충돌하게 되었다는 점을 우리는 언급해야겠다. 오직 자신의 이성에 기초하여 합리주의적 입장을 취했던 사람들은 점차로 인간을 포함하여 모든 것이 기계라고 결론지을 수밖에 없었다는 사실이 분명해졌다.

그러나 우리는 모든 것이 기계라는 개념과 개인이 자유를 가진다는 이상을 동시에 취할 수 없다. 그래서 (오직 이성에 기초를 둔) 실재의 통일된 지식이라는 개념은 (이전의 거의 모든 사상가들이 자신의 이상으로 삼았던 바이지만) 커다란 압력을 받게 되었다. 루소와 그 추종자의 시대에 이르러서는 그 개념(모든 것을 기계로 보는 것과 인간의 자율적 자유)이 나누어져서 다른 방향으로 진행해 가는 경향이 있었다.

현상계와 본체계의 단절

이전 철학의 낙관론적 견해에서 희망을 잃어버린 근대적 관점으로 변화를 인도하여 갔던 핵심적인 네 사람 가운데 두 번째 인물은 독일 철학자 이마누엘 칸트(Immanuel Kant, 1724-1804)이다. 그의 책 중 당대와 그 이후 사상에서 매우 중요하게 된 것으로는 『순수 이성 비판』(Critique of Pure Reason, 1781), 『실천 이성 비판』(Critique of Practical Reason, 1788) 그리고 『판단력 비판』(Critique of Judgment, 1790) 등이 있다. 그는 자신의 시대의 문제를 루소와 다르게 표현했지만, 문제는 역시 동일한 문제였다.

본체계 – 가치와 의미의 개념들

현상계 – 측정되고 무게를 잴 수 있는 세계, 외부 세계, 과학의 세계

칸트 역시 이 두 세계를 결합하려고 노력했다. 사실상, 위에서 언급한 세 권의 책(특히 『판단력 비판』) 대부분이 이 문제를 풀려고 애썼지만, 칸트는 루소와 같이 통일을 이룰 길을 전혀 찾지 못했다. 그의 책과 더불어, 통일된 지식에 대한 희망은 두 부분으로 갈라져 결코 서로 관련을 갖지 못할 지경에 처했다. 르네상스에 발생한 개체 사물, 개별자 대 의미와 가치라는 인본주의의 딜레마는 이제 폭발할 지경에 이르렀다. 오직 인간에게서 시작해서는 현상계와 본체계를 연결할 길이 없었다.

루소의 추종자들로부터 시작된 낭만주의는 탈출할 길이 있을지도 모르겠다는 강력한 소망으로 더욱 발전하였다. 자신으로부터 출발하는 사람들은 이성으로 모든 것에 타당한 통일된 해답을 발견하려는 이전 비기독교적 철학자들의 희망을 결국 포기해야 됨에도 불구하고 말이다.

변증법적으로 전개되는 우주와 인간의 우주 이해

중요한 네 사람 가운데 세 번째 사람은 또 한 명의 독일 철학자 게오르크 빌헬름 프리드리히 헤겔(Georg Wilhelm Friedrich Hegel, 1770-1831)이었다. 그의 가장 중요한 책은 『정신 현상학』(The Phenomenology of Mind, 1807), 『논리학』(Science of Logic, 1812-1816), 『철학 강요』(Encyclopaedia of the Philosophical Sciences, 1817) 그리고 『법철학』(Philosophy of Right, 1821) 등이다. 그의 저술을 보면 그는 분명히 본체계와 현상계를 통일해야 할 필요성을 이해했다. 그는 뒤 이어 나오는 복잡한 종교적 개념으로 이 문제와 씨름했지만, 실상 그가 우리에게 남겨 놓은 것은 종교적 언어의 범람일 뿐이다. 우리는 발터 카우프만(Walter Kaufmann, 1921-)이 『헤겔 : 재해석, 본문 그리고 주석』(Hegel : Reinterpretation, Texts, and Commentary, 1965)에서 언급한 헤겔의 말을 생각해 볼 수 있다. "개념이 아닌 황홀경이, 차다차게 진행되는 주제의 필연성이 아니라 뜨거운 열정이 실체의 광범위한 풍부함에 도달하는 가장 좋은 자세이며 안내자라고 할 수 있다."

헤겔의 복잡한 체계는 국가의 중심성과 역사의 흐름을 크게 강조한다. 『이웃 우주』(The Universe Next Door, 1976)에서 제임스 사이어(James W. Sire, 1933-)는 프레더릭 코플스턴(Frederick Copleston, 1907-)의 『철학사』(A History of Philosophy, 1963) 제7권에 있는 헤겔 연구를 요약하고 있다. 이 요약이 아주 간결해서 인용하고자 하는데, 이는 코플스턴의 설명이 전부 인용하기에는 너무 길기 때문이다. "헤겔에 따르면, 우주는 꾸준히 발전하고 있으며 인간의 우주에 대한 이해도 그렇다. 실재에 대한 한 명제로는 상황이 어떠함을 참되게 반영할 수 없다. 오히려 어떤 명제의 진리의 핵심에서 우리는 그 반대 내용을 발견한다. 이 반대가 인식될 때 이것은 전개되어 정립에 대립하여 선다. 그러나 정립(定立)과 반립(反立) 모두에 진리가 있고, 이것이 파악될 때, 종합(綜合)이 형성되며 새로운 명제가 새롭게 인식된 상황의 진리를 말해 준다. 그러나 이제 이것이 다시 그 자신의 모순을 담고 있는 것이 발견되고 이 과정은 무한히 진행한다. 그래서 우주와 인간의 우주 이해는 변증법적으로 전개된다. 간략하게 말하자면, 우주는 우주의 의식 곧 인간과 더불어서 진화한다."

그 결과는 가능한 모든 개별적 입장이 사실상 상대화한다는 점이다. 물론 이 말은 헤겔의 전체 입장을 너무 단순화한 것이긴 해도, 이런 입장은 진리가 반립보다는 종합에서 발견될 수 있다는 생각에 이르게 하였다. (어떤 사물은 참되고 그 반대는 참되지 않다는) 반립 대신에 진리와 도덕적 정당성은 역사의 흐름, 즉 그것들(진리와 도덕적 정당성)의 종합에서 발견될 것이다.

이 개념은 철의 장막 저편에서만 승리를 거둔 것이 아니라, 이편에서도 마찬가지로 승리를 거두었다. 오늘날 철학에서뿐만 아니라 정치학, 정치 체제 그리고 개인 윤리에서조차 우리 세대는 절대가 아닌 종합의 관점으로 해결책을 모색하고 있다. 이런 일이 생길 때, 사람들이 항상 진리라고 생각하여 왔던 진리는 죽어 버린다.

비이성의 영역에 놓인 낙관론

핵심적인 네 사람 가운데 마지막 인물은 덴마크 사람인 쇠렌 키에르케고르(Søren Kierkegaard, 1813-1855)였다. 그는 신앙 서적과 철학 서적을 함께 저술했다. 철학 서적으로는 『이것이냐 저것이냐』(Either / Or, 1843), 『철학적 단편들』(Philosophical Fragments, 1844) 그리고 『결론적인 비학문적 후기』(The Concluding Unscientific Postscript, 1846) 등이 있다.

학자들 간에는 키에르케고르를 기초로 해서 체계를 세운 세속 사상가와 종교 사상가들이 그를 정당하게 평가했는지에 대하여 논란이 계속되고 있다. 그러나 이들 세속적 키에르케고르주의와 종교적 키에르케고르주의라고 부를

실존주의 철학의 선구자로 평가받는 덴마크의 철학자이자 신학자, 쇠렌 키에르케고르. "학자들 간에는 키에르케고르를 기초로 해서 체계를 세운 세속 사상가와 종교 사상가들이 그를 정당하게 평가했는지에 대하여 논란이 계속되고 있다. 그러나 이들 세속적 키에르케고르주의와 종교적 키에르케고르주의라고 부를 수 있는 것으로 말미암아 이성은 항상 비관론에 도달할 것이라는 생각이 만연하게 되었다. 즉 사람들은 이성 바깥의 '상층부'에서 의미와 가치에 관한 낙관론적 해답을 얻으려고 노력해야 한다는 것이다. '신앙의 도약'을 통해서 사람들은 이성 없이 의미를 발견하려고 애써야 한다."

수 있는 것으로 말미암아 이성은 항상 비관론에 도달할 것이라는 생각이 만연하게 되었다. 즉 사람들은 이성 바깥의 '상층부'(upper level)에서 의미와 가치에 관한 낙관론적 해답을 얻으려고 노력해야 한다는 것이다. '신앙의 도약'을 통해서 사람들은 이성 없이 의미를 발견하려고 애써야 한다.

여러분은 절정기 르네상스에서, 인본주의자가 오직 자신으로부터 시작했을 때 사물의 의미나 가치 그리고 도덕의 절대적 의미나 가치에 대한 문제를 가지고 있었음을 기억할 것이다. 루소와 더불어 이 문제는 자율적 자유 / 자율적 자연의 문제가 되었다. 칸트와 더불어 이 문제는 본체계 / 현상계의 문제가 되었다. 이제 키에르케고르주의와 더불어 이 문제는 한 단계 더 나아가 다음과 같이 되었다.

비이성 = 신앙 – 낙관론

이성 = 비관론

그래서 이제 낙관론은 항상 비이성의 영역에 있게 될 것이다.

현대인은 이분화된 인간이다. 이분화라는 말은 두 가지가 아무런 통일이나 관련 없이 서로 배타적인 질서로 완전히 나뉨을 뜻한다. 여기서 이분화는 의미와 가치 영역 그리고 이성의 영역 사이의 완전한 분리이다. 절망으로 이끄는 이성은 비이성의 맹목적 낙관론에서 전적으로 분리되어야 한다. 이로써 하층부와 상층부가 형성되어 이성의 하층부는 비관론에 이르고 사람들은 이성이 없는 상층부에서 낙관론을 발견하려고 한다.

이 시점에서 사람들은 (이성의 세계와 의미와 가치의 세계 사이의 통일성을 유지하리라는 낙관론적 희망을 가졌던) 이전 합리주의적 사상가를 뒤에 두고 떠나게 되었다. 이런 특징이 현대인의 특징이다.

만물은 우연의 산물이라는 현대의 개념

우리 시대에 인본주의적 이성은 인간을 포함하여 모든 것을 포괄하는 우주 기계만 존재한다고 주장한다. 이 견해를 취하는 자들에게는 모든 사람과 사람이 하는 모든 일이 어떤 결정론의 형태, 행동주의의 어떤 유형 그리고 환원주의의 어떤 유형으로 설명된다. 결정주의니 행동주의니 하는 용어는 사람이 생각하고 행하는 모든 것이 기계적인 방식으로 결정되고 자유나 선택의 느낌은 환상이라는 사실을 함축한다. 환원주의의 한 형식은 사람이 자신의 몸을 이루는 가장 작은 소립자로 환원된다고 설명한다. 사람은 더 복잡하지만 본질적으로는 다르지 않은 분자나 에너지 소립자로 보여질 따름이다.

이 점이 가장 분명하게 표현되는 것을 들은 것은, 내가 멕시코 아카풀코에서 강의하고 있을 때였다. 하버드 대학교 화학 교수인 조지 월드(George Wald, 1906-)가 거기서 동일한 학생들에게 강의를 하고 있었다. 그는 인간을 포함하여 모든 사물은 단지 우연의 산물일 뿐이라는 현대의 개념을 강력하게 설명했다. 그는 거듭거듭 분자에서 시작하여 인간으로 끝나는 모든 사물은 결국 우연의 산물일 뿐이라고 강조를 한 후에 이렇게 말했다. "400년 전 『햄릿』(Hamlet)을 저술한 셰익스피어(William Shakespeare, 1564-1616)라는 분자의 덩어리가 있었다." 이 이론에 따르면, 그것이 인간이 될 수 있는 전부이다. 사람들은 자신만만한 인본주의에서 출발하여 자신을 자율적으로 만들고자 했지만, 더 위대해지기는커녕 자신이 분자의 덩어리로 끝나고 말았음을 발견할 뿐이었고, 그 이상 아무것도 없었다.

모든 것이 어디에서 시작되었는가

이 모든 것은 기원의 문제와 연결된다. 모든 것이 어디에서 시작되었는가?

궁극적으로 이 질문에 답할 수 있는 대답이 많지 않다.

첫째로, 모든 것이 무에서, 즉 실제의 무, 즉 내가 무의 무(nothing-nothing)라고 부르는 것에서 나왔다고 말할 수 있다. 이 사실은 한때 물질도, 에너지도, 운동도, 인격도 없었다는 것을 의미한다. 이것은 이론적으로는 가능하지만, 나는 어느 누구도 이런 견해를 취하는 것을 듣지 못했는데, 이는 그것이 생각할 수 없는 것처럼 보이기 때문이다. 그러므로 만일 모든 것이 무의 무에서 나왔다고 주장하지 않는다면, 무엇인가가 항상 존재해 왔다는 결론이 나온다.

둘째로, 인격에서 출발했을 가능성이 있다. 즉 다른 모든 것은 우주가 이전에 어떠한 형식으로도 존재하지 않았을 때 우주(시공간의 연속체)를 만들 수 있는 어떤 인격체에 의해서 만들어졌다는 것이다. 이것은, 인격체가 이전에 존재했기 때문에 무의 무에서 나온 것이 아니다.

셋째로, 비인격에서 출발했을 가능성이 있다. 즉 형태에 있어서는 현재 우리가 알고 있는 것과 아주 다르다 하더라도, 어떤 형태의 비인격체가 영원히 존재하고 있다는 것이다. 이와 같은 비인격적 출발이라는 생각에는 많은 종류가 있고, 거기에는 하나님을 궁극적 비인격체를 뜻하는 말로 사용하는 범신론 같은 것도 있다. 이 입장을 설명하는 데 있어 범신론보다 더 정확한 말은 범만물주의(pan-everythingism)이다. 범신론이라는 말은, 정의에 따르면 인격체를 배제하지만 그래도 인격체를 은근히 함축한다. 더욱 현대적인 사상에서는 모든 것이 원자나 분자 혹은 에너지 소립자의 비인격성에서 출발한다. 그래서 모든 것, 즉 생명과 인간을 포함한 모든 것은 그것(원자 등)에서 우연히 등장한다.

이 사실은 실로 아주 흥미로운 점인데 프랑스 화학자인 루이 파스퇴르(Louis Pasteur, 1822-1895)가 당시에 공인되었던 생명의 자연적 발생이라는 개념, 즉 생명체가 언제나 비생명체에서 생성된다는 개념이 불가능하다고 증명했기 때문이다. 1864년 파스퇴르는, 비생명체가 저온 살균 처리된다면 거기서는 생명체가 나타날 수 없음을 보였다. 다른 말로 하면, 이전에 받아들였던 비생명체에서 생명체가 자연적으로 발생했다는 주장은 잘못되었고, 생명은 언제나 생명체에서 나온다는 것이다. 저온 살균법으로 생명의 모든 요소를 없앴을 때, 그 죽어 있는 것에서는 어떤 생명체도 나오지 않았다. 그러나 같은 시대의 사람들은 새로운 요소, 즉 긴 시간 범위를 추가하여 생명의 자연적 발생의 개념으로 되돌아갔다.

우주의 전체 윤곽과 그 속에 있는 모든 것을 만들어 낸, 비인격적인 것+시간+우연이라는 방정식을 현대인들은 신앙으로 붙잡고 있다. 그리고 누군가 신앙으로 이 사실을 받아들인다면, 그에게 남는 최종의 가치는 무엇인가? 조지 월드는 아카풀코에서 한 강의에서 오직 한 가지의 궁극적인 가치를 언급하고 끝맺었다. 그것은 영국 철학자 버트런드 러셀(Bertrand Russell, 1872-1970)이 남긴 것과 똑같은 것이었다. 러셀과 월드에게 그리고 다른 많은 현대 사상가에게 궁극적 가치는 인간 종족의 생물학적 연속성이다. 만일 이것이 유일한 궁극적 가치라면, 이것이 왜 중요한지를 사람들은 의심하게 된다.

비이성적인 상층부로의 도약

이제 절정기 르네상스와 계몽주의의 인간의 자신만만함에서 현대의 절망에 이르기까지 여행을 했으므로 우리는 현대인이 지금 어디 있는지 이해할 수 있다. 현대인에게는 인격적 하나님이 들어설 여지가 없다. 동시에 그들에게는 본래의 인간, 혹은 사랑, 자유, 의미가 들어설 여지도 없다. 이 사실은 핵심적인 문제를 갖고 온다. 인간 자신으로부터 시작하여 사람들은 인간이 단지 기계일 뿐이라고 주장한다. 그러나 이 입장을 취하는 자들도 기계처럼 살 수는 없다. 만일 그들이 그렇게 할 수 있다면, 지적인 입장이나 그들의 삶에서 아무런 긴장도 가지지 않았어야 했다. 자신이 기계라고 믿는 자들까지도 기계처럼 살 수 없었다. 그래서 그들은 이성에 반대하여 상층부로 도약해야 했고, 그렇게 하려면 자신의 이성을 부인해야 하지만 그렇게 해서라도 삶에 의미를 주는 것을 발견하려고 했다.

이런 해결책은 레오나르도 다 빈치와 르네상스 시대 사람들이, 레오나르도와 같이 의기소침하여 차라리 자신의 사고를 중단하고 말지언정, 결코 받아들일 수 없었던 해결책이었다. 그들은 그렇게 하지 않으려 했고, 그 이유는 이렇게 의미와 가치를 이성에서 분리하는 것을 지적 자살로 보았기 때문이다. 그리고 그들은 옳았을지도 모른다. 그런 해결책은 지적 자살이다. 그러므로 우리는 인간 이성의 충족성에 대한 자긍심을 출발점으로 삼으면서도 그런 입장을 취하는 자들에 대해서 그들의 지적인 진실성을 의심해 볼 수 있을 것이다.

제8장 철학과 과학에서의 붕괴 | 연구 문제

1. 보편자, 절대적인 것이 왜 그렇게 중요한가? 언어, 존재 의미, 도덕, 실존, 인식론과 관련시켜 설명해 보라.

2. 그리스 시대부터 현대 직전까지의 비기독교 철학자들이 공통적으로 인정했던 세 가지 사항이 무엇인가? 이런 관점에서 볼 때 근대 철학의 아버지 데카르트는 어떻게 평가되는가?

3. 근대에서 현대로 바뀌면서 자연에 대한 이해가 어떻게 변화되었는지 설명해 보라. 현대의 새로운 자연관은 자연 과학의 연구 결과인가? 아니라면 왜 그렇게 변화되었는가?

4. 유물론의 기본적인 주장은 무엇인가? 우주를 그렇게 이해할 때 하나님과 인간에 대해 어떤 결론이 나오는가?

5. 자연을 이렇게 이해할 때 생물학에서는 어떤 이론이 나오게 되었는가? 또 인간과 사회에 대해서는 어떤 설명이 나왔는가?

6. 루소의 '고귀한 야만인'을 설명해 보라. 그의 자유관이 교육론에서는 어떻게 나타나는가? 그의 이런 인간관이 근대적인 인간관과 어떻게 다른지 설명해 보라. 또 그의 사상이 후대에 어떤 식으로 영향을 끼쳤는지 예를 들어 설명해 보라.

7. 루소의 자유 개념은 당시의 자연 이해와 어떻게 상충되었는가? 칸트는 이 문제를 어떻게 해결하려 했는가? 그는 성공했는가?

8. 다음 설명 중 헤겔의 철학과 일치하는 것과 일치하지 않는 것을 구별해 보라.

　　한 명제는 실재에 대한 진리를 제공할 수 있다. (　)
　　그것의 이유는 세계와 세계에 대한 인간의 이해가 끊임없이 변하기 때문이다. (　)
　　한 명제는 그 반대를 내포한다. (　)
　　한 명제와 그 반대 명제는 둘 중 하나만 참이다. (　)
　　한 명제와 그 반대 명제는 종합되어 보다 고차의 진리를 포함한다. (　)
　　세계와 인간의 인식은 이런 식으로 변증법적으로 발전한다. (　)
　　이런 헤겔 철학의 결과는 허무주의, 회의주의, 상대주의, 절대주의 중 어디에 해당되는가? (　)

9. 키에르케고르의 이분법이란 무엇인가?

10. 현대인들의 이분법(실존주의적 방법론)을 설명해 보라. 이성의 관점에서 보면 인간을 포함한 자연은 어떤 존재로 나타나는가? 이성의 영역에서는 의미를 찾을 수 없으므로 현대인들은 어디에서 의미를 찾으려고 하는가? 예를 들어 설명해 보라.

만일 하나님이 죽었다면, 하나님이 해답과 의미를 주는 모든 것이 죽은 것이 된다. 그리고 이것은 세속인이건 현대 신학자이건 간에 "하나님은 죽었다."라고 말하는 사람에게 참이다. 또한 그것은 현대 신학자가 "하나님은 죽었다."라고 말하거나 하나님은 죽었다고 말하는 신학자에게는 반대하지만 여전히 실존주의적 방법론을 사용하거나 간에 마찬가지로 옳은 것이다. 바로 그에게 남은 것은 하나님에 관한 모든 내용이 죽었다는 것과 인격적인 하나님에 대한 모든 확신이 죽었다는 것뿐이다. 인격적인 하나님이 없으면 모든 것은 죽은 것이다. 그러나 인간은 침묵하지 않고 말씀하셨던 무한한 인격적인 하나님의 존재에서 그리고 영원까지 계속되는 개인의 생명의 존재에서 발견될 수 있는 의미를 향해 울부짖는다. 그래서 니체의 말은 심오하다. "그러나 모든 쾌락은 영원을 찾는다. 깊고 심오한 영원을."

제9장

현대 철학과 현대 신학

실존주의 철학자들이 비이성의 영역에 두었던 것들

현대인들은 어떻게 해서든지 의미와 가치에 대한 낙관론을 얻기 위해 사물들을 상층부인 비이성의 영역에 두었다. 먼저 세속 실존주의 철학자들이 삶에서 의미를 발견하려고 상층부에 두었던 내용을 고찰해 보자.

아마도 가장 유명한 실존주의자는 장-폴 사르트르(Jean-Paul Sartre, 1905-)일 것이다. 그는 이성의 영역에서는 모든 것이 부조리하지만, 그럼에도 사람은 의지의 행동으로 진정한 자기를 실현할 수 있다고 주장했다. 즉 모든 사람은 관찰자의 입장을 버리고 목적 없는 세상에서 행동해야 한다. 그러나 사르트르가 본 대로, 이성이 이러한 진정한 자기실현에서 분리되었기 때문에 의지는 어떤 방향으로든지 작용할 수 있다. 이런 가르침에 근거하여 여러분은 야밤에 가련한 늙은 여인을 도와서 길 안내를 하거나 차를 몰아서 그 여인을 치거나, 어떤 방식으로든 여러분 자신을 실현할 수 있다. 거기에는 이성이 포함되지 않으며, 여러분의 의지가 어떤 방향을 취해야 할지를 여러분에게 보여줄 수 있는 것은 아무것도 없다.

프랑스 실존주의의 양대 지도자 가운데 한 사람으로서 사르트르와 더불어 항상 거명되었던 인물로 알베르 카뮈(Albert Camus, 1913-1960)가 있다. 그러나 카뮈는 사르트르처럼 전제를 가지기는 했지만 그 전제에 충실하지 않았다. 카뮈는 일관성을 덜 보였으므로 보다 인간적이었고 프랑스 실존주의를 따르고 있던 젊은이들에게 더 많은 사랑을 받았다.

그러나 사르트르도 자신의 입장에 일관되게 살 수 없었다. 알제리 전쟁을 비열한 전쟁이라고 선언했던 『알제리 전쟁에서의 불복종의 권리 선언』(Declaration on the Right of Insubordination in the Algerian War, 1960)에 서명함으로써, 즉 그 행위가 비이성의 도약이 아니라는 가치 판단을 내림으로써 그는 자신의 입장을 파괴했다. 이 행위는 사람은 어떤 것이 옳고 어떤 것이 그른지를 결정짓기 위해 이성을 사용할 수 있다는 사실을 뜻했다. 사르트르가 이후에 취한 좌익 정치관도 같은 것이다.

독일 철학자 마르틴 하이데거(Martin Heidegger, 1889-1976)도 기본적으로는 같은 생각 곧 해결책은 이성에서 분리되어 있다는 생각을 표명했던 실존주의자였다. 그의 초기 저서로는 『존재와 시간』(Being and Time, 1927), 『형이상학이란 무엇인가?』(What Is Metaphysics?, 1929)를 들 수 있다.

젊은 시절 하이데거는 세계 앞에 서 있는 현대인의 처지를 묘사하는 말로 '앙스트'(angst, 대체로 '불안'이라는 의미)라는 단어를 도입했다. 우리는 '앙스트'라는 말을 두려움과 혼동하지 말아야 한다. 하이데거가 정의했던 것처럼 두려움은 대상을 가지고 있지만, '앙스트'는 사람이 우주에서 경험하는 일반적인 불안감이다. 즉 그것은 특정한 대상이 없는 두려움이다. 하이데거의 견해에 따르면, 이러한 불안의 분위기(mood)가 사람에게 실존의 확실함을 줌으로써 결단을 내리도록 한다. 그래서 이 불안의 분위기에서 삶과 선택의 의미가 생긴다. 이는 심지어 이성에 대립될 때도 마찬가지이다.

그러나 다음의 사항을 주의하라. 이 견해는 모호한 불안감에 근거하고 너

독일 실존 철학의 대표자, 카를 야스퍼스. "어떤 의미에서 카를 야스퍼스는 실존 사상의 전철을 뒤따랐던 사상과 생활 양식들에 가장 큰 영향을 끼쳤다고 할 수 있다. 야스퍼스는 우리가 살아가면서 '한계 체험'을 가질 수 있다고 주장했다. 그에게 있어서 한계 체험이란 전문 용어이다. 그의 주장의 의미는, 우리 지성은 삶이 부조리하다고 말할지라도, 우리는 삶에 의미가 있다고 믿도록 격려하는 거대한 체험을 가질 수 있다는 것이다."

무 막연하여 특정한 대상을 전혀 가지지 않는다는 점이다. 나중에 보게 되겠지만, 이러한 견해가 너무 허약하게 보여서 하이데거는 노년에 접어들자 자신의 입장을 바꾸었다.

카를 야스퍼스(Karl Jaspers, 1883-1969)는 독일의 실존주의자이지만 보통 그를 스위스인으로 생각하는데, 이는 그가 바젤에서 아주 오랫동안 살면서 가르쳤기 때문이다. 어떤 의미에서 그는 실존 사상의 전철을 뒤따랐던 사상과 생활 양식들에 가장 큰 영향을 끼쳤다고 할 수 있다. 야스퍼스는 우리가 살아가면서 '한계 체험'(final experience)을 가질 수 있다고 주장했다. 그에게 있어서 한계 체험이란 전문 용어이다. 그의 주장의 의미는, 우리 지성은 삶이 부조리하다고 말할지라도, 우리는 삶에 의미가 있다고 믿도록 격려하는 거대한 체험을 가질 수 있다는 것이다.

이성이 배제된 체험의 공허함

우리는 한 가지 예를 통해서 야스퍼스의 실존주의의 딜레마를 이해할 수 있다. 야스퍼스를 추종했던 네덜란드 출신의 젊은이가 스위스에 와서 나와 함께 공부하려고 했을 때의 일이다. 그는 어느 날 밤 암스테르담의 극장에서 연극 『푸른 목장』(The Green Pastures)을 관람하면서 어떤 체험을 했는데, 이성은 아무런 역할도 하지 않았지만 그 체험이 대단히 감동적이어서 전에 그가 갖지 못했던 삶의 의미를 주는 희망을 갖게 되었다.

시간이 흘러갔으나 그 체험에는 이성이 없었기 때문에, 그는 그 체험에 그리고 다른 사람들과 자기 자신에게 아무런 말도 아무런 내용도 줄 수 없었다. 체험을 말로 옮기는 것이 불가능했는데, 이는 실존주의 체계는 체험에서 이성을 배제하기 때문이다. 그래서 정의에 따르면 내용은 배제되고 내용을 말로 옮길 수 있는 가능성도 배제된다. 다만 다른 사람이나 자신에게 "나는 체험을 했다."라고 말할 수밖에는 다른 방법이 없다. 이 젊은이가 계속해서 말할 수 있었던 것은 "그렇게 여러 달 전에 나는 체험을 했어요."라는 말뿐이었다.

그는 점차 어쩔 줄 모르게 되었고 자살하려고 했다. 그의 이성에서 아무런 기반도 가지고 있지 않았던 의미에 대한 감정은 차츰차츰 그의 손가락 사이로 빠져나갔고 너무 민감했던 그는 낙망 속에 빠졌다. 이 얼마나 비통한 일인가!

비이성의 영역에서 의미를 발견하려는 노력

실존주의는 공식적인 철학적 입장으로서는 점차 영향력을 잃어 가고 있다. 그러나 사람들 사이에서는 이런 사고틀이 더욱더 일반적인 것이 되고 있다. 심지어 이런 식으로 생각하는 사람들이 실존주의라는 말을 모른다 해도 그러하다. 그들은 이성이 오직 비관론에 이른다는 사상을 말하고 거기에 따라서 행동한다. 그들은 (이해 수준은 다양하지만) '이성에서 전적으로 분리된 것에서 해답을 찾자.'라는 식으로 행동하고 말한다.

인본주의적 인간은 자신을 자충족적(自充足的)인 존재로 만들려 하고 사람들이 자신과 개별 구체 사물로부터 출발하여 자신의 보편자를 수립할 것을 요구했다. 그러나 자기 자신으로부터 시작하여 지식의 통일성에 이를 수 있다는 인본주의적 인간의 위대한 희망은 그 자신을 슬픔의 골짜기로 이끌었고, 거기서 그들의 지성은 그들이 단지 기계, 분자 덩어리에 불과하다고 말하였다.

그래서 그들은 처절하게 비이성의 영역에서 의미를 발견하려 했고, 야스퍼스를 따르는 사람들에게 이 문제는 어떻게 사람이 충분하게 큰 한계 체험을 가질 것을 확신할 수 있는가 (혹은 그가 이미 체험을 했다면 어떻게 다른 체험을 다시 가질 수 있는가) 하는 문제점과 거기에 대하여 확신할 수 있는 방법이 전혀 없다는 문제점에 도달할 때까지 계속되었다.

공공연한 약물 사용 권장

이런 관점을 계속 추종한 영국인이 있었는데, 바로 올더스 헉슬리(Aldous Huxley, 1894-1963)이다. 그는 약물을 해결책으로 제안했다. 그의 말에 따르면 건강한 사람들에게 약물을 주어야 하고, 그러면 그들은 자신의 머릿속에서 진리를 발견할 수 있다는 것이다. 그러면 사람들은 자신이 원할 때는 언제나 한계 체험을 가질 수 있고, 미래에 무엇이 일어나기를 바라면서 기다릴 필요가 없게 된다.

먼저 헉슬리는 이것을 『멋진 신세계』(Brave New World, 1932)에서 이론적 개념으로 제시하면서 가장 중요한 약물을 '소마'(soma)라고 불렀다. 그는 그 이름을 신중하게 선택했는데, 왜냐하면 동양 힌두교 신화에서 '소마'는 신들이 만족된 상태를 유지할 수 있게 해주는 약이기 때문이다. 올더스 헉슬리는 비이성의 영역에서 삶의 의미를 발견하려는 희망을 동양 사상에 연결시킴으로써 이미 다음 단계가 어떻게 될는지 그 서막을 열고 있었다.

후에 헉슬리는 『멋진 신세계』에 나타난 이론적 개념을 넘어서서 『지각(知覺)의 문』(The Doors of Perception, 1956)과 『천국과 지옥』(Heaven and Hell, 1956)에서 공공연히 약물 사용을 권장했다. 그리고 형 줄리언 헉슬리(Julian Huxley, 1887-1975)가 편집한 『인본주의의 얼개』(The Humanist Frame, 1961)에 올더스는 마지막 장 '인간의 잠재력'(Human Potentialities)을 기고했는데 거기서 여전히 약물을 통한 제일의 체험을 강력하게 주장했다.

그는 이런 견해를 죽을 때까지 고수했다. 그는 아내에게 자기가 죽게 될 때 환각제(LSD)를 줄 것을 약속하게 하여, 환각 체험 중에 죽을 수 있게끔 했다. 올더스 헉슬리와 그를 추종하는 자들에게 남은 것은 사람의 머릿속에 있는 진리였다. 실존주의 철학자들과 함께 시작했던 내용(객관적인 것이나 자신의 외부에 있는 것에 의해서 형성된 질서와는 대비되는 의미뿐만 아니라 질서까지도 주려고 시도하는 사람의 개인적 주관성)이 헉슬리의 생각에서 그 필연적인 결론에 도달했다. 진리는 사람의 머릿속에 있다. 객관적인 진리라는 이상은 사라졌다.

환각 약물의 강조는 많은 록 그룹을 끌어들였는데, 예를 들면 크림(Cream), 제퍼슨 에어플레인(Jefferson Airplane), 그레이트풀 데드(Grateful Dead), 인크레더블 스트링 밴드(Incredible String Band), 핑크 플로이드(Pink Floyd), 지미 헨드릭스(Jimi Hendrix)를 들 수 있다. 그들의 작품은 대부분 1965년에서 1968년 사이에 만들어졌다. 비틀즈(Beatles)의 『상사 페퍼의 고독한 마음 클럽 밴드』(Sergeant Pepper's Lonely Hearts Club Band, 1967)도 역시 여기에 해당한다. 이 음반은 독립된 노래로 구성된 것이 아니라 전체가 하나의 노래이다. 한동안 이 음반은 세계 젊은이들에게 집합 구호가 되었다. 이 노래는 그들의 생활과 사고방식과 감정의 본질을 표현했다. 전체적으로 보아 이 음악은 다른 매체로는 거의 통과할 수 없는 개척지를 가로질러 지나갔던 약물 문화와 그 정신을 나르는 수레였다.

비이성의 영역에서 서구가 그 다음에 받아들인 변화는 힌두교와 불교의 궁극적 체험이었다. 이런 식으로 삶과 가치의 비이성적 의미를 모색하기 때문에 동양 종교들이 오늘날 서구에서 아주 보편화되었다. 괴테, 바그너 등이 모호한 범신론으로 동양적 사고방식의 문을 열었었다. 그러나 헉슬리와 더불어 동양적 사고방식이 홍수처럼 서양에 밀려들어 왔는데, 그 이유는 그 사고방식이 사람들이 의미와 가치를 발견하리라는 희망을 안고 비이성의 영역에 계속 두었던 것들과 같은 노선을 자연스럽게 따랐기 때문이다. 젊은 사람들(그리고 나이든 사람들)은 약물 환각 체험을 시도했고, 그 다음에는 동양 종교의 환각 체험으로 옮겨 갔다. 둘 다 사람의 머릿속에 있는 진리를 찾고 이성을 부정한다.

이런 흐름 속에 사이키델릭 록(psychedelic rock)의 시대, 즉 어떤 형식의 음악을 사용하여 약물 없이 이런 경험을 찾으려는 시도의 시대가 있었다. 이 시기에 해당하는 것으로 비틀즈의 『리볼버』(Revolver, 1966)와 『스트로베리 필드여, 영원히』(Strawberry Fields Forever, 1967)를 들 수 있다. 같은 시기에 같은 방식을 취한 음악으로는 밥 딜런(Bob Dylan, 1941-)이 작곡한 『블론드 온 블론드』(Blonde on Blonde, 1966)가 있다.

존재한다는 사실이 의미를 준다

우리는 지금, 사람들이 낙관론적 희망을 마련하려고 비이성의 영역에 많은 것들을 둘 수 있음을 보고 있다. 실로 이는 아주 미묘한 문화적 개념이 될 수 있다. 프랑스의 앙드레 말로(André Malraux, 1901-)는 예술이 우리의 삶에 어떤

'행동하는 지식인'으로 불린 프랑스의 작가이자 정치가, 앙드레 말로. "프랑스의 앙드레 말로는 예술이 우리의 삶에 어떤 의미를 주는데, 그것도 예술의 내용이 아니라 단지 예술이 존재한다는 그 사실이 의미를 준다고 주장했다. 『침묵의 소리』에서 말로는 현대인이 절대자가 없는 사람인 것을 아주 잘 이해하고 있음을 보여주었다. 그는 예술을 희망, 비이성의 희망이라고 말했다."

의미를 주는데, 그것도 예술의 내용이 아니라 단지 예술이 존재한다는 그 사실이 의미를 준다고 주장했다. 『침묵의 소리』(The Voices of Silence, 1953)에서 말로는 현대인이 절대자가 없는 사람인 것을 아주 잘 이해하고 있음을 보여주었다. 그는 예술을 희망, 비이성의 희망이라고 말했다.

하이데거는 말년에 자신의 실존 철학을 바꾸었다. 그의 초창기 실존주의가 너무 허약했다는 사실이 밝혀지자 그는 새로운 접근 방법을 시도했다. 그의 후기 저서들로는 『형이상학 서론』(An Introduction to Metaphysics, 1953), 『형이상학에 관한 에세이』(Essays in Metaphysics, 1957), 『존재에 대한 물음』(The Question of Being, 1956), 『철학이란 무엇인가?』(What Is Philosophy?, 1956) 그리고 『사유에 대한 강론』(Discourse on Thinking, 1959) 등이 있다. 그는 새로운 강조점을 소책자 『철학이란 무엇인가?』에서 분명하게 제시했다. 말년의 하이데거에 따르면, 말하고 있는, 언어로 표현하고 있는 존재자(즉 인간)가 있기 때문에 사람들은 우주(즉 존재)가 의미를 가지게 될 것을 바랄 수 있다. 그에게 있어 이것은 낙관주의에 대한 최후의 근거였다. 그는 『철학이란 무엇인가?』에서 "시인의 말을 들으라."라고 우리에게 말한다. 그 말은 시인들은 서로 모순되기도 하므로, 중요한 것은 시인이 말하는 내용이 아니라 단지 시인이 존재한다는 사실이라는 것이다.

신비주의로의 침잠

우리는 또한 상층부 희망으로 신비주의가 엄청나게 몰려드는 것을 볼 수 있다. 비록 악마들이 이성에 기반을 둔 현대인의 개념에 적합하지는 않지만, 많은 현대인들은 우주의 모든 것이 단지 하나의 거대한 기계라는 이해에 머무르기보다는 차라리 악마를 택했다. 신비주의는 무시무시한 것이지만, 사람들은 어떤 종류의 의미를 가지려는 희망으로 비이성의 상층부에 신비주의를 두었다.

사람이 비이성의 영역에 무엇을 둘 수 있는지를 보여주는 또 다른 예는 살바도르 달리(Salvador Dalí, 1904-)의 사상과 예술에서 보게 된다. 처음에 달리는 초현실주의자였다. 초현실주의는 프로이트(Sigmund Freud, 1856-1939)의 무의식의 개념을 다다이즘(dadaism, 모든 것을 불합리한 것으로 보는 예술과 생활 양식)에 결합한 것이다. 이 다다이즘을 창설한 그룹은 취리히에서 그 이름을 선택할 때 프랑스어 사전을 아무렇게나 펼쳐 놓고 손가락으로 임의의 단어를 짚었는데, 그 단어가 바로 어린아이가 타는 흔들 목마를 뜻하는 프랑스어 '다다'(dada)였다.

결국, 살바도르 달리는 (부조리를 수용하는) 초현실주의를 거부하고 신비주의적인 그림을 그리기 시작했는데, 거기에서 그의 아내 갈라(Gala Dalí, 1894-)는 그가 의미를 구하려고 비이성의 영역으로 도약하는 데 초점이 되었다. 이 시기를 처음으로 연 돌파구는 그의 그림 『빵 바구니』(A Basket of Bread)였다. 그는 1926년과 1945년에 같은 제목으로 다른 그림을 그렸는데, 이 그림들은 딱딱한 스페인 빵을 담은 바구니를 묘사하고 있다. 그리고 1945년 그는 가슴을 드러낸 갈라의 그림에 이 제목을 사용했다. 그는 그녀를 자신의 신비의 중심으로 삼았다. 그는 그의 몇몇 그림에서, 로마 가톨릭적 그림에서는 흔히 마리아가 등장하는 부분에 그녀를 서너 차례 그렸다. 뉴욕시에 있는 뉴욕 문화 센터에 그런 그림이 많이 있다. 이 시기부터 그의 그림의 대다수는 그가 비이성의 영역으로 신비주의적인 도약을 했음을 보여준다.

그 시기는 글래스고 미술관에 있는 『십자가의 요한의 그리스도』(Christ of Saint John of the Cross, 1951)와 워싱턴 국립 미술관에 있는 『최후의 만찬』(The Sacrament of the Last Supper, 1955)을 그린 때였다. 물론, 이 그림들에서 그리스도는 상층부, 즉 신비적 인물이다. 그 그림들은 키에르케고르주의의 도약을 미술로 표현한 것이었다. 『최후의 만찬』에 그려진 그리스도는 그림자 같은 인물로 이 인물을 통해서 우리는 저 너머 풍경을 볼 수 있다. 우리는 그의 육체를 통해서 작은 배들을 볼 수 있다. 이 몸은 시공간에 있는 혈과 육의 몸이 아니다. 달리가 그린 만질 수 없는 이 그리스도는 그림에 딱딱한 육체로 묘사된 사도들의 몸과 대조를 이루고 있다.

달리는 인터뷰에서, 사물이 딱딱한 덩어리가 아니라 에너지로 구성되어 있다는 사실에서 삶의 신비적 의미를 발견했다고 설명했다. 이 사실 때문에 그에게는 의미에 대한 희망을 줄 수 있는 비이성 영역으로 도약할 이유가 생긴 것이다. 인터뷰에서든 이들 그림에서든, 그가 초현실주의가 표현했던 부조리에서 벗어날 수 있게 해준 것은 이성도 아니고 기독교도 아니다. 그것은 비이성 영역으로의 맹목적인 도약이다.

「**최후의 만찬**」**, 살바도르 달리** 作. "이 그림들에서 그리스도는 상층부, 즉 신비적 인물이다. 그 그림들은 키에르케고르주의의 도약을 미술로 표현한 것이었다. 「최후의 만찬」에 그려진 그리스도는 그림자 같은 인물로 이 인물을 통해서 우리는 저 너머 풍경을 볼 수 있다. 우리는 그의 육체를 통해서 작은 배들을 볼 수 있다. 이 몸은 시공간에 있는 혈과 육의 몸이 아니다. 달리가 그린 만질 수 없는 이 그리스도는 그림에 딱딱한 육체로 묘사된 사도들의 몸과 대조를 이루고 있다."

이분법적인 실존주의적 방법론

우리는 키에르케고르주의의 등장 이래로, 서로 아무런 교류가 없는 이성과 비이성 사이의 분리라는 개념이 널리 받아들여졌음을 알아야 한다. 이성의 하층부 영역은 비이성의 낙관론적 영역과 완전히 분리되었다. 이성을 비이성과 나누는 선은 마치 10,000볼트의 전류가 흐르는 콘크리트 벽과 같다. 이 두 부분 사이에는 아무런 교류도, 아무런 삼투 작용도 존재하지 않는다. 그래서 현대인은 이제 그러한 완전한 이분 상태 속에서 살고 있고, 거기서 이성은 절망에 이른다. 인본주의적 이성의 영역이라는 '아래층'에서 사람은 기계이며 무의미한 존재이다. 거기에는 아무런 가치가 없다. 그리고 '위층'에서는 의미와 가치에 대한 낙관론이 전적으로 이성과 분리되어 있다. 이성은 여기서 아무런 자리도 차지하지 못하고 이방인에 불과하다.

이렇게 두 영역으로 나누는 것이 바로 실존주의적 방법론이다. 이 방법론 (그리고 이분법의 존재)은 인본주의적 사고방식의 현대적 흐름을 보여주는 것이 특징이다. 일단 (이성이 비이성과 완전히 분리되는) 이 이분법을 받아들이면, 많은 유형의 사물들을 비이성의 영역에 놓을 수 있다는 사실을 인식해야 한다. 그리고 어떤 것을 선택하여 거기에 두든지간에 그것은 사실상 아무런 의미가 없는데, 그 이유는 이성이 한 사물과 다른 사물 중에서 선택할 수 있게 해주는 어떠한 기반도 주지 않기 때문이다.

사르트르, 카뮈, 야스퍼스 그리고 하이데거의 세속적 실존주의에 덧붙여, 키에르케고르주의는 다른 유형의 실존주의를 만들었다. 즉 카를 바르트(Karl Barth, 1886-1968)로부터, 특히 『로마서 주석』(The Epistle to the Romans, 1919)이라고 제목이 붙은 신약성경에 대한 그의 첫 주석서로부터 시작된 신학적 실존주의가 그것이다. 우리는 독일에서 강의했던 스위스인 카를 바르트가 나치즘에 반대하여 1934년 『바르멘 선언』(Barmen Declaration)으로 공적인 태도를 취했던 사실을 두고 깊은 존경을 표해야 한다. 그는 많은 세월 동안 바젤 대학교에서 가르치고 방대한 저서를 남긴 저술가였고, 지금 세대의 신학과 지성적 사상의 전반적인 조류에 심대한 영향을 끼쳤다. 그러나 그의 신학으로 미루어 보아 카를 바르트는 자신의 고유한 이분법을 만들었고, 신학에 실존주의적 방법론을 채택했다.

종교적 자유주의

중세 시대로 거슬러 올라갔을 때 우리는 어떤 인본주의적 요소가 교회에 들어왔던 사실을 발견했다. 종교 개혁의 본질은 이들 요소를 교회의 가르침에서 제거하는 일이었다. 반면, 인본주의적 사고방식은 르네상스에서 발전하여 다시금 계몽주의에서 더 진보하였다. 계몽주의의 가르침은 독일 대학교의 여러 학과에 널리 퍼졌고, 18세기에 신학적 합리주의가 그 실체를 드러내기 시작하였다. 그러면서 이 사상은 점차로 독일 신학과를 통하여 19세기에 절정에 달하였다.

그래서 종교 개혁이 중세 때 교회에 들어온 인본주의적 요소를 제거하기는 했지만, 더욱 전체적인 형태의 인본주의가 프로테스탄트 교회에 침투하였고 점차로 로마 가톨릭을 포함한 온갖 종파의 교회들에 전파되었다. 자신으로부터 시작하는 인간이라는 개념은 이제 신학과 신학 용어에서도 표현되기 시작하였다. 달리 표현하면 이들 신학자들이 합리주의의 전제들을 받아들였다고 말할 수 있다. 르네상스가 아리스토텔레스와 기독교를, 그 후에는 플라톤과 기독교를 종합하려고 시도했듯이, 이 사람들은 계몽주의의 합리주의와 기독교를 종합하려고 했다. 사람들은 이런 시도를 종종 '종교적 자유주의'(religious liberalism)라고 부른다.

초자연적 요소를 제거한 역사적 예수 연구

19세기의 합리주의적인 자유주의 신학은 초자연적인 예수에 의하여 혼란에 빠지자 초자연적인 예수를 거부했지만, 신약에서 초자연적 요소를 모두 제거함으로써 역사적 예수는 계속 고수하려고 했다.

그러나 그들이 이전의 세속적 사상가들이 했던 것과 같은 역할을 했다는 사실에 주목하자. 한 사물은 참되거나 아니면 그렇지 않다. 어떤 사물이 참인 동시에 거짓일 수는 없다. 예를 들면, 그리스도는 죽은 자 가운데서 살아났거나 그렇지 않았다.

이 사실은 알베르트 슈바이처(Albert Schweitzer, 1875-1965)의 책『역사적 예수 연구』(The Quest for the Historical Jesus, 1906)에서 절정에 도달하는데, 이 책에서 슈바이처는 역사적 예수를 고수하려고 했다. 우리는 슈바이처가 바흐 전문가이며 오르간 연주의 천재였다는 사실을 기억해야 한다. 그리고 분명히 아프리카에서 보여준 그의 박애주의를 결코 잊어서는 안 되겠지만, 유감스럽게도 우리는 그의 신학적 입장을 또한 기억해야만 한다.

『역사적 예수 연구』(특히 영어로 번역되지 않은 제2판의 결론)는 신약성경에서 초자연적 예수를 제거하면 역사적 예수를 고수할 수 없다는 사실을 보여주었다. 합리주의적 신학자들은 역사적 예수를 그와 연결된 초자연적 사건에서 나눌 수 없었다. 신약에서 역사와 초자연적인 것은 너무나 긴밀하게 얽혀 있었던 것이다.

만일 역사적 예수를 계속 견지하려면 초자연적인 것도 고수해야 한다. 초자연적인 것을 모두 제거하면 역사적 예수를 가지지 못한다. 알베르트 슈바이처 자신에게는 소위 시적(詩的)인 윤리적 범신론만 남았다.

신학에 적용된 실존주의적 방법론

합리주의의 전제를 받아들인 이래로, 신학은 항상 인본주의적 사상의 변화 형태를 몇 년 후에 뒤따라갔다. 그래서 일반적인 인본주의 사상이 먼저 오직 인간으로부터 시작하는 이성에 의하여 삶의 해답을 찾는 데에 낙관적이었던 것처럼 (그러나 키에르케고르주의와 더불어 비관론으로 옮아가 실존주의적 방법론과 그 이분법을 채택하였다) 자유주의 신학도 역시 그러했다. 카를 바르트와 더불어 신학은 실존주의적 방법론과 이분법을 수용하였다. 이전의 자유주의 신학이 실패하자 바르트는 자신의 키에르케고르주의적 신학을 가지고 그 빈 공간으로 들어갔다.

카를 바르트는 생애 말기까지 19세기 자유주의 신학자들이 붙잡았던 성경의 '고등 비평적' 견해를 붙잡았고, 그래서 성경에 많은 오류가 있다고 보았다. 그러나 그는 어떤 종교적인 '말씀'이 그것을 뚫고 나온다고 가르쳤다. 이것은 실존주의와 그 이분법의 신학적 형태였다. 다른 말로 하면, 실존주의적 방법론이 신학에 적용된 셈이다. 이 사실은 신학이 이제 비이성의 영역에 두었던 다른 모든 사물에 덧붙여졌음을 의미한다.

신정통주의 실존주의 신학의 등장

실존주의적 방법론의 등장에 뒤이어 신정통주의 실존주의 신학이 나타났는데, 이 신학은 성경이 이성 영역에서 실수를 범하지만 그럼에도 불구하고 비이성의 영역에서 종교적 체험을 제공할 수 있다고 주장한다. 신정통주의 신학자들은 성경이 우주와 역사에 관하여 내용 있는 명제로 표현될 수 있는 진리를 주고 어떤 검증에도 반박되지 않는 진술을 하는 것으로 보지 않는다. 그리고 그들 가운데 많은 사람들이 성경은 도덕적 절대 기준을 주지 못한다고 생각했다.

이들 신학자들에게 성경은 무엇에 대한 신앙이 아니고 신앙에 대한 신앙이었다. 그러나 이 사실 때문에 그들은 하나님이란 말이 단지 말뿐인 하나님이 되어 아무런 내용도 줄 수 없게 된 지경에 이른다.

이 점에 있어서 많은 기성 신학자들은 전에 비틀즈 기타 연주가였던 조지 해리슨(George Harrison, 1943-)이 『나의 사랑하는 주』(My Sweet Lord, 1970)를 썼을 때와 같은 입장에 서 있다. 사람들은 그가 기독교에 귀의했다고 생각했다. 그러나 백코러스에 등장하는 말들을 잘 들어 보라. '크리슈나, 크리슈나, 크리슈나.' 크리슈나는 힌두교의 어떤 신의 이름이다. 이 노래는 아무런 내용도 표현하지 않고 단지 종교적 체험의 감정을 표현할 뿐이다. 해리슨에게는 그리스도나 크리슈나나 같은 말일 뿐이었다. 실제로 사용된 말이나 그 내용은 결코 중요하지 않았다.

많은 기성 신학자들은 또한 하나님이란 말이 아무런 특정 의미를 가지지 않는 지경에, 그러나 사람들이 하나님이란 말과 다른 종교적인 말을 이성이 전혀 관여할 수 없는 내용 없는 종교적 체험에 대한 기반으로 사용할 수 있는 지경에 이르게 되었다.

케임브리지 대학교의 학감이었던 베전트(J. S. Bezzant, 1897-)는 『기독교 신앙에 대한 반대』(Objections to Christian Belief, 1964)에서 (비록 그 자신은 구시대 자유주의자였지만) 신정통주의 입장에 대한 견해를 표명했다. "기독교에서 선포하는 것이 신화적이라는 비난에서 벗어나게 해주는 것은 엄밀히 말해서 증명 의무 면제라는 말을 들을 때, 나는 증명 의무 면제는 증명 의무 면제 이외의 어느 것도 확보할 수 없으며, 그것은 말 그대로 난센스라고 대답한다." 그는 신정통주의를 매우 잘 알고 있었다.

역사적 상황과 단절된 자의적 선언

이 새로운 자유주의 신학은 성경이 우주나 역사를 다루고 있지 않다고 말하기 때문에 성경의 가치를 역사적 상황에서 도덕이나 법률에 적용할 실제적인 근거를 갖지 못했다. 모든 종교적인 것은 토론의 여지도 없다. 즉 오직 자의적인 선언만이 있을 뿐이다. 이마누엘 칸트는 본체계와 현상계를 결합시킬 수 없었고, 신신학자들은 논리적으로 자신의 개인적인 자의적 가치를 역사적 상황으로 가져갈 수 있는 방법이 없었다. 혹은 다른 말로 표현한다면 다음과 같다. 사르트르는 우리가 불합리한 세상에서 우리 자신의 의지의 활동으로 우리의 신빙성을 증명할 수 있다고 말했다. 그러나 우리가 아는 대로 이 세상에서는 이성이 제 구실을 다 할 수 없으므로 우리는 사람들을 도울 수도 있고 해칠 수도 있다. 비슷하게 도덕이나 법률에 대한 이 신학자들의 선언이 자의적이기 때문에 분위기가 달라지면 그들도 전적으로 상반적일 수 있다.

신신학자들은 또한 악이 존재하는 이유를 설명할 길이 없었다. 그들에게는 힌두교 철학자들이 갖고 있는 문제와 동일한 문제가 남아 있었다. 즉 그들은 결국 존재하는 모든 것은 신 안에서 동일하게 존재하고 있다고 말해야 했다. 힌두교 사상에서 신의 현현 가운데에는 칼리(Kali)라는 목에 송곳니와 해골을 두른 여성적인 신의 모습이 있다. 왜 힌두교인은 신을 이런 식으로 표현하는가? 그들에게는 존재하는 모든 것이 이미 항상 존재했던 것의 일부, 힌두교인이 '신'이라고 부르는 것의 일부이기 때문이다. 그래서 잔인함은 잔인하지 않음과 같다.

현대 인본주의적 인간은 세속적 형태이건 종교적인 형태이건 간에 똑같이 두려운 지경에 이르렀다. 둘 다 무엇이 옳고 무엇이 그른지 말할 수 있는 최종적인 방식을, 그리고 왜 사람은 잔인함 대신에 비잔인함을 택해야 하는지를 말해 줄 최종적인 해결책을 가지고 있지 않다.

탐욕스럽고 파괴적인 힌두교 여신 칼리.
"힌두교 사상에서 신의 현현 가운데에는 칼리라는 목에 송곳니와 해골을 두른 여성적인 신의 모습이 있다. 왜 힌두교인은 신을 이런 식으로 표현하는가? 그들에게는 존재하는 모든 것이 이미 항상 존재했던 것의 일부. 힌두교인이 '신'이라고 부르는 것의 일부이기 때문이다. 그래서 잔인함은 잔인하지 않음과 같다."

하버드 대학교 신학대학원의 폴 틸리히(Paul Tillich, 1886-1965)는 탁월한 신정통주의 신학자 가운데 하나였다. 한 학생이 나에게 전해 주기를, 틸리히가 캘리포니아 산타 바바라에서 죽기 직전에 "선생님, 당신은 기도하시는지요?"라는 질문을 받았는데 "아니오. 하지만 나는 명상을 하오."라고 대답하더라는 것이다.

그에게 남은 것은 오직 하나님이라는 말뿐이었고, 그 말에 덧붙일 다른 무엇이 있는지, 아니면 그 말이 범신론적인 범만물주의 이상의 무엇과 같은 것인지 아무런 확실성이 없다. 틸리히를 따르는 사신 신학(死神神學)은 논리적으로 만일 우리에게 하나님이라는 말만 남는다면, 그 말 자체를 지워 버리지 않을 이유가 없다고 결론짓는다.

인격적 하나님이 없으면 모든 것은 죽은 것이다

그러나 현대의 많은 자유주의 신학자들에게 (비록 그들이 하나님은 죽었다고 말하지 않을지라도) 확실히 어떤 것들은 죽어 있다. 그들은 성경과 그리스도 안에 주어진 계시에 나오는 하나님이 명제로 표현될 수 있는 진리를 사람에게 주셨다는 사실을 받아들이지 않으므로, 그들에게 하나님에 대한 모든 내용은 죽어 버렸고, 인격적 하나님에 대한 모든 확신도 죽어 버렸다. 사람에게 남은 것은 내용 없는 종교적인 말들의 내포(connotation)와 어떤 종교적인 단어가 여전히 만들고 있는 감정뿐이다. 그리고 그것이 전부이다.

그 다음 단계는 우리의 종교적 과거에서 나왔으나 성경의 원래 내용과 맥락에서 분리된, 아주 자극적인 종교적 단어들이 이제 교묘하게 조작되어 사용되는 단계이다. 이 말들은 사람이 자기 마음대로(곧 성도덕을 성경과 그리스도의 가르침에 근거한 역사적인 기독교의 입장에서 변경시킨다든지 법률적이고 정치적인 조작으로) 움켜쥐고 달리게 하는 기치(旗幟)가 되었다.

실존주의 철학을 선도한 독일의 철학자이자 시인, 프리드리히 니체. "현대인들과 현대 신학은 오직 사람으로부터 시작하려는 시도 속에서, 명석한 독일 철학자 프리드리히 니체가 자신이 처해 있는 상황에서 발견한 그곳에 도달했다. 니체는 1880년대에 현대적인 방식으로 하나님은 죽었다고 말한 최초의 인물이고, 사람들이 이렇게 말할 때 어떤 결과에 이를지를 잘 알고 있었다. 만일 하나님이 죽었다면, 하나님이 해답과 의미를 주는 모든 것이 죽은 것이 된다. ……그러나 인간은 참으로 인간이므로, 침묵하지 않고 말씀하셨던 무한한 인격적인 하나님의 존재에서 그리고 영원까지 계속되는 개인의 생명의 존재에서 발견될 수 있는 의미를 향해 울부짖는다. '그러나 모든 쾌락은 영원을 찾는다. 깊고 심오한 영원을.'"

현대인들과 현대 신학은 오직 사람으로부터 시작하려는 시도 속에서, 명석한 독일 철학자 프리드리히 니체(Friedrich Nietzsche, 1844-1900)가 자신이 처해 있는 상황에서 발견한 그곳에 도달했다. 니체는 1880년대에 현대적인 방식으로 하나님은 죽었다고 말한 최초의 인물이고, 사람들이 이렇게 말할 때 어떤 결과에 이를지를 잘 알고 있었다. 만일 하나님이 죽었다면, 하나님이 해답과 의미를 주는 모든 것이 죽은 것이 된다. 그리고 이것은 세속인이건 현대 신학자이건 간에 "하나님은 죽었다."라고 말하는 사람에게 참이다. 또한 그것은 현대 신학자가 "하나님은 죽었다."라고 말하거나 하나님은 죽었다고 말하는 신학자에게는 반대하지만 여전히 실존주의적 방법론을 사용하거나 간에 마찬가지로 옳은 것이다. 바로 그에게 남은 것은 하나님에 관한 모든 내용이 죽었다는 것과 인격적인 하나님에 대한 모든 확신이 죽었다는 것뿐이다. 최종적인 결론은 같은 것이다.

나는 니체가 스위스에 와서 미쳐 버렸을 때, 비록 그가 성병을 앓고는 있었지만 미친 이유는 성병 때문이 아니었다고 확신한다. 오히려 그 이유는 무한한 인격적 하나님이 존재하지 않는다면 정신 이상이 유일한 철학적 해결책이라고 이해했기 때문일 것이다.

나는 니체가 1881년에서 1888년까지 여름을 보내며 많은 작업을 했던 스위스 엥가딘의 실스마리아라는 아름다운 마을을 잘 알고 있다. 그의 집은 아직도 거기에 있다. 그리고 수려한 샤스테 반도의 큰 바위 위 작은 비석에는 그의 말이 새겨져 있다.

오 인간이여 ! 주의하라.
캄캄한 한밤중이 말하는 것을.
잠들었다가, 잠들었다가
깊은 꿈에서 깨어나 보니 세계는 깊네.
낮이 생각하는 것보다 더 깊도다.
그녀의 아픔은 깊도다.
쾌락은 마음의 아픔보다 더 깊도다.
고통은 말한다, 지나가라고.
그러나 모든 쾌락은 영원을 찾는다.
깊고 심오한 영원을.

니체는 세상에서 가장 아름다운 경치에 파묻혀 있었지만 현대인의 긴장과 절망을 알고 있었다. 인격적인 하나님이 없으면 모든 것은 죽은 것이다. 그러나 인간은 (자신이 자신에 대하여 무엇을 말하더라도) 참으로 인간이므로, 침묵하지 않고 말씀하셨던 무한한 인격적인 하나님의 존재에서 그리고 영원까지 계속되는 개인의 생명의 존재에서 발견될 수 있는 의미를 향해 울부짖는다. 그래서 니체의 말은 심오하다. "그러나 모든 쾌락은 영원을 찾는다. 깊고 심오한 영원을."

무한한 인격적인 하나님이 없으면 사람이 할 수 있는 것은 니체가 지적한 대로 '체계'를 만드는 것뿐이다. 오늘날의 표현대로 하면 그것을 '놀이 계획'(game plan)이라고 부를 수 있다. 사람은 어떤 종류의 구조, 어떤 유형의 제한된 틀을 세울 수 있는데, 그 속에서 그는 자신을 그 틀 안에 가두고 그것 너머로는 바라보지 않고 살고 있다.

이 놀이 계획은 수많은 사물 가운데 하나일 수 있다. 혹은 그것은 과학자가 어떤 작은 과학적 문제에 몰두하는 것이 될 수 있는데, 그렇게 하여 그는 사물은 왜 존재하는가와 같은 큰 문제에 대하여 생각하지 않게 된다. 또 그것은 활강 경기에서 1/10초를 경신하려고 수년간 몰두하고 있는 스키 선수일 수도 있다. 혹은 그것은 쉽게 실존주의적 방법론의 구조 안에서 이루어지는 신학적 말놀이가 될 수 있다. 그것은 현대인이 자신만을 기초 삼아 건축하여 도달한 곳이며, 이제 그들이 존재하고 있는 곳이다.

제9장 현대 철학과 현대 신학 | 연구 문제

1. 사르트르와 카뮈, 하이데거, 야스퍼스의 이분법을 설명하라. 그들에게는 어떤 문제점들이 있었는가?

2. 철학으로서의 실존주의는 쇠퇴했지만 그 사고방식은 널리 퍼져 여러 가지 형태로 나타나게 되었다. 그 여러 형태들을 설명해 보라.

3. 종교 개혁은 교회 내의 인본주의적 요소를 제거하기 위한 것이었다. 그러나 17, 18세기에 이르는 동안 종교적 자유주의라는 새로운 인본주의가 교회에 들어왔다. 그 내용과 추이를 설명하라. 그 결과 슈바이처에 이르렀을 때 기독교에는 무엇이 남게 되었는가?

4. 이런 상황을 바르트는 어떻게 해결하려고 했는가? 그가 기독교에 도입한 실존주의적 방법을 설명하라.

5. 실존주의적 방법을 기독교에 도입했을 때 어떤 결과들이 나왔는가? 조지 해리슨의 『나의 사랑하는 주』, 악의 문제, 폴 틸리히를 중심으로 설명해 보라. 최악의 경우에는 어떻게 악용될 수 있다고 하는가?

6. 저자에 의하면 현대의 말로(末路)를 가장 잘 의식하고 있던 사람이 누구였는가? 그는 왜 미쳤다고 하는가?

7. 현대인에게는 결과적으로 '체계', '놀이 계획'(game plan)들만 남게 되었다고 하는데 이것이 무엇인가? 책을 보고 우리 주위에서 찾아볼 수 있는 예를 들어 보자.

철학이 통일성에서 파편화로 옮겨 갔을 때, 이 파편화는 또한 그림에서도 나타났다. 파편화는 그림의 새로운 기법이 아니었다. 그것은 세계관의 표현이었다. 루소, 칸트, 헤겔 그리고 키에르케고르 이래로 철학자들은 지식의 통일성과 삶의 통일성에 대한 희망을 상실하고서 실재에 대한 파편화된 개념을 제시했다. 그러자 미술가들은 그 방식대로 그림을 그렸다. 그러나 이 견해의 결말이 모든 사물의 부조리라는 사실을 먼저 이해했던 사람은 바로 미술가들이었다. 일시적으로 이들 미술가들은 르네상스의 화가들이 토마스 아퀴나스를 따랐듯이 철학자들을 뒤따랐다. 르네상스 시대에도 역시 철학(토마스 아퀴나스)이 먼저였고, 그 뒤를 화가(치마부에와 조토 디 본도네)가 따랐고, 저술가(단테)가 또 그 뒤를 따랐다. 이는 20세기에 파편화된 실재의 개념이 먼저 갔던 것과 같은 순서였다. 철학자들이 먼저 지적으로 표현한 것을 후에 미술가들이 미술적으로 표현했다.

제10장

현대의 미술, 음악, 문학 그리고 영화

세계 도처에 전파된 현대의 비관론과 파편화 현상

현대의 비관론과 현대의 파편화(fragmentation)는 세 가지 다른 방향으로 서양 문화권의 사람들과 세계 도처의 사람들에게 전파되었다. 지리적으로는 유럽 대륙에서 영국으로 잠시 후에는 대서양을 넘어서 미국으로 전파되었다. 문화적으로는 철학에서 미술, 음악, 일반 문화(소설, 시, 드라마, 영화)로 그리고 신학 등 다양한 분야로 전파되었다. 사회적으로는 지성인으로부터 교육받은 사람에게로 그리고 대중 매체를 통해서 모든 사람에게 전파되었다.

현대의 비관론은 사회적으로 전파되면서 여전히 이전의 방식으로 생각하는 일정한 연령의 중산층을 분리시켜 놓았다. 그 집단의 많은 사람들은 충분한 기반을 가지고 그렇게 한 것은 아니지만, 타성을 따라 마치 그들을 위한 가치가 있는 것처럼 계속 행동하였다. 그러나 그들의 자녀들이 교육받았을 때, 그 자녀들은 새로운 사상을 주입받았고 세대 차가 생겨났다. 새 세대의 구성원들은 자기 부모들이 말로는 가지고 있노라 하는 가치 기준의 기반을 결국 가지고 있지 않음을 보았다. 그들의 부모의 대다수가 단지 죽은 전통에 지배받고 있었고, 주로 이전부터 가지고 있던 습관을 따라 행동했다.

내가 보고 있는 것에 의미가 있는가

시간이 지남에 따라, 서구 문화의 사람들은 거의 획일적인 합의에 둘러싸이게 되었다. 말하자면, (이성은 비관론에 이르고 모든 낙관론은 비이성의 영역에 있다는) 기본적 이분법이 우리를 도처에서 감싸고 있고 거의 모든 방향에서 우리에게 다가온다는 것이다. 이 관점을 제일 먼저 가르친 것은 다양한 분야 중에서도 철학인데, 여기에 대하여 이미 길게 설명했다. 그 다음에 이 관점은 미술을 통해서, 그 다음에는 음악을 통해서, 그 다음에는 일반적인 문화를 통해서, 마지막으로는 신학을 통해서 전파되었다.

엄밀한 의미의 철학 다음에 나타난 두 번째 전파 수단은 미술이었다. 미술에서는 자연주의자들이 그림을 그렸던 방식에서 발생한 묘한 왜곡이 그 길을 준비하였다. 관람자들은 그림에 다가가서 한편으로는 미술가가 그린 것을 보지만 다른 한편으로는 자신에게 이렇게 질문한다. "내가 보고 있는 것에 의미가 있는가?" 미술은 빈약해졌던 것이다.

이런 운동은 인상파 화가 클로드 모네(Claude Monet, 1840-1926)와 피에르-오귀스트 르느와르(Pierre-Auguste Renoir, 1841-1919)와 더불어 시작되었고 카미유 피사로(Camille Pissarro, 1830-1903), 알프레드 시슬레(Alfred Sisley, 1839-1899) 그리고 에드가 드가(Edgar Degas, 1834-1917)가 곧 추종했는데, 이들은 모두 위대한 미술가였다. 이 화가들은 오직 눈으로 보는 것만을 그렸지만, 이 사실은 눈에 도달하는 빛의 파동 뒤에 실재가 있는가라는 문제를 남겼다. 그들은 그 방식을 '자연을 따름'이라고 불렀다. 1885년 이후에 모네는 이것을 필연적 결과로 이끌어 갔고, 실재는 하나의 꿈이 되는 경향으로 흘러갔다. 우리는 모네의 포플러 나무 시리즈, 예를 들면, 뉴욕 현대 미술관에 있는 『해돋이 무렵, 지베르니의 포플러』(Poplars at Giverny, Sunrise, 1888)와 런던 테이트 미술관에 있는 『에프트강 강둑의 포플러』(Poplars on the Bank of the River Epte, 1890)를 생각해 볼 수 있다. 실재가 꿈이 되어 가자 미술 운동으로서의 인상파는 분열하였다. 인상파와 더불어 미술이 현대 사상을 전달하는 수단이 되기 시작했다.

절대로 되돌아가려는 시도

그러나 실재, 즉 개체 사물 배후에 있는 절대로 되돌아가는 길을 발견하려고 함으로써 그 문제를 풀려 했던 후기 인상파가 등장했다. 그들은 보편적인 것의 상실을 느끼고 그 문제를 해결하려고 노력했지만 결국은 실패했다. 이 화가들이 언제나 의식적으로 자신의 인생철학을 그리려고 한 것은 아니지만, 전체적으로 그들의 작품 속에는 그들의 세계관이 자주 반영되었다. 유명한 후기 인상파 화가로는 폴 세잔(Paul Cézanne, 1839-1906), 빈센트 반 고흐(Vincent van Gogh, 1853-1890), 폴 고갱(Paul Gauguin, 1848-1903) 그리고 조르주 쇠라(Georges Seurat, 1859-1891) 등을 들 수 있다.

이 사람들은 화가로서 탁월한 재능을 가지고 있었고, 그 그림 가운데 어떤 것들에는 뛰어난 아름다움이 있다. 빈센트 반 고흐의 편지를 읽어 보면, 이 민감한 사람의 아픔에 동감하여 눈물을 흘리게 된다. 그러나 우리는 미술이 현대의 진리와 삶의 파편화라는 견해를 나르는 수단이 되었기 때문에, 문화 속에서 그것들이 차지하는 위치를 또한 강조해야 한다.

그림에 나타난 파편화 현상

철학이 통일성에서 파편화로 옮겨 갔을 때, 이 파편화는 또한 그림에서도 나타났다. 후기 인상파 그림에 나타난 파편화는 철학에서 나타난 지식의 통

『해돋이 무렵, 지베르니의 포플러』, 클로드 모네 作. "이 화가들은 오직 눈으로 보는 것만을 그렸지만, 이 사실은 눈에 도달하는 빛의 파동 뒤에 실재가 있는가라는 문제를 남겼다. 그들은 그 방식을 '자연을 따름'이라고 불렀다. 1885년 이후에 모네는 이것을 필연적 결과로 이끌어 갔고, 실재는 하나의 꿈이 되는 경향으로 흘러갔다. ……실재가 꿈이 되어 가자 미술 운동으로서의 인상파는 분열하였다. 인상파와 더불어 미술이 현대 사상을 전달하는 수단이 되기 시작했다."

일성에 대한 실망과 같은 것이었다. 그 파편화는 그림의 새로운 기법이 아니었다. 그것은 세계관의 표현이었다.

세잔은 자연을 자신이 기본적 기하학적 형태로 생각했던 것으로 환원하였다. 이 속에서 그는 자연의 온갖 개별자들을 묶어 주는 보편자를 찾으려고 했다. 그럼에도 불구하고, 이것은 자연에게 파편화되고 부서진 겉모습을 주었다. 현재 런던의 영국 국립 미술관에 소장되어 있는 『목욕하는 사람들』(Bathers, 1905경)을 보면, 신선함과 생기발랄함이 넘치고 전체적으로 균형이 잡혀 있다. 이 그림에서 세잔은 파편화된 실재의 겉모습을 자연에게뿐만 아니라 인간 자신에게도 부여하였다. 그래서 인간도 역시 파편화된 존재로 제시되었다.

이 시점으로부터 포토리얼리즘과 같은 극자연적 자연주의의 극단으로나, 실재가 너무 파편화되어 아예 사라져 버리는 자유의 극단으로 넘어가게 되었다. 그리하여 인간에게 남은 것은 자신의 개인적 세계를 구성하는 일뿐이었다.

1912년, 추상 표현주의 화가 바실리 칸딘스키(Wassily Kandinsky, 1866-1944)는 『청기사』(The Blue Rider)지에 실은 '형식의 문제에 대하여'(About the Question of Form)라는 글에서 "이전의 조화(지식의 통일)가 사라지고 난 후에 오직 두 가지 가능성만 남았는데, 그것은 곧 극단적 자연주의 아니면 극단적 추상주의이다."라고 말했다. 그는 이 두 가지가 같은 것이라고 했다.

파리에 살고 있던 미국인 저술가 거트루드 스타인(Gertrude Stein, 1874-1946)은 이 당시에 중요한 인물이었다. 바로 그녀의 집에서 많은 예술가와 저술가들이 만나 이런 일들에 대하여 이야기했는데, 그러면서 새로운 생각들을 찾아내었다. 그들 가운데 많은 사람들이 얼마 되지 않아 유명해졌다. 피카소는 그녀의 집에서 세잔을 처음으로 만났다.

「목욕하는 사람들」, 폴 세잔 作. "철학이 통일성에서 파편화로 옮겨 갔을 때, 이 파편화는 또한 그림에서도 나타났다. 후기 인상파 그림에 나타난 파편화는 철학에서 나타난 지식의 통일성에 대한 실망과 같은 것이었다. 그 파편화는 그림의 새로운 기법이 아니었다. 그것은 세계관의 표현이었다. 세잔은 자연을 자신이 기본적 기하학적 형태로 생각했던 것으로 환원하였다. 이 속에서 그는 자연의 온갖 개별자들을 묶어 주는 보편자를 찾으려고 했다. 그럼에도 불구하고, 이것은 자연에게 파편화되고 부서진 겉모습을 주었다."

폐허가 된 세계에 대한 예언

파블로 피카소(Pablo Picasso, 1881-1973)는 세잔의 파편화를 고갱의 '고귀한 야만인'이라는 개념에 결합시켰고 막 파리에서 유행했던 아프리카 가면의 형태를 덧붙였다. 이런 혼합된 방식으로 그는 『아비뇽의 여인들』(Les Demoiselles d'Avignon, 1906-1907)을 그렸다. 현재 뉴욕 현대 미술관에 소장되어 있는 이 그림은 '현대 미술'의 탄생을 의미했다.

위대한 미술에서는 그 기법이 제시된 세계관과 일치하는데, 이 파편화라는 새 기법은 현대인의 세계관과 일치한다. 이 기법은 파편화된 세계와 파편화된 인간의 개념을 잘 표현했다. 데이비드 더글러스 덩컨(David Douglas Duncan, 1916-)은 자신의 책 『피카소의 피카소 작품들』(Picasso's Picassos, 1961)에서 피카소의 개인 소장품 가운데 있는 피카소의 몇몇 그림에 대하여 다음과 같이 말했다. "물론 이 그림들 가운데 어떤 것도 실제 초상화가 아니지만, 폐허가 된 세계에 대한 그의 예언이었다." 그것은 인간의 인본주의적 희망 위에 세워졌던 르네상스의 예술과 완전히 결별하는 것이었다. 『아비뇽의 여인들』에 나오는 사람들은 사람 이하로 표현되었다. 즉 인간성이 사라져 버렸다.

그러나 피카소가 실제로는 이런 상실과 더불어 살 수 없었다는 점이 흥미롭다. 그는 올가(Olga Picasso, 1891-1955), 그리고 후에 자클린(Jacqueline Picasso, 1927-)을 사랑하게 되었을 때, 일관성 있게 그들을 파편화된 방식으로 그리지 않았다. 오히려 그는 그들과의 인간관계 속에서 모든 재능을 발휘하여 그들을 모든 인간성을 지닌 사람으로 그렸다. 그에게는 정부(情婦)가 많았지만 결혼한 사람은 이들 두 사람이었다. 자클린이 이 그림들 가운데 하나를 자신의 거실에 걸어 두었다는 것은 재미있는 사실이다.

덩컨은 이 아름다운 그림에 대하여 다음과 같이 말한다. "라 칼리포르니(La Californie, 피카소와 자클린의 집)의 이층 거실 한쪽 벽에 높이 박혀 있는 오래된 못

「아비뇽의 여인들」, 파블로 피카소 作. "파블로 피카소는 세잔의 파편화를 고갱의 '고귀한 야만인'이라는 개념에 결합시켰고 막 파리에서 유행했던 아프리카 가면의 형태를 덧붙였다. 이런 혼합된 방식으로 그는 『아비뇽의 여인들』을 그렸다. 현재 뉴욕 현대 미술관에 소장되어 있는 이 그림은 '현대 미술'의 탄생을 의미했다. ……파편화라는 새 기법은 현대인의 세계관과 일치한다. 이 기법은 파편화된 세계와 파편화된 인간의 개념을 잘 표현했다."

에 불안정하게 걸려 있는 자클린 피카소의 초상화는 위엄 있게 군림하고 있다. 그 방은 그녀의 영역이다. ……목탄으로 스케치한 이 유화 그림은 그녀와 거장이 만난 직후부터 내내 그녀 옆에 있었다. ……그녀는 그 그림을 사랑하고 있고, 그것을 가까이 두기 원한다." 피카소는 자신의 어린 자녀들을 그릴 때도 역시 자신의 부서지고 파편화된 기법에서 자주 떠났다.

부조리한 인생으로 인도하는 파편화된 실재

지금 나는 인간성이나 온화함이 현대 미술의 기법에 전혀 나타나지 않는다고 말하는 것이 아니라, 이들 기법이 진보함에 따라 인간성이 점차로 파편화되었다고 말하는 것임을 주의하라. 후에 살펴보겠지만, 그 예로서 마르셀 뒤샹(Marcel Duchamp, 1887-1968)을 들 수 있다. 미술가들은 파편화된 실재라는 생각을 캔버스 위에 옮겨놓았다. 그러나 동시에 미술가들은 민감한 사람들이었으므로 이 파편화된 실재가 사람들을 이끌고 가는 곳을, 즉 모든 사물의 부조리로 이끌고 가는 것을 알았다.

알자스 출신의 조각가인 한스 아르프(Hans Arp, 1887-1966)는 『데 스테일』(De Stijl)이라는 잡지의 최종호에 시 한 편을 기고했다. 이 잡지는 피트 몬드리안(Piet Mondrian, 1872-1944)과 테오 반 두스뷔르흐(Theo van Doesburg, 1883-1931)가 이끌던 데 스테일(De Stijl) 그룹이 출판해 온 잡지였다. 몬드리안은 이 유파에서 가장 잘 알려진 예술가였다. 그는 부조리를 받아들여 묘사했던 다다이즘 유파에 속한 사람은 아니었다. 오히려 몬드리안은 절대를 그리고 싶어 했다. 그러나 한스 아르프는 데 스테일과 연관을 맺고 있던 다다이즘의 예술가였다. 그가 독일어로 쓴 시 '테오 반 두스뷔르흐를 위하여'(Für Theo van Doesburg)를 번역하면 다음과 같다.

머리는 아래로
다리는 위로
그는 바닥 없는 곳으로 굴러떨어지네,
자기가 나온 곳에서.

그는 몸에 더 이상 명예를 갖지 못하고
간단한 음식도 더 이상 먹지 못하고
인사말에 아무런 답도 하지 않고
존경받아도 자랑스러워 않네.

머리는 아래로
다리는 위로
그는 바닥 없는 곳으로 굴러떨어지네,
자기가 나온 곳에서.

머리카락으로 뒤덮인 접시처럼
네 발 달린 젖먹이 의자처럼
귀먹은 메아리 통(echotrunk)처럼
반쯤은 차고 반쯤은 빈 채.

머리는 아래로
다리는 위로
그는 바닥 없는 곳으로 굴러떨어지네,
자기가 나온 곳에서.

「계단을 내려오는 나부(裸婦)」, 마르셀 뒤샹 作. "아마 가장 분명하고 의식적으로 모든 사물이 결론적으로 부조리함을 이해했던 사람은 마르셀 뒤샹이었을 것이다. 그는 「계단을 내려오는 나부(裸婦)」에서 파편화의 개념을 더 발전시켰는데, 이 그림 속에서 인간적인 것은 모조리 사라져 버렸다. 우연과 존재하는 것의 파편화된 개념은 모든 사물의 몰가치와 부조리에 도달했다. 사람에게 남은 것은 모든 부분이 부조리한 인생에 대한 파편화된 견해였다."

다다이즘은 모든 것이 우연히 발생했다는 인식을 그 필연적 결론에까지 이끌고 갔다. 그 결과는 인간성을 포함한 모든 사물의 궁극적 부조리였다.

아마 가장 분명하고 의식적으로 모든 사물이 결론적으로 부조리함을 이해했던 사람은 마르셀 뒤샹(Marcel Duchamp, 1887-1968)이었을 것이다. 그는 현재 필라델피아 미술관에 소장되어 있는『계단을 내려오는 나부(裸婦)』(Nude Descending a Staircase, 1912)에서 파편화의 개념을 더 발전시켰는데, 이 그림 속에서 인간적인 것은 모조리 사라져 버렸다. 우연과 존재하는 것의 파편화된 개념은 모든 사물의 몰가치와 부조리에 도달했다. 사람에게 남은 것은 모든 부분이 부조리한 인생에 대한 파편화된 견해였다.

뒤샹은 모든 사물의 부조리는 예술 자체의 부조리를 포함한다는 사실을 깨달았다. 그의 '기성품'(ready-made) 작품들은 쉽게 구할 수 있는 사물에다 자기

「기성품」, 일명 「자전거 바퀴」, 마르셀 뒤샹 作.
"뒤샹은 모든 사물의 부조리는 예술 자체의 부조리를 포함한다는 사실을 깨달았다. 그의 '기성품' 작품들은 쉽게 구할 수 있는 사물에다 자기 낙관만 찍은 것이다. 그것은 자전거 바퀴일 수도 있고, 소변기일 수도 있다. 그래서 예술 자체는 부조리하다고 선포되었다."

낙관만 찍은 것이다. 그것은 자전거 바퀴일 수도 있고, 소변기일 수도 있다. 그래서 예술 자체는 부조리하다고 선포되었다.

파편화된 실재에 대한 미술적 표현

역사적 흐름은 다음과 같다. 루소, 칸트, 헤겔 그리고 키에르케고르 이래로 철학자들은 지식의 통일성과 삶의 통일성에 대한 희망을 상실하고서 실재에 대한 파편화된 개념을 제시했다. 그러자 미술가들은 그 방식대로 그림을 그렸다. 그러나 이 견해의 결말이 모든 사물의 부조리라는 사실을 먼저 이해했던 사람은 바로 미술가들이었다. 일시적으로 이들 미술가들은 르네상스의 화가들이 토마스 아퀴나스를 따랐듯이 철학자들을 뒤따랐다. 르네상스 시대에도 역시 철학(토마스 아퀴나스)이 먼저였고, 그 뒤를 화가(치마부에와 조토 디 본도네)가 따랐고, 저술가(단테)가 또 그 뒤를 따랐다. 이는 20세기에 파편화된 실재의 개념이 번져 갔던 것과 같은 순서였다. 철학자들이 먼저 지적으로 표현한 것을 후에 미술가들이 미술적으로 표현했다.

잭슨 폴록(Jackson Pollock, 1912-1956)의 경우가 아마도 미국에서, 모든 것이 우연이라고 주장하기 위해 신중하게 그림을 그린 가장 분명한 예일 것이다. 그는 캔버스를 마루에 깔고 그 위에 흔들리는 물감 통을 매달아 거기에서 물감이 떨어지게 했다. 따라서 그의 그림은 우연의 산물이었다. 그러나 잠깐만 기다리라. 그의 캔버스 위에 그려진 물감의 선에는 질서가 없는가? 물론 질서가 있는데, 왜냐하면 사실상 그의 캔버스 위에 그림을 그린 것은 우연이 아니기 때문이다! 우주는 제멋대로 된 우주가 아니다. 즉 우주에는 질서가 있다. 그러므로 흔들거리는 깡통에서 떨어지는 물감이 캔버스 위에서 움직일 때, 물감의 선은 우주의 질서 그 자체를 따르고 있는 것이다. 우주는 이들 화가들이 말하는 그런 우주가 아니다.

인간은 왜 살아남으려고 애쓰는가

이 생각을 전파한 세 번째 방식은 음악이었다. 이것은 나중에 같은 요소가 록과 같은 대중 음악에 많이 나타나긴 했지만 처음에는 고전 음악에서 나타났다. 고전 음악에서는 두 가지 흐름이 있었는데, 독일에서의 흐름과 프랑스에서의 흐름이다.

독일 음악에 나타난 첫 번째 변화는 1825년과 1826년에 작곡된 베토벤(Ludwig van Beethoven, 1770-1827)의 후기 현악 사중주곡들과 더불어 등장했다. 이 음악들은 분명히 소위 말하는 '현대 음악'은 아니었지만, 그 이전의 음악에서 변화한 음악이었다. 레너드 번스타인(Leonard Bernstein, 1918-)은 베토벤을

「수렴」, 잭슨 폴록 作. "잭슨 폴록의 경우가 아마도 미국에서, 모든 것이 우연이라고 주장하기 위해 신중하게 그림을 그린 가장 분명한 예일 것이다. 그는 캔버스를 마루에 깔고 그 위에 흔들리는 물감 통을 매달아 거기에서 물감이 떨어지게 했다. 따라서 그의 그림은 우연의 산물이었다. 그러나 그의 캔버스 위에 그려진 물감의 선에는 질서가 없는가? 물론 질서가 있는데, 왜냐하면 사실상 그의 캔버스 위에 그림을 그린 것은 우연이 아니기 때문이다! 우주는 제멋대로 된 우주가 아니다. 즉 우주에는 질서가 있다. 그러므로 흔들거리는 깡통에서 떨어지는 물감이 캔버스 위에서 움직일 때, 물감의 선은 우주의 질서 그 자체를 따르고 있는 것이다. 우주는 이들 화가들이 말하는 그런 우주가 아니다."

'새로운 예술가, 제사장이며 예언가인 예술가'라고 말한다. 조지프 마클리스 (Joseph Machlis, 1906-)는 『현대 음악 개론』(Introduction to Contemporary Music, 1961) 에서 이렇게 말하고 있다. "쇤베르크(Arnold Schoenberg, 1874-1951)는 베토벤의 후기 현악 사중주곡들을 자신의 출발점으로 삼았다." 그리고 스트라빈스키 (Igor F. Stravinsky, 1882-1971)는 이렇게 말했다. "이들 사중주곡들은 나의 음악적 신념에 있어서 최고의 작품들이다(이 말은 나의 애정을 표현하는 말이다). 마치 체온이 생명에 꼭 필요하듯이, 예술의 방식과 의미에 반드시 필요한 것으로, 우리 시대 음악가라면 예술로 생각하고 그것을 배워야 할 것이다."

바그너(Richard Wagner, 1813-1883)는 베토벤을 뒤따랐다. 또 그 뒤를 이어 구스타프 말러(Gustav Mahler, 1860-1911)가 나타났다. 레너드 번스타인은 1973년 하버드 대학교 노턴 강좌에서 말러에 대하여, 특히 그의 『교향곡 9번』(Symphony No. 9)에 대하여 다음과 같이 말했다. "우리 시대는 죽음의 시대이며 말러는 이 시대의 음악의 예언가이다. ……만일 말러가 이 사실(개인의 죽음, 음조의 죽음 그리고 지금까지의 문화의 죽음)을 알았고 그의 메시지가 분명히 그렇다면, 그것을 또한 알고 있는 우리는 왜 살아남으려고 애쓰는가? 우리는 왜 여기에 서서 전진하려고 애쓰는가? 이제 우리는 참으로 궁극적인 모호함, 인간의 정신이라는 가장 매혹적인 그 모호함을 정면으로 응시해야 한다. ……우리는 인간이 사멸하는 존재임을 인정하는 법을 배운다. 그러나 우리는 계속해서 불멸을 추구한다. ……이 모든 궁극적 모호함은 이제 말러의 『교향곡 9번』의 피날레에서 들려오고 있다." 이 말이 제9장 말미에 실려 있는 니체의 시와 얼마나 가깝게 일치하고 있는지 주목해 보라. 이것이 바로 현대인이 서 있는 자리이다. 현대인은 지성으로는 인간의 죽음이라는 지점에 도달해 있는데, 그러나 그런 입장으로는 살 수 없다. 왜냐하면 그런 입장은 인간의 실재와는 다르기 때문이다.

영속적 변화와 미해결의 노선을 따르는 음악

이어서 쇤베르크(Arnold Schoenberg, 1874-1951)가 나타났고, 그와 더불어 우리는 현대 사상의 운반 수단이 된 음악으로 들어가게 된다. 쇤베르크는 음악에 있어 과거의 전통을 완전히 거부했고, '12음계'(12 tone row)를 창안했다. 이것은 해결(resolution, 불협화음에서 협화음으로 이행하기) 없이 영속적 변화만이 존재한다는 점에서 '현대적'이다. 이 사실은, 성경적 기반에서 풍부한 다양성을 지녔지만 언제나 해결이 있었던 바흐와 뚜렷한 대조를 이룬다. 바흐는 기독교인으로서 개인 생활과 역사 모두에 완결이 있을 것을 믿었으므로 그의 음악도 완결이 있었던 것이다. 종교 개혁의 성경적 가르침에서 나온 음악이 그 세계관에 의하여 형성된 것처럼 현대인의 세계관도 현대 음악을 형성하고 있다.

쇤베르크의 제자 가운데는 알반 베르크(Alban Berg, 1885-1935), 안톤 베베른(Anton Webern, 1883-1945) 그리고 존 케이지(John Cage, 1912-1992) 등이 있다. 이들은 각각 자기 나름대로 미해결의 노선을 따랐다. 도널드 제이 그라우트(Donald Jay Grout, 1902-)는 『서양 음악사』(A History of Western Music)에서 쇤베르크와 베르크가 파악하는 현대 세계의 주된 문제를 다음과 같이 설명했다. "……자신이 이해하지 못하는 세력에 사로잡혀 갈등과 긴장과 걱정과 두려움의 노예가 되어 버린 상황……." 우리는 미해결의 음악이 현대인이 막 도달한 위치를 적절하게 설명하고 있다는 사실을 이해할 수 있다.

『현대 음악 개론』에서 조지프 마클리스는 베베른에 대하여, 오프 비트(offbeat)에 강세를 주고 계속해서 리듬 악구(rhythmic phrase)를 변화시키는 그의 방식은 음악에 무엇이라고 규정할 수 없는 '끊임없이 감도는 긴장감'(hovering suspension)을 주었다고 말한다. 마클리스는 덧붙여 말하기를, 카를하인츠 슈토크하우젠(Karlheinz Stockhausen, 1928-)과 독일의 쾰른 악파는 대체로 베베른에게서 "소리를 전기적으로 발생시키고 변형하고 조작하는" 전자 음악 형식의 도움을 받았다고 한다. 슈토크하우젠은 『전자 연구』(Electronic Studies)로 전자 음악의 악보를 최초로 출판했다. 그의 관심 가운데 일부는 작곡에서의 우연적 요소에 대한 것이었다. 앞으로 살펴보겠지만 이 요소는 존 케이지의 작품과 결합되는데, 아래에서 좀 더 자세히 연구할 것이다. 먼저 프랑스의 흐름을 살펴보도록 하자.

우연에 의한 음악

프랑스의 변화는 클로드 드뷔시(Claude Debussy, 1862-1918)와 함께 시작되었다. 그의 방향은 미해결의 방향이 아니라 파편화의 방향이었다. 우리 가운데 많은 사람이 드뷔시의 음악에 찬탄하지만, 그는 음악의 파편화를 시작했고 그 이후의 대부분의 작곡가들에게 영향을 끼쳤는데, 그 영향은 고전 음악뿐만 아니라 대중 음악과 록 음악에도 미쳤다. 미국의 자랑스러운 음악 가운데 하나인 흑인 재즈와 흑인 영가에도 점차로 침투하였다.

음악의 파편화가 그림에서 나타난 파편화와 비슷하다는 사실은 다시 강조할 만하다. 그러니까 이것은 기법의 변화가 아니었다. 어떤 세계관을 표현한 것이며, 순수 철학적 저술은 결코 접촉해 보지 못한 일반 대중에게 그 세계관을 전달하는 수단이 되었다.

존 케이지의 경우가 아마도 음악의 이런 변화를 가장 분명하게 보여주는 예가 될 것이다. 케이지는 우주가 우연의 우주라고 믿고서 이 사실을 표현하기 위하여 우연적으로 음악을 만들었다. 그는 이것을 아주 일관성 있게 수행하려고 했다. 예를 들면, 그는 때때로 동전을 던져 음악의 내용을 결정했다. 때때로 그는 우연의 동작으로 오케스트라를 지휘하는 기계를 만들어 오케스트라 단원들이 다음에 어떻게 해야 할지 모르게끔 했다. 그래서 아무런 질서도 없게 했다. 또 그는 한 오케스트라를 두 지휘자가 지휘하게 하되 그 둘을

인상파 음악을 창시한 클로드 드뷔시. "프랑스의 변화는 클로드 드뷔시와 함께 시작되었다. 그의 방향은 미해결의 방향이 아니라 파편화의 방향이었다. 우리들 가운데 많은 사람이 드뷔시의 음악에 찬탄하지만, 그는 음악의 파편화를 시작했고 그 이후의 대부분의 작곡가들에게 영향을 끼쳤는데, 그 영향은 고전 음악뿐만 아니라 대중 음악과 록 음악에도 미쳤다. 미국의 자랑스러운 음악 가운데 하나인 흑인 재즈와 흑인 영가에도 점차로 침투하였다."

서로 칸막이로 분리시켜 놓아 완전히 혼란이 생기도록 했다.

또 그림과 긴밀한 관계를 갖게 되는데, 1947년 케이지는 『마르셀 뒤샹을 위한 음악』(Music for Marcel Duchamp)이라는 곡을 작곡했다. 그러나 케이지의 우연 음악이 만든 소리는 언제나 날카로운 소음이었다. 그의 어떤 음악은 오직 침묵으로 (다만 임의적인 주변의 소리가 침묵을 깨닫도록) 이루어졌지만, 이런 우연적인 방법을 쓰자 그 결과는 날카로운 소음뿐이었다.

한편 케이지는 사람이 그러한 기반에서는 살 수 없고, 우연적 우주 개념은 현 우주에 적합하지 않다는 것을 또한 보여주었다. 케이지는 버섯 연구 전문가이다. 그리고 그는 스스로 말하기를 "나는 만일 내가 우연한 동작이라는 생각으로 버섯에 다가가면 곧 죽을 것이라는 사실을 깨닫게 되었다."라고 했다. 버섯 채집은 조심스러운 식별이 요구된다. 그의 우주 이론은 현존하는 우주에 적합하지 않은 것이다.

자연의 흐름에 적합한 예술과
우주에 일치하지 않는 예술

소음으로 끝나는 이런 우연에 의한 음악은 공항에 서 있거나 하늘을 가로질러 나는 비행기와 묘한 대조를 이룬다. 비행기는 조심스럽게 만들어져 질서정연하다. 이 사실은 우주가 우연이라고 선언하는 이지적인 예술과는 뚜렷한 대조를 이룬다. 왜 비행기는 조심스럽게 만들어지고 질서정연한가? 왜 케이지가 만들어 낸 것은 완전히 소음인가? 다름 아니라 비행기가 날 수 있으려면, 우주의 정연한 흐름에 적합해야 하기 때문이다.

아치볼드 러셀(Archibald Russel, 1905-)은 콩코드 여객기를 설계한 영국인 항공기 설계가이다. 『뉴스위크』(Newsweek)지 유럽판 인터뷰(1976. 2. 16.)에서 그는 이런 질문을 받았다. "많은 사람이 콩코드가 설계 면에서 예술 작품이라고 느낍니다. 콩코드를 설계할 때 미적인 외양을 고려하셨습니까?" 그의 대답은 이렇다. "비행기를 설계하려면, 반드시 자연의 법칙에 가능한 한 근접해 있어야 합니다. 우리는 자연 법칙 속에서 활동하며 그것을 침범하지 않으려 합니다. 우리의 미적 관념은 자연의 미적 관념과 일치하게 되어 있습니다. 콩코드의 모든 모양과 곡선은 마치 자연 법칙에 의해 정해진 것처럼 자연의 흐름에 따르도록 구성되어 있습니다. 그러므로 그 점 때문에 나는 러시아의 초음속 비행기가 우리 비행기의 도용이라는 주장을 의심합니다. 러시아인도 우리처럼 자연에 의하여 부과된 똑같은 기본적 현상을 경험하고 있습니다."

케이지의 음악과 이 음악을 운반 수단으로 하는 세계관은 현존하는 우주에 일치하지 않는다. 어떤 이들은 여기서 아인슈타인과 하이젠베르크의 불확정성 원리와 양자 이론을 개재시키려고 하겠지만 그 사실에 대해서는 이미 제7장에서 살펴보았으므로 재론하지 않겠다. 우주는 케이지가 그의 음악에서, 그리고 폴록이 그의 미술에서 말하고 있는 그런 우주가 아니다. 그리고 우리는 케

영국의 항공기 설계가 아치볼드 러셀(상단). 1969년, 아치볼드 러셀이 설계한 콩코드 여객기 1호기의 첫 출항(하단). "비행기를 설계하려면, 반드시 자연의 법칙에 가능한 한 근접해 있어야 합니다. 우리는 자연 법칙 속에서 활동하며 그것을 침범하지 않으려 합니다. 우리의 미적 관념은 자연의 미적 관념과 일치하게 되어 있습니다. 콩코드의 모든 모양과 곡선은 마치 자연 법칙에 의해 정해진 것처럼 자연의 흐름에 따르도록 구성되어 있습니다. 그러므로 그 점 때문에 나는 러시아의 초음속 비행기가 우리 비행기의 도용이라는 주장을 의심합니다. 러시아인도 우리처럼 자연에 의하여 부과된 똑같은 기본적 현상을 경험하고 있습니다."

이지의 음악이 현존하는 인간과도 일치하지 않는다는 점을 역시 지적해야겠다. 흥미를 유지하기 위해서 그것은 점차로 특이한 것이 되어야 했다. 예를 들면, 벌거벗은 첼로 연주자가 물 속에서 케이지의 음악을 연주했다.

여기에 더 심각한 질문이 있다. 즉 이런 예술이 진짜 예술인가? 이것은 오히려 현존하는 인간의 충만함과 현존하는 우주의 충만함에서 분리된 순전히 철학적, 지적인 표현이 아닌가? 단지 지적인 표현이 되려고 하면 할수록, 그것은 예술 작품이 아니고 더욱더 예술 아닌 것이 된다.

시로 표현된 파편화된 메시지

이런 사상을 나르는 네 번째 수단은 소위 일반 문화로, 시, 소설, 드라마 그리고 영화를 뜻한다. 앵글로색슨 세계에서 시에 이런 사상이 유입된 것은 엘리엇(T. S. Eliot, 1888-1965)의 '황무지'(The Waste Land)로부터이다. 이 작품은 1922년에 출판되었다. 여기서 엘리엇은 파편화된 메시지를 파편화된 시 형식에 연결하였다. '황무지'의 제5장(마지막 장) 마지막은 다음과 같다.

황량한 탑 속에 갇힌 아키텐 공작.
이 단편들로 나는 내 폐허를 지탱해 왔다.
분부대로 합죠.
히에로니모는 다시 미쳤다.
다타. 다야드밤. 다미야타.
샨티 샨티 샨티.

피카소가 그의 그림 『아비뇽의 여인들』에서 삶에 대한 파편화된 개념을 시작한 것과 같이 엘리엇은 이 시에서 현대시를 시작했다. 후에 엘리엇이 기독교인이 되었을 때 그의 저술 양식은 물론 '낡은 것'이 된 것은 아니지만 좌우간 변화했다. 우리는 이 장 뒷부분에서 일반 문화의 작품들을 살펴볼 텐데, 특히 독특한 20세기 예술 형식인 영화를 다루고자 한다. 록 음악과 같은 대중 음악은 온 세계 젊은이들에게 파편화된 세계라는 개념과 비이성 영역에서만 찾는 낙관론을 심어 놓았다. 그리고 시, 드라마, 소설 그리고 특히 영화는 이런 사상들을 앞서 살펴본 다른 운반 수단을 능가하는 방식으로 일반 대중에게 전달했다.

실증주의 철학의 등장과 실패

이 모든 것이 오늘날 우리에게 만장일치에 가까운 합의, 즉 우주와 삶의 파편화된 개념을 부르짖는 거의 통일된 목소리로 나타나고 있다. 그리고 그것이 사방에서 우리에게 여러 목소리로 다가올 때, 물들지 않기란 쉬운 일이 아니다. 우리와 우리 자녀들은 이제 미술, 음악, 일반 문화, 현대 신학, 대중 매체, 만화 등 사방에서 이 메시지를 듣는다. 아마 영화가 특히 60년대에 이 메시지를 선포하여 가장 널리 전파했을 것이다. 그 독특한 기여를 알기 위해서 우리는 먼저 철학에 나타난 다른 발전을 고찰해야 한다.

형식 철학(Formal philosophy)은 그 자체는 현대인에게 있어 죽지는 않았다 해도 이미 연약해져 버렸다. 우리가 살펴본 대로 현대적 근대 과학은 초기 과학의 인식론적 기반(합리적인 하나님이 세계를 만드셨기 때문에 사람들은 이성으로 우주를 탐구할 수 있다고 하는 초기 과학의 기반)을 제쳐 버렸다. 그리고 이 기독교적 기반이 버림받았을 때, 과학자들은 실증주의 철학을 인식을 위한 철학적 기반으로 삼으려고 애썼다.

실증주의는 프랑스 철학자 오귀스트 콩트(Auguste Comte, 1798-1857)가 19세기 중반에 만든 것으로 허버트 스펜서(Herbert Spencer, 1820-1903)가 과학의 기반으로 발전시켰다. 존 로크(John Locke, 1632-1704)의 경험론에 연결되어 있는 실증주의는 기본적으로 당신이 대상을 보고 있는 대로 거기 대상이 있다고 말하는 고지식한 철학이다. 여러분의 감관을 통해서 여러분에게 도달하는 자료로 여러분은 직접적이고 간단하게 대상을 알 수 있다는 것이다.

그러나 얼마 전에 사람들은 사실상 과학은 완전히 객관적으로 대상을 관찰할 수 없다는 사실을 깨닫기 시작했다. 알베르트 아인슈타인은 『프랭클린 연구소 학술지』(Journal of the Franklin Institute, 1936)에서 사람은 자신에게 다가오는 잡다한 감각 자료에서 선택한다는 사실을 지적했다. 다른 말로 하면, 과학적 절차에는 주관적 요소가 개입되어 있다는 것이다. 1958년 맨체스터 대학교에서 은퇴한 후 많은 대학교에서 가르친 마이클 폴라니(Michael Polanyi, 1891-1976)는 『개인적 지식 : 탈비판 철학 입문』(Personal Knowledge : Towards a Post-Critical Philosophy, 1958)에서 순진한 실증주의 견해를 논박했다. 폴라니는, 관찰자는 언제나 거기에 있어 언제나 결론을 만들므로 그는 결코 완전하게 중립적이지 않다는 사실을 지적했다.

따라서 실증주의는 더 이상 인식의 기반으로 삼기 곤란해졌다. 과학에서는 사람이 실험을 고안하고 자신의 일정한 사고방식의 틀을 갖고 그 안에서 관찰 결과를 배열하고 결론을 맺는다. 내가 젊었을 때 알았던 실증주의는 당시 유럽과 미국의 대학교들에서 아주 강력했지만 이제는 사그라들었다. 이런 견해를 붙잡고 있는 사람들은 더 이상 자신과 자신이 관찰하고 있는 대상 사이의 관계를 확신하지 못한다.

실증주의에 대한 중대한 반대 의견이 또 하나 있다. 이 철학적 체계에 따르면, 관찰자에게 도달하는 자료는 사실상 주어진 정보이지 환상이 아니라는 확신을 지지할 이유가 없다는 것이다. 이런 일은 이성적인 하나님이 우주를 창조하셨고 같은 이성적인 하나님이 그 우주에서 살 수 있도록 사람을 지으셨다는 견해를 가진 기독교가 기반이 되었던 시대에는 아무 문제가 되지 않았다.

그런 기독교적 기반 없이 감관을 통해서 도달하는 것이 '저 바깥에' 존재하는 것과 일치한다는 사실을 어떻게 확신할 수 있는가? 르네상스의 인본주의는 개별자에게 의미와 가치를 줄 방법을 찾을 수 없었다. 실증주의가 사라지면서 인본주의는 인식의 확실성을 보장할 아무런 기반도 갖지 못했다.

재미있는 것은 예술가들이 철학자나 과학자들보다 먼저 이 문제를 발견했다는 점인데, 실증주의는 인상파와 비슷했기 때문이다. 이미 언급한 것처럼 인상파 화가들은 자신들이 본 것을 그렸지만, 이런 태도는 그들의 눈에 도달하는 빛의 파동 뒤에 실재가 존재하는가 하는 문제를 남겼다. 모네는 1885년 그 다음 단계로 나아갔고, 그리하여 실재는 모호해지게 되었다. 이와 같이 미술가들이 철학자와 과학자들에 앞서던 시절이 있었다. 기독교적 기반 없이는 예술가나 철학자나 과학자나 모두, 우리가 인식할 수 있음을 우리가 어떻게 인식할 수 있는가라는 문제가 요구하는 무게를 지탱할 만한 기반을 갖지 못했다.

사회학적 과학으로의 이동

그러면 과학에는 어떤 일이 일어났는가? 간략하게 말하면, 과학은 인식론적 기반을 갖지 못한다. 이제는 대개 그렇게 생각한다. 즉 과학자들이 관찰하고 있다고 생각하는 것이 실제로 존재하는 것과 일치한다는 사실을 확신할 만한 기반이 없게 된 것이다. 그러나 과학자들이 과학에서나 일상 생활에서의 인식에서 자신의 체계에 그런 기반을 갖고 있지 못하더라도, 마치 우리의 폐가 지구의 대기에 적합하듯이 그렇게 하나님이 사실상 주체과 객체를 적합한 관계에 두셨기 때문에, 바깥 세계와 우리 자신 사이에는 어떤 일치가 존재한다. 그래서 사람들은 우주에 대하여 계속해서 배울 수 있다. 그러나 요점은 인본주의자들은 자신의 철학적 체계 안에서 인식의 기반을 가지고 있지 않다는 점이다. 외부 세계의 인식에 대한 인본주의자의 낙관론은 힘을 잃었다.

이런 배경 속에서 현대적 근대 과학은 점차 늘어 가는 풍요를 목표로 하는 고도의 기술 형태가 아니면 사회학적 과학, 이 두 가지 가운데 하나가 되는 경향이 있다. 사회학적 과학이란 말을 나는, 사람들이 객관성을 거의 확신하지 않으면서 자기가 얻고 싶어 하는 사회학적 목적을 달성하려고 자신들이 욕구하는 어떤 결론으로 쉽게 도달하는 것이라는 뜻으로 사용한다.

한 실례로 케임브리지 대학교에서 인류학을 가르치는 유명한 교수이자 리스 강좌 강의자인 에드먼드 리치(Edmund Leach, 1910-)를 들 수 있다. 리치는 『뉴욕 서평』(The New York Review of Books, 1966)지에서 과거에는 두 가지 진화론이 있었다고 말했다. 즉 모든 사람이 같은 출발점에서 나왔다는 견해와 인류가 인간 이전의 생물에서 출발한 장소와 시간이 다양하게 다르다는 견해가 그것이다. 두 번째 개념은 보통 가장 오래된 종족이 가장 발전한 종족이라는 생각을 동반하고 있다. 리치는 두 번째 개념이 인종주의에 이르기 때문에 자신은 첫 번째 개념을 택한다고 했다. 그는 이 두 번째 개념에 대하여 언급하면서 다음과 같이 말했다. "이러한 종족 견해는 통탄할 만한 정치적 대의에 이용되는 무기로밖에는 다른 어떤 목적에도 쓸모가 없다." 이것이 바로 내가 사회학적 과학, 즉 결과로 생기는 사회학적인 결론에 기반을 두고 내린 선택이라고 부르는 것이다. 객관적 외부 세계의 인식의 확실성이 약해지면서 과학의 객관성이라는 이상도 약해졌다.

이 사실은 뉴스 제작자들 사이에 나타난 변화와 일치한다. 진리 개념이 더 상대적인 것이 되자, 사설란과 대조를 이루던 뉴스 칼럼의 객관성이라는 이상(理想)이 점차 사라졌다. 이렇게 진리와 인식의 확실성을 유지하는 철학적 기반이 사라지자 그 실제적 결과로 사회학적 과학, 사회학적 뉴스 매체가 생겼으며, 이 둘은 모두 조작자들에게 유용하게 이용되었다. 이 사실은 특히 과학에서 강력해졌는데, 그 이유는 사람들이 과학의 결과들의 객관성 그리고 확실성에 대해 거의 '종교적' 신념을 갖고 있기 때문이다.

실존주의와 언어 분석

철학 자체로 돌아가서, 실증주의 이후에 언어 분석(linguistic analysis)이 등장했다. 이 철학은 언어의 분석을 다루는 철학이다. 그래서 두 철학이 지배하게 되었는데, 그것은 실존주의와 언어 분석이다. 그러나 내가 보기에 둘 다 철학이 아니며 오히려 반(反)철학이다.

실존주의는 커다란 물음을 다루고 있지만, 시도한 해결책을 이성과 분리시키고 그 해답들을 비이성의 영역에 두었다. 반대로, 언어 분석은 언어를 이성의 기반에서 검토하였지만, 결국 언어 분석이 가치나 사실에 이르지 못한다는 사실을 더욱 발견했을 뿐이다. 언어는 오직 언어에 이를 뿐이고, 그래서 언어 분석은 결코 커다란 물음에는 도달하지 못한다. 결과적으로, 실존주의와 언어 분석은 둘 다 중요한 근본적인 물음에 대한 해답을 얻는 데 필요한 기반이 되지 못한다는 점에서 반철학이다. 두 철학은 사람들이 필요로 하는 해결책을 주지 않을 뿐더러 각각 제 나름대로 의미와 가치에 대하여 혼란을 빚고 있다. 물론 영향력이 작은 다른 철학들이 있지만 그것들도 그 이상의 뚜렷한 해답을 주지 않았다. 형식 철학은 진공 상태로 남아 있게 되었다.

비이성 영역에서의 삶에 관한 영상들

중요한 철학 개념들이 점차 철학의 형식적 진술로서가 아니라 이 장 앞부분에서 우리가 일반 문화라고 부른 미술, 음악, 소설, 시, 드라마 그리고 영화를 통해서 등장하기 시작했다. 예를 들면, 사르트르와 카뮈의 실존주의는 형식 철학적 진술로서가 아니라 소설로서 나타났다. 예컨대, 사르트르의 『구토』(Nausea, 1938), 카뮈의 『이방인』(The Stranger, 1942)과 『페스트』(The Plague, 1947) 또 시몬 드 보부아르(Simone de Beauvoir, 1908-)의 『초대받은 여자』

(L'Invitée, 1943)를 살펴보라.

특히 널리 호응을 얻은 60년대의 주요 철학적 진술들은 영화를 통하여 알려졌다. 이 철학적 영화들은 철학적 저술이나 그림 그리고 문학보다 더 많은 사람들에게 전파되었다. 이런 영화 가운데 알랭 레네(Alain Resnais, 1922-) 감독의 『지난해 마리엔바트에서』(The Last Year at Marienbad, 1961), 잉마르 베리만(Ingmar Bergman, 1918-) 감독의 『침묵』(The Silence, 1963), 페데리코 펠리니(Federico Fellini, 1920-) 감독의 『영혼의 줄리에타』(Juliet of the Spirits, 1965), 미켈란젤로 안토니오니(Michelangelo Antonioni, 1912-) 감독의 『확대』(Blow-Up, 1966), 루이스 부뉴엘(Luis Buñel, 1900-) 감독의 『세브린느』(Belle de Jour, 1967), 그리고 잉마르 베리만 감독의 『늑대의 시간』(The Hour of the Wolf, 1967)이 있다. 이 영화들은 사람이 기계라면 어떤 모습일지, 그리고 사람이 비이성의 영역에서 살아가려고 애쓴다면 어떤 모습일지를 영상으로 (그리고 아주 강력하게) 보여주었다. 사람은 비이성 영역에서 아무런 범주를 가지지 못한다. 그는 옳고 그른 것을 혹은 심지어 환상이나 공상과 반대되는 객관적으로 참된 것을 구별할 길이 없다.

한 가지 좋은 예로 안토니오니의 『확대』를 들 수 있다. 영화 광고의 지문은 다음과 같다. '죄책 없는 살인, 의미 없는 사랑.' 안토니오니는 비이성 영역에서는 도덕적 가치에 대한 확실성이나 인간의 범주가 전혀 없다는 사실을 묘사하고 있다. 『확대』에는 주인공이 없다. 르네상스 시대의 인본주의적 자랑의 선언인 미켈란젤로의 『다비드』와 이것을 비교해 보라. 사람은 자신을 자율적인 존재로 높이지만, 그 마지막 결과는 미켈란젤로의 『다비드』가 아니라 안토니오니의 주인공 부재이다. 그 영화에 있는 모든 것은 '찰칵, 찰칵, 찰칵' 하고 돌아가는 카메라뿐이며, 인간적인 것은 사라져 있다. 주인공은 개체 사물, 개별자들의 사진을 찍는다. 예를 들면, 사람들은 이 주인공이 찍은 모델들을 주목할 뿐이며 이들의 인간성이나 의미는 모두 사라진다.

어릿광대들이 공 없이 테니스를 치고 있는 장면 다음에, 영화 마지막에 가

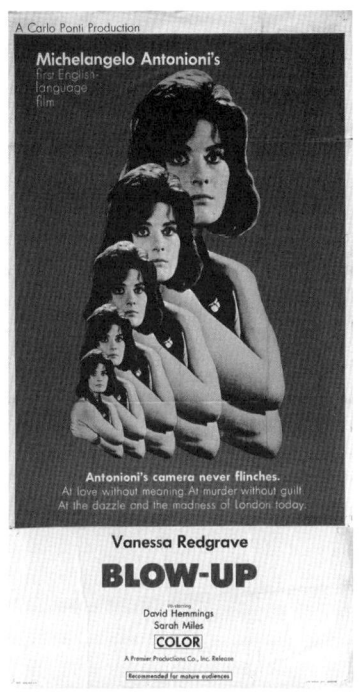
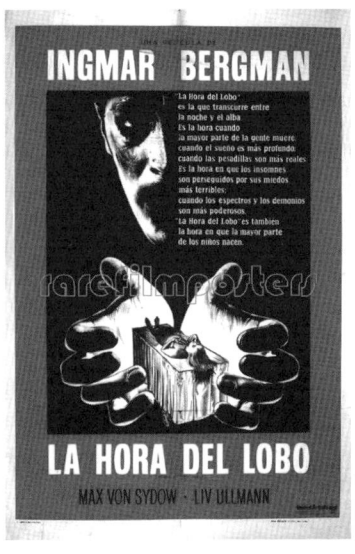
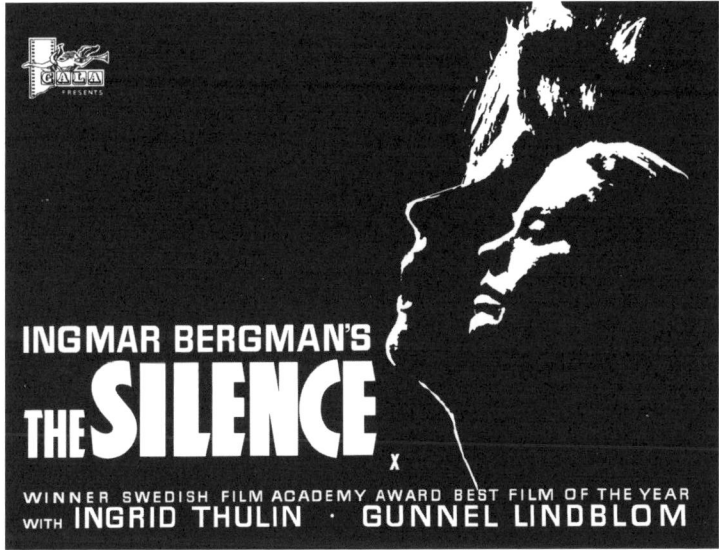

영화 『확대』(상단 좌측), 『늑대의 시간들』(상단 우측), 『침묵』(하단)의 포스터. "특히 널리 호응을 얻은 60년대의 주요 철학적 진술들은 영화를 통하여 알려졌다. 이들 철학적 영화들은 철학적 저술이나 그림 그리고 문학보다 더 많은 사람들에게 전파되었다. ……이 영화들은 사람이 기계라면 어떤 모습일지, 그리고 사람이 비이성의 영역에서 살아가려고 애쓴다면 어떤 모습일지를 영상으로 보여주었다. 사람은 비이성 영역에서 아무런 범주를 가지지 못한다. 그는 옳고 그른 것을 혹은 심지어 환상이나 공상과 반대되는 객관적으로 참된 것을 구별할 길이 없다."

면 장면이 점차 축소되면서 끝나는데, 결국 주인공은 완전히 사라지고 풀밭만 화면을 채운다. 인간은 사라진다. 이성에 터를 두고 있는 현대인은 자신을 기계로 볼 뿐이다. 그러나 비이성의 영역으로 옮겨 가서 거기서 낙관론을 발견하려 했을 때, 자신이 이성에서 분리된 것과 어떠한 인간적 도덕적 가치도 없는 것을 발견한다.

침묵뿐인 우주

이 시대의 영화 가운데 몇몇은 더 나아갔는데, 예를 들면, 『영혼의 줄리에타』, 『지난해 마리엔바트에서』, 『늑대의 시간』, 『세브린느』 등이 그러하다. 이 영화들은 이전보다 더 심오한 것을 말하고 있다. 현대인은 이성 없이 낙관론을 찾으려고 비이성의 영역으로 도약했기 때문에 인간적 가치나 도덕적 가치가 없을 뿐만 아니라, 확실성도, 실재와 환상을 구별할 범주도 전혀 없다.

베리만은 여기서 분명한 사례를 제시하고 있다. 1963년 그는 『침묵』을 감독했다. 그는 녹화 인터뷰에서 신은 죽었다는 결론에 도달했다고 밝혔다. 그러므로 우주에는 오직 침묵뿐이다. 그래서 그는 이 영화를 만든 것이다. 그 후에 『늑대의 시간』(1967)을 만들었는데, 이 영화에서는 아무도 실재와 환상의 차이점을 말할 수 없다. 제시된 것이 실제로 일어난 것인지 아니면 배우 가운데 한 사람의 마음속에 있던 것인지 알 수 없다. 같은 문제가 『영혼의 줄리에타』, 『지난해 마리엔바트에서』 그리고 『세브린느』 등의 영화에도 나타난다. 사람들은 이 영화들을 백 번이고 감상할 수 있겠지만, 어느 부분이 객관적인 사실로 촬영한 것이고, 어느 부분이 배우의 상상력의 일부인지를 확신할 수 있는 방법이 없다. 만일 사람들이 오직 자신으로부터 시작하고 말씀하고 계시는 인격적인 하나님이 없는 그런 우주에 실제로 살고 있다면, 실재와 공상이나 환상의 차이를 확신할 수 있는 최종적인 방법을 갖지 못한다.

인간 존재의 거룩한 부분

그러나 베리만은 (사르트르, 카뮈 그리고 나머지 다른 사람들처럼) 실제로 자신의 입장대로 살 수 없었다. 그렇기 때문에 그는 『침묵』에서 배경 음악으로 바흐의 『골트베르크 변주곡』(Goldberg Variations)을 사용한다. 한번은 녹화 인터뷰에서 음악에 대하여 질문을 받자, 음악이 말하고 있는 곳에 인간 존재의 거룩한 작은 부분이 있다고 말하기도 했다. 그는 『침묵』의 각본을 쓰면서 『골트베르크 변주곡』을 자기 집에 틀어 놓았는데 그 음악이 그 영화에서 말하고 있는 것을 방해했다고 덧붙였다.

기독교적 기반에서는 음악이 말하는 이유를 알 수 있다. 인간은 하나님의 형상으로 지음받았고, 이런 근거로 음악이 왜 인간에게 음악인지 그 이유를 이해할 수 있다. 계시, 즉 성경과 그리스도를 통한 하나님의 계시에 근거를 두면, 우주에는 궁극적 침묵이 없고 인간적 가치와 도덕적 가치 그리고 환상과 공상을 구별할 수 있는 범주의 확실성이 있게 된다. 그리고 인간이 왜 인간인지 그 이유도 있게 된다. 그러나 인본주의적 입장에 있는 현대인들에게는 그것이 없다.

이 철학적 영화들은 사람들이 어디에 도달했는지를 분명하게 말해 주었다. 현대인들은 실로 곤경에 처해 있다. 이런 일들은 미술관, 콘서트홀, 록 페스티벌, 무대와 극장 혹은 신학교 안에 갇혀 있는 것이 아니다. 사람들은 자신의 세계관에 근거하여 활동한다. 그러므로 사회는 근본적으로 변화되었다. 이것이 바로 오늘날 많은 도시의 거리를 야밤에 안전하게 걸어다니지 못하는 (기본적) 이유이다. 사람은 생각한다. 고로 존재한다.

제10장 현대의 미술, 음악, 문학 그리고 영화 | 연구 문제

1. 인상파는 무엇을 그리려고 했는가? 그 결과 어떤 현상이 빚어졌는가? 그 문제를 해결하기 위해 후기 인상파는 어떤 시도를 했는가? 그들은 성공했는가? 세잔을 중심으로 설명해 보라.

2. 피카소가 그리려고 했던 것이 무엇인가?

3. 뒤샹의 『계단을 내려오는 나부』를 비평해 보라. 이 그림에서 두드러지게 나타난 요소는 무엇인가? 뒤샹은 어떻게 그런 결론에 도달했는가?

4. 말러의 『교향곡 9번』을 들어 보고 번스타인의 비평과 비교해 보라.

5. 쇤베르크의 음악과 바흐의 음악을 '해결'이라는 관점에서 비교해 보라. 왜 그런 차이가 생기는가?

6. 케이지는 우주가 우연이라는 이해를 음악에서 어떻게 표현했는가?

7. 엘리엇의 시 '황무지'를 감상해 보라. 그가 무엇을 말하려고 했는지 말할 수 있겠는가? 후에 그가 기독교인이 되었을 때 그의 시 형식이 어떻게 변화되었다고 하는가?

8. 과학의 기독교적 기반이 폐기되었을 때 현대 과학은 어디에서 그 기반을 구하려 했는가? 그 철학이 안고 있는 난점은 무엇인가?

9. '사회학적 과학'을 리치의 진화론을 예로 들어 설명하라.

10. 잉마르 베리만 등 1960년대의 영화 감독들은 그들의 영화를 통해 무엇을 표현하려고 했는가?

현대인의 기본 사상이 된 관점이 미술, 음악, 드라마, 신학, 대중 매체를 통하여 대다수 사람들에게 이르게 되자 가치들은 죽어 버렸다. 기독교적 영향이 지배적이던 합의점이 약해지면서 사람들은 두 가지의 빈약한 가치, 즉 개인적 평안과 풍요를 받아들였다. 사람들은 그런 가치를 가지고도 자신의 자유를 위해 일어설 것인가? 그들은 자신들의 개인적 평안과 번영이 유지되는 한, 한 발 한 발 조금씩 조금씩 자신들의 자유를 포기하지 않겠는가? 에드워드 기번은 『로마 제국 쇠망사』에서 로마 말기의 특징을 다섯 가지로 설명한다. 첫째, 쇼와 사치에 대한 고조되는 애호. 둘째, 아주 부유한 자와 아주 가난한 자 사이에서 넓어져 가는 간격. 셋째, 성에 대한 집착. 넷째, 예술에서 독창성으로 가장된 기형성, 창조적인 체하는 열정주의. 다섯째, 국가를 떠나려는 욕구의 증대가 그것이다. 이 특징들은 모두 아주 친숙하게 들린다.

제11장

우리의 사회

개인적 평안과 풍요라는 빈약한 가치

사람들은 현대인들의 기본 사상이 된 관점을 점차 거의 전적으로 받아들이고 아무런 이의 없이 인정하였다. 그리고 그것이 미술, 음악, 드라마, 신학 그리고 대중 매체를 통하여 대다수 사람들에게 이르게 되자 가치들은 죽어 버렸다. 좀 더 기독교적인 영향이 지배적이던 합의점이 약해지자 대다수 사람들은 두 가지의 빈약한 가치, 즉 개인적 평안과 풍요를 받아들였다.

개인적 평안이란 세계를 돌아다니든 도시를 돌아다니든 상관없이 다른 사람의 어려움 때문에 곤란을 받지 않고 다만 혼자 내버려 두어지는 것, 즉 개인적으로 최대한 방해받지 않고 삶을 꾸려 갈 수 있게 되는 것을 뜻한다. 개인적 평안은 내 개인의 생활 양식이 내 아이들과 손자들의 인생에서 어떤 결과가 일어나든지 상관없이 방해받지 않고 영위될 수 있기를 바라는 것이다. 풍요는 압도적이고 계속 증가하는 번영, 즉 물질과 물질, 더 많은 물질로 이루어진 생애, 즉 계속 높아지는 물질적 풍요의 수준에 의해 판단되는 성공을 뜻한다.

수세기 동안 지배했던 지식과 삶에 대한 파편화된 개념을 세계 도처의 대학교에서 많은 교수들이 젊은이들에게 가르쳤다. 60년대 초반의 학생들은 부모나 다른 사람들에게 "교육받는 이유가 무엇이죠?" 하고 물을 때마다 넌지시 아니면 직설적으로 "통계적으로 보아 교육받은 사람이 1년에 돈을 더 많이 벌기 때문이지!"라는 대답을 들었다. 그리고 "왜 더 많은 돈을 벌어야 하지요?" 하고 물으면, "네 아이들을 대학에 보낼 수 있으니까!"라는 대답을 들었다. 이런 식의 말이나 암시로 나타난 대답에 의하면 사람이나 교육이나 의미가 없었다.

많은 대중 매체들은 이런 개념들을 대중화하여 끊임없이 쏟아부어, 한 세대 전체에게 이성은 삶의 의미에 대하여 그리고 어떤 고정된 가치에 대하여 비관론에 이르게 한다는 가르침을 그들이 태어날 때부터 주입했다. 이것이 그 세대의 분위기였다. 그 세대는 기독교가 시대의 공통된 내용에 좀 더 큰 영향력을 미쳤던 시기에 대하여 어떠한 개인적 기억도 가지고 있지 않았다. 대학인들은 자신을 대학이라는 더 큰 컴퓨터에 의하여 조정되는 작은 컴퓨터로 보았고, 대학 컴퓨터는 다시 국가라는 더욱더 큰 컴퓨터에 의하여 조정된다고 보았다.

기독교적 틀 안에서 의미 있던 노동관은 기독교적 기반이 제거되자 곧 추한 것이 되고 말았다. 노동은 그 자체가 목적이 되어 버려 노동할 아무런 이유도 없고 자신의 노동의 결과가 어떠해야 한다는 것을 결정할 아무런 가치도 없게 되었다. 그러면서 1964년에 갑자기 버클리의 캘리포니아 대학교에서 학생들이 인생이 무의미하다는 이런 생각을 거리로 가지고 나왔다. 놀랄 이유가 어디 있는가? 대부분의 선생들은 인생이 궁극적으로 무의미하고 절대는 존재하지 않는다고 가르쳤지만, 그들 자신은 과거의 기억에 매달려 일관성 없이 살았던 것이다. 한 세대가 배운 것에 기초하여 살려고 하는 것은 자연스럽지 않은가? 그래서 1964년 버클리에서 그 결과가 나타났고 일대 선풍을 일으켰다.

환각제에 의존한 유토피아적 망상

의미의 유일한 희망이 비이성의 영역에 놓여졌기 때문에 약물이 전면에 부각되었다. 약물은 오랫동안 있어 온 것이지만, 올더스 헉슬리의 이상을 좇는 많은 학생들이 이제 약물 복용을 이데올로기로 생각했고, 어떤 이들은 종교로 접근했다. 그들은 객관적 진리에 대한 희망을 포기하고, 약물이 '자신의 머릿속에' 의미를 주리라고 기대했다.

심리학자 티모시 리어리(Timothy Leary, 1920-), 게리 스나이더(Gary Snyder, 1930-), 저술가이며 철학자인 앨런 와츠(Alan Watts, 1915-1973) 그리고 시인 앨런 긴즈버그(Allen Ginsberg, 1926-) 등은 모두 약물을 이데올로기로 만드는 데 영향을 끼쳤다. 예를 들면, 티모시 리어리는 약물은 새 종교의 성례전이라고 말했다.

우리가 앞 장에서 살펴본 것처럼, 물론 이 약물 복용은 실로 하나의 도약, 비이성의 영역에서 의미를 발견하려는 시도일 뿐이다. 찰스 슬랙(Charles Slack, 1929-)은 『60년대의 광기, 티모시 리어리와 나』(Timothy Leary, the Madness of the Sixties and Me, 1974)에서 리어리와의 오랜 교분을 기록하면서, 리어리가 그에게 "마음의 죽음, 바로 그것이 네가 가져야 할 목표이다. 그 밖에 다른 것은 아무런 도움이 안 될 것이다."라고 말했다고 한다.

환각제로 흥분된 세계의 유토피아적 몽상은, 많은 사람들이 아주 충분히 약물을 복용하면 현대 문명의 문제가 해결될 것이라는 생각이었다. 이런 생각을 염두에 두고 도시 상수도에 환각제(LSD)를 넣자는 이야기가 있었다. 이 일을 제안한 사람들은 약물이 낙원으로 인도하는 문이라고 믿었기 때문에 그들에게는 이 일이 사악한 것이 아니었다. 1964년과 그 후 몇 년 동안 히피 세계는 이러한 이데올로기적인 해답을 참으로 믿었다.

자유 연설 운동

버클리에서는 히피의 약물 세계와 함께 자유 연설 운동(Free Speech Movement)이 일어났다. 처음에 그것은 정치적으로 좌파도 우파도 아니었고, 스프라울 광장에서 어떠한 정치적 견해도 표현할 수 있는 자유를 요구하는 것이었다. 그러나 곧이어 자유 연설 운동은 추잡한 연설 운동(Dirty Speech Movement)이 되어 자유는 상스러운 말을 마이크로 외칠 수 있는 것으로 인식되었다.

그 후 얼마 지나지 않아, 이 자유 연설 운동은 헤르베르트 마르쿠제(Herbert Marcuse, 1898-)를 따르는 정치적 신좌파의 강령이 되었다. 마르쿠제는 테오도어 아도르노(Theodor Adorno, 1903-1969), 막스 호르크하이머(Max Horkheimer, 1895-1973), 위르겐 하버마스(Jürgen Habermas, 1929-)와 함께 프랑크푸르트 학파의 신마르크스주의적 가르침에 연결되어 있는 독일인 철학 교수였다. 그는 신좌파의 정신적 지주가 되었을 때, 캘리포니아 대학교 샌디에이고 분교에서 가르치고 있었다.

약물 문화의 절정과 몰락

얼마 동안, 젊은 사람들은 부모들의 빈약한 가치인 개인적 평안과 풍요에 대항하여 싸웠다. 물론 그들이 싸우는 방식은 마르쿠제의 신좌파이건 이데올로기로서의 약물 복용이건 상관없었다. 젊은 사람들은 인생에서 개인적 평안이나 풍요보다 더 많은 것을 바랐다. 그들은 문제를 분석하는 점에서는 옳았지만, 해결 방법에서는 잘못을 범했던 것이다.

히피 운동의 약물 문화의 절정은 『우드스톡』(Woodstock)이라는 영화가 잘 표현했다. 우드스톡이란 1969년 여름 미국 북동부에서 열린 록 페스티벌을 가리킨다. 이 록 페스티벌에 대한 영화 『우드스톡』은 1970년 봄에 개봉되었다.

많은 젊은이들은 우드스톡이 새롭고 놀라운 시대의 시작이라고 생각했다. 주최자는 "이것은 새 시대의 시작입니다. 새 시대가 시작되었습니다!"라고 주장했다.

그러나 약물 세계는 이미 추한 것이 되었고, 비록 젊은 사람들은 아직 알지 못했지만 그것은 그 낙관론의 종국에 접근하고 있었다. 지미 헨드릭스(Jimi Hendrix, 1942-1970)가 곧 그 종국의 상징이 되었다. 흑인으로서 놀라운 재능을 지녔지만 비인간적으로 이용당했던 그는 그를 상징 인물로 했던 문화가 새로운 시작이라는 주장이 있은 직후인 1970년 9월에 약물을 과다 복용하여 구토하다가 죽었다. 60년대 후반, 약물 복용에 기반을 둔 이데올로기적 희망들은 죽어 버렸다.

1969년 12월, 캘리포니아주 앨타몬트에서 록 밴드인 롤링 스톤스(The Rolling Stones)가 축제를 열었다. 그들은 폭주족 '지옥의 사자들'(Hell's Angels)을 데려다가 그곳의 치안을 맡기고 대신 상당량의 맥주를 대접하였다. 그러나 한 사람이 죽었고, 『롤링 스톤』(Rolling Stone)지는 다음 호에서 "순진무구하던 우리 시대는 지나가 버렸다."라고 게재했다. 이듬해인 1970년 8월, 영국 해협에 있는 와이트섬에서 열린 음악 축제에 25만 명의 사람들이 참석했다. 그 축제도 역시 극도로 추잡하게 끝났고, 그때부터 약물 복용에 대한 태도가 변화하게 되었다.

불행하게도 약물을 복용하는 사람들의 수가 더 적어지지는 않았다. 60년대는 막을 내리고 70년대가 시작됨에 따라 더 많은 사람들이 여러 종류의 약물을 복용하였고 점점 더 어린 사람들까지 가세했다. 그러나 약물 복용은 더 이상 이데올로기가 아니었다. 그것은 끝났다. 약물은 단지 전통적으로 과거에 많은 곳에서 그랬던 것처럼 탈출구에 불과했다.

우드스톡 개막일 풍경. 1969년 8월 15일부터 3일간 미국 뉴욕주 베델 평원에서 개최된 우드스톡의 정식 명칭은 '우드스톡 음악 예술 축제'이다. '평화와 음악의 3일'이라는 구호 아래 열린 이 축제에는 적어도 30만 명 이상이 운집했다고 본다. "히피 운동의 약물 문화의 절정은 『우드스톡』이라는 영화가 잘 표현했다. 우드스톡이란 1969년 여름 미국 북동부에서 열린 록 페스티벌을 가리킨다. ……많은 젊은이들은 우드스톡이 새롭고 놀라운 시대의 시작이라고 생각했다. 주최자는 '이것은 새 시대의 시작입니다. 새 시대가 시작되었습니다!'라고 주장했다. 그러나 약물 세계는 이미 추한 것이 되었고, 비록 젊은 사람들은 아직 알지 못했지만 그것은 그 낙관론의 종국에 접근하고 있었다."

무관심과 보다 깊은 전략

미국에서는 신좌파도 역시 차츰 쇠퇴하다가 지나친 폭파 행위, 특히 1970년 위스콘신 대학교 실험실에서 있었던 폭발로 한 대학원생이 죽은 일 때문에 사람들의 호감을 잃어버렸다. 이 사건이 미국에서 있었거나 또 있을 마지막 폭발 사건은 아니었다.

급진주의자들의 강경파가 여전히 남아서 활동 중이고 점점 더 적극적일 수 있었다. 그러나 신좌파가 그 자연스러운 천성으로 행한 폭력 때문에 (유럽에서도 그렇지만) 미국에 있는 대다수의 젊은 사람들은 그것을 더 이상 희망으로 볼 수 없었다(신좌파는 유물론에 기초한 마르크스주의를 이어받고 있기 때문에 자연히 폭력을 수반한다 - 역자 주).

그래서 1964년 일부 젊은 사람들은 개인적 평안과 풍요라는 거짓된 가치에 도전하기 시작했고, 그런 점에서 우리는 그들을 존경해야 한다. 오직 인간 자신으로부터 시작한 인본주의는 이전의 가치 기반을 파괴했을 뿐, 확신을 가지고 어떤 새로운 가치를 만들 수 있는 방법을 가질 수 없었다. 그 결과 생겨난 진공 상태에서 개인적 평안과 풍요라는 빈약한 가치가 최고의 자리에 이르게 되었다.

이제 대다수의 젊은 사람들에게 이데올로기로서의 약물이라는 거짓된 희망들이 사라지고 신좌파가 약화된 이후에는 무엇이 남아 있는가? 오직 무관심(apathy)만이 남아 있을 뿐이다. 70년대 초 미국에서 무관심은 극도에 달하였다. 60년대의 정치적 행동주의자들과는 대조적으로 국민 투표 연령이 18세로 낮추어졌음에도 불구하고 젊은이들은 소수만이 투표하였다. 희망이 사라진 것이다.

60년대의 혼란이 지나간 후 70년대 초반에 대학들이 잠잠해졌을 때 많은 사람들은 더 좋아졌다고 생각했다. 나는 울고 싶은 심정이었다. 젊은 사람들은 잘못된 해결책을 제시했지만 분석은 바르게 했다. 많은 사람들이 희망을 버리고 그저 자기 부모와 같이 개인적 평안과 풍요라는 가치를 받아들인 것이 훨씬 더 나쁜 것이다. 지금도 약물이 있지만, 이는 이전 세대의 알코올에 비교될 정도이다. 알코올의 과다 사용도 젊은 사람들 사이에 문제가 되었었다. 난잡한 성행위와 양성애(兩性愛)도 이어지고 있으나, 이것은 이전 세대의 간음에 비교할 수 있을 정도이다. 다른 말로 하면, 젊은 사람들은 부모에게 반항했었지만 이제는 동일한 두 빈약한 가치, 즉 자기들 식의 개인적 평안과 자기들 나름의 풍요의 커다란 원 안으로 모여들었고 대체로 한 걸음 더 아래로 전락했다.

무법한 편의주의의 원인과 비극적 결과

어떤 곳에서는 마르크스-레닌주의 노선이나 모택동주의 노선이 장악했다. 물론 이 사실은 미국에는 해당되지 않지만, 이 이데올로기들은 유럽, 남미 그리고 세계 다른 곳에서 주요한 요인이 되었다. 하지만 마르크스-레닌주의는 비이성 영역으로의 또 다른 도약으로서 마치 약물 복용의 초창기 때처럼 이상주의적이었다. 젊은이들은 압제가 스탈린의 지나친 독재 행위일 뿐만 아니라 공산주의 체계의 본질적인 부분이었고 현재도 그렇다는 명백한 증거가 있음에도 불구하고 마르크스주의를 따랐다.

이 사실을 『수용소 군도』(The Gulag Archipelago, 제1권, 1974)에서 알렉산드르 솔제니친(Aleksandr I. Solzhenitsyn, 1918-)이 보여준 것보다 더 분명하게 보여준 사람은 없다. 솔제니친은 무법한 편의주의가 레닌에 의하여 확고하게 수립된 것을 지적하는 데 혼신의 힘을 쏟았다. 그는 1922년에 진행되었던 재판들을 요약하고 1937년의 그 유명한 '공개 재판'을 내다보면서 "그러면 1937년에 그들은 무엇 때문에 놀랐는가? 무법의 기초는 모두 놓여 있지 않았던가?" 하고

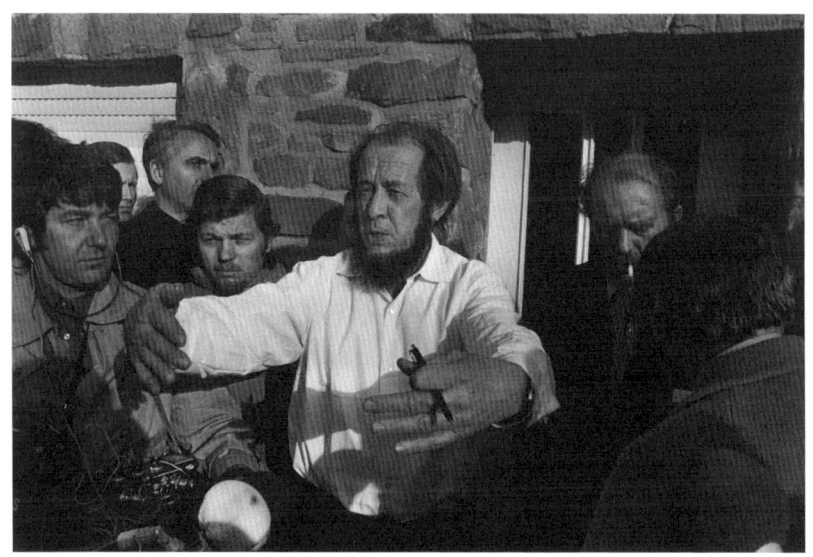

1974년 서독 쾰른에서의 알렉산드르 솔제니친. "마르크스-레닌주의는 비이성 영역으로의 또 다른 도약으로서 마치 약물 복용의 초창기 때처럼 이상주의적이었다. 젊은이들은 압제가 스탈린의 지나친 독재 행위일 뿐만 아니라 공산주의 체계의 본질적인 부분이었고 현재도 그렇다는 명백한 증거가 있음에도 불구하고 마르크스주의를 따랐다. 이 사실을 『수용소 군도』에서 알렉산드르 솔제니친이 보여준 것보다 더 분명하게 보여준 사람은 없다. 솔제니친은 무법한 편의주의가 레닌에 의하여 확고하게 수립된 것을 지적하는 데 혼신의 힘을 쏟았다."

묻는다. 그러나 이 일이 스탈린 이전에 일어났다면, 그것이 스탈린보다 더 오래 남아 있었던 것은 역시 사실이다.

솔제니친은 강제 수용소를 뜻하는 샐러맨더(salamander)가 아직도 살아 있다고 말한다. 『수용소 군도』(제2권, 1975)에서 그는 강제 수용소의 재소자가 어떤 때에는 1,500만 명에 달했다고 말하며, 혁명 때부터 1959년까지 전체 6,600만 명의 재소자가 죽었다고 추산했다.

이 샐러맨더는 이제 눈에 아주 뚜렷할 정도로 탐욕스럽지는 않지만 솔제니친의 분노는 진정되지 않았다. 그는 무법한 편의주의의 근본 원인이 어떤 값을 치르더라도 내적 안정을 유지하려는 것이라고 정확하게 지적한다. 그리고 그는 그의 동시대인들이 "과거의 불행을 깨끗이 잊어버리자."라고 그에게 권한다면 역시 그들도 같은 선택을 하고 있는 것이라고 본다. "과거에 머무르라. 그러면 눈 하나를 잃으리라." 하고 그들은 말하고 있는 것이다. 솔제니친은 거기에 이렇게 덧붙인다. "그러나 속담은 계속하여 말하기를 '과거를 잊으라. 그리하면 너는 두 눈 모두 잃으리라.'라고 한다."

그는 제2차 세계 대전 이후 중요한 나치 전범(1966년 86,000명이 유죄 판결을 받았다)을 색출하여 처벌하려고 힘쓴 서독의 노력과, 나치에 대하여 그런 절차가 없었던 동독, 마찬가지로 공식적으로 정죄된 스탈린의 범죄에 적극적으로 참여한 사람들에 대하여 그런 절차가 없었던 러시아를 효과적으로 비교하였다. 그는 이런 사고방식의 상징으로 몰로토프(Molotov)를 선택하는데, 이는 안온하게 살아가는 사람, "전혀 배운 것이 없고 심지어 지금도 우리의 피로 배불리며 유유히 보도를 가로질러 가서 길고 넓은 승용차에 몸을 싣는 그런 사람"이다.

솔제니친은 이러한 사실들을 되돌아보면서 "가장 오래된 시대로부터 있어 왔던 정의는 덕은 승리하고 악은 멸망한다는 두 부분으로 된 개념이었다."라고 쓰고 있다. 그리고 대조적으로 러시아에 대하여 "젊은 사람들은 거짓된 행동이 지상에서는 결코 처벌되지 않고 오히려 그 행동이 언제나 번영을 가져온다는 확신을 갖고 있다."라고 결론 내린다. 그는 거기에 덧붙여 "그러한 나라에 사는 것은 불편하고 두려운 일이 될 것이다."라고 한다. 이런 사실은 러시아뿐만 아니라 공산주의가 장악한 곳에서는 어디에서나 마찬가지이다. 중국은 아마 러시아보다 내적인 자유가 더 없을 것이다.

공산주의는 또한 외국에 대해서도 압제를 사용한다. 헝가리, 체코슬로바키아 그리고 폴란드를 생각해 보라. 나는 1956년 11월 4일, 헝가리가 넘어간 그날을 결코 잊지 못할 것이다. 그때 스위스에서 내 단파 라디오를 듣고 있었는데, 학생들이 영어로 계속해서 도움을 바라는 탄원을 하고 있었다.

좌절된 프라하의 봄. 1968년 체코슬로바키아 민주화 운동은 소련에 의해 강제 진압되었다. "솔제니친은 러시아에 대하여 '젊은 사람들은 거짓된 행동이 지상에서는 결코 처벌되지 않고 오히려 그 행동이 언제나 번영을 가져온다는 확신을 갖고 있다.'라고 결론 내린다. 그는 거기에 덧붙여 '그러한 나라에 사는 것은 불편하고 두려운 일이 될 것이다.'라고 한다. 이런 사실은 러시아뿐만 아니라 공산주의가 장악한 곳에서는 어디에서나 마찬가지이다. ……공산주의는 또한 외국에 대해서도 압제를 사용한다. 헝가리, 체코슬로바키아 그리고 폴란드를 생각해 보라."

나는 헝가리에서 체포된 소녀들 가운데 한 소녀의 신문 사진을 가지고 있다. 그것은 재판받고 있는 사랑스런 헝가리 소녀의 사진이다. 그녀의 이름은 토트 일로나(Tóth Ilona, 1932-1957)이다. 그녀는 1957년 7월, 교수형에 처해졌다. 나는 "과거를 잊으라. 그리하면 너는 두 눈 모두 잃으리라."라는 격언을 기억하기 위해 그녀의 사진을 보존할 것이다.

마르크스-레닌주의에 대한 비이성 영역으로의 도약

부정적인 의미에서 마르크스-레닌주의에 대한 비이성 영역으로의 도약은 얼마나 낭만적인가! 이 도약은 우리가 이전 장에서 살펴본 실존주의적 도약이나 그 외 다른 도약과는 다른 유의 도약이지만, 역시 이성에 근거를 두지 않은 것이다.

마르크스-레닌주의의 철학적 기반인 유물론은 인간의 존엄성이나 권리에 대한 기초가 되지 않는다. 마르크스-레닌주의는 그들이 득세하고 있지 않은 곳에서는 존엄성과 권리에 대하여 많이 말함으로써 흥미를 끌고 사람을 개심시키지만, 그 유물론적 기반은 사람의 존엄함이나 권리에 대하여 아무런 기반도 되지 못한다.

이런 현상을 이해하기 위하여 우리는 마르크스가 기독교에서 기반을 제공한 것, 즉 인간의 존엄함에 손을 뻗어 이것을 자기 식으로 받아들였던 사실을 이해해야 한다. 이상주의적으로 들리는 마르크스-레닌주의를 이해하는 유일한 길은 그것이 (이런 의미에서) 하나의 기독교 이단이라는 것에 있다. 기독교적 기반이 없었지만 마르크스-레닌주의는 권력을 잡기까지는 기독교적 기반에 근거를 두고 있는 말들을 사용한다. 그러나 마르크스-레닌주의가 권력을 잡은 곳에서는 역사상 압제를 하지 않은 곳이 없다. 그들이 권력을 잡자마자 대다수의 소원이란 말은 의미 없는 개념이 되고 말았다.

1956년 헝가리 반소(反蘇) 항쟁 때 체포된 여의사 토트 일로나의 재판 광경. 헝가리의 잔다르크로 불리던 그녀는 1957년 결국 교수형에 처해졌다. "1956년 11월 4일, 헝가리가 넘어간 그날을 결코 잊지 못할 것이다. ……나는 헝가리에서 체포된 소녀들 가운데 한 소녀의 신문 사진을 가지고 있다. 그것은 재판받고 있는 사랑스런 헝가리 소녀의 사진이다. 그녀의 이름은 토트 일로나이다. 그녀는 1957년 7월, 교수형에 처해졌다. 나는 '과거를 잊으라. 그리하면 너는 두 눈 모두 잃으리라.'라는 격언을 기억하기 위해 그녀의 사진을 보존할 것이다."

제1장에서 말했던 것처럼 사람들은 전제를 가지고 있고 자신들이 알고 있는 것보다 더 일관성 있게 이 전제에 따라 살고 있다. 한 사람의 전제는 그가 존재하는 것들의 진리라고 보는 것에 근거한다. 의식적으로 철학적인 유물론에 근거하는 전체주의 국가에는 '인간의 얼굴을 한 공산주의'가 들어설 자리가 없다. 폴란드, 체코슬로바키아 그리고 그 외 공산주의가 지배하는 다른 나라에 살고 있는 몇몇 개혁자들(그리고 비공산주의가 지배하는 나라에 사는 몇몇 공산주의자들)은 이런 공산주의를 주장했었다.

유물론적 기반에 서 있는 체계의 위험성

1975년 앙드레 말로(André Malraux, 1901-)는 공산주의가 인간의 얼굴을 할 수 있는가라는 질문을 받자 잠시 숙고한 뒤에 "역사적 체험은 그런 것이 있을 수 없음을 보여준다."라고 대답했다. 개인의 존엄함에 대한 기초가 없는 곳에서는 무엇을 존엄하게 여길지를 오직 자의적인 편의주의가 결정한다. 그리고 편의주의는 자의적일 뿐이므로 왜곡되기 쉽고 마음대로 바뀔 수 있다. 사람들은 궁극적으로 자신의 전제, 세계관에 아주 일관되게 행동하려는 경향이 있다. 의식적으로 유물론의 철학적 기반에 서 있는 체계에 대하여 이런 사실을 망각하면 두 눈을 잃을 뿐만 아니라 머리까지도 잃게 될 것이다.

다른 기반, 예를 들면 기독교(적어도 기독교적 기초에 대한 기억)를 기반으로 한 나라들은 실로 너무 일관성 없고 터무니없게 행동할 수 있다. 그러나 유물론을 기반으로 한 국가가 자의적으로 행하고 인간에게 내부적으로나 외부적으로나 아무런 존엄함도 주지 않을 때, 그 국가는 자기의 기본 전제와 원리에 일치되게 행하고 있는 것이다. 마르크스-레닌주의를 받아들이는 것은 사실상 일종의 비이성 영역으로의 도약이다. 그것은 니체의 놀이 계획과 같은 것으로서, 자기가 관찰하는 것에 어떤 제한을 가하여 그 체계가 카드로 만든 집처럼 붕괴되지 않도록 한계 이상으로 보기를 거부하는 것이다. 이런 사실이 마르크스-레닌주의의 위험성을 약화시키는 것은 아니다. 우리는 또한 보수주의 공산당, 특히 합법적으로나 지하 운동으로 활동했던 일부 유럽 국가들에서의 공산당의 재등장을 고려해야 한다.

마르크스-레닌주의에는 두 가지 흐름이 있다. 첫째는 이상주의적인 형태로 마르크스-레닌주의를 모든 이성에 반하는 도약이라고 주장하는 자들로서, 기독교 이단으로서 표절한 말들 즉 존엄함과 권리에 대한 말들에 귀를 기울이지만 한 체제로서의 체제의 내적인 압제에 대해서는 눈을 감아 버린 자들이다. 둘째는, 정통 공산주의 이데올로기를 주장하는 보수주의 노선이다. 1968년 5월에 프랑스에서 학생 소요를 주도했고 지금도 마르크스주의자인 다니엘 콘-벤디트(Daniel Cohn-Bendit, 1945-) 일명 '붉은 다니'(Danny the Red)는 1975년에 한 인터뷰에서 이 두 집단을 구분지었다. 그는 '정통 공산주의 이데올로기'와 '소연방(蘇聯邦)에 존재하고 있는 유형의 관료적 구조'라는 말로 보수주의적 공산주의자의 노선을 언급했다.

절대가 없다는 원칙보다 더 확실한 것은 없다

만일 개인적 평안과 풍요가 공산주의 아래서도 허용된다면, 많은 젊은 사람들과 나이 든 사람들이 무슨 일을 할 것인지 아무도 확신할 수 없다. 우리가 언급했던 마르크스-레닌주의의 두 가지 흐름은 하나의 핵심적인 부분에서는 함께 만나 항거할 수 없는 어떤 정치적 결과를 낳을 수도 있다.

미국에서는 다른 많은 실제적 문제들이 (성경 속에 나타나 있고 그리스도를 통하여 나타나 있는) 하나님의 계시로부터 자율적으로 되려는 인간의 욕망이 점차로 그 자연스러운 결론에 이르게 될 때까지 발전했다. 사회학적으로 (새뮤얼 러더퍼드의) '법이 곧 왕이다.'라는 기준이 더 이상 기반이 되지 못하게 되어, 사람들은 사람들의 자의적인 판결이 아니라 법에 의해서 통치를 받을 수 있고 무질서하지 않은 자유를 더 많이 누릴 수 있는 기반을 잃어버렸다. 그 체제가 여전히 작용한다면, 그것은 주로 과거의 원리가 단순한 타성에 의하여 지속되기 때문이다. 그러나 이러한 차용은 영원히 계속될 수 없다.

우리가 살펴본 바와 같이 충분한 기반이 없는 현대적 근대 과학은 사회학적인 과학이 될 위험이 있었고, 그와 같이 시민법도 사회학적인 법이 되려는 쪽으로 움직였다. 저명한 법률가이자 미국 연방 대법원 대법관인 올리버 웬들 홈스 2세(Oliver Wendell Holmes, Jr., 1841-1935)는 이 방향으로 큰 발자취를 남겼다. 홈스는 『관습법』(The Common Law, 1881)에서 법은 경험에 근거한다고 말했다.

텍사스 공과대학교 법학대학원 법학 조교수인 대니얼 벤슨(Daniel H. Benson, 1936-)은 홈스의 말을 다음과 같이 인용한다. "진리는 다른 모든 사람들을 삼

미국의 가장 위대한 법사상가로 꼽히는 법학자이자 미국 연방 대법원 대법관을 지낸 올리버 웬들 홈스 2세. "충분한 기반이 없는 현대적 근대 과학은 사회학적인 과학이 될 위험이 있었고, 그와 같이 시민법도 사회학적인 법이 되려는 쪽으로 움직였다. 저명한 법률가이자 미국 연방 대법원 대법관인 올리버 웬들 홈스 2세는 이 방향으로 큰 발자취를 남겼다. …… 홈스는 1926년 존 우에게 보내는 편지에서 이렇게 쓰고 있다. '법전의 발전에 관련하여 제기되는 궁극적인 질문은 공동체의 지배적인 세력이 무엇을 원하고 있고, 어떠한 제재가 방해할지라도 무시하고 나갈 만큼 충분히 강한 욕구를 가지고 있는가 하는 점입니다.'"

켜 버리는 국민의 다수 표결이다." 홈스는 1926년 존 우(John C. H. Wu, 1899-)에게 보내는 편지에서 이렇게 쓰고 있다. "법전의 발전에 관련하여 제기되는 궁극적인 질문은 공동체의 지배적인 세력이 무엇을 원하고 있고, 어떠한 제재가 방해할지라도 무시하고 나갈 만큼 충분히 강한 욕구를 가지고 있는가 하는 점입니다." 이런 사실은 새뮤얼 러더퍼드의 성경적 기반과 정의의 여신이 '하나님의 말씀'을 가리키고 있는 폴 로버트의 그림과는 아주 다른 것이다.

전 미국 연방 대법원장이었던 프레더릭 무어 빈슨(Frederick Moore Vinson, 1890-1953)은 다음과 같이 말함으로써 이 문제를 표명했다. "현대 사회에서 절대는 없다는 원칙보다 더 확실한 것은 없다." 모든 것이 상대적이고 모든 것이 경험이다. 우리는 이 묘한 우리 시대의 표지를 주목해야 한다. '허용되는 유일한 절대는 절대가 없다는 절대적인 주장이다.'

자연에서 기반을 찾으려는 노력의 허점

로스코 파운드(Roscoe Pound, 1870-1964)는 『법학』(Jurisprudence, 1959)에서 이렇게 썼다. "그리스 철학자들은 한편으로는 복종의 전통과 습관과 다르고 다른 한편으로는 정치적으로 최고인 것의 의지와도 다른 어떤 사회적 통제의 확실한 기반을 발견하려고 했다. 그들은 자신들이 물리적 자연의 지속적이고 보편적인 현상에 대한 유추 속에서 그런 기반을 발견했다고 생각했다."

자연이 숭배받던 루소, 괴테 그리고 컨스터블의 시대에는 자연을 법의 기반으로 삼으려는 일치된 시도가 있었다. 그것을 이름하여 자연법(Natural Law) 혹은 자연법 법률학파(Law-of-Nature School of Jurisprudence)라고 한다. 로스코 파운드는 이런 접근 방식을 택한 사람들에 대하여 이렇게 쓰고 있다. "18세기 자연법 법률학파의 법학자들은 완벽하고 완전한 법체계는 이성으로 발견할 수 있는 자연적(즉 이상적) 법의 원리 위에 수립될 수 있다고 생각했다." 이 사실은 계몽주의적 낙관론의 일부분이다.

그러나 우리가 살펴본 대로 자연은 도덕이나 법에 대한 충분한 기반이 되지 않는데, 이는 자연이 잔인하기도 하고 잔인하지 않기도 하기 때문이다. 점차 자연이 법에 확고한 가치를 주리라는 희망이 사라지고, 그 대신 20세기가 시작될 무렵, 파운드가 프랑스 법률학자이자 법철학자인 조제프 샤르몽(Joseph Charmont, 1859-1922)의 말에서 인용했듯이 자연에 뿌리를 두고 있던 법은 가변적인 내용을 가지게 되었다. 한번은 내게 어느 유대인 기독교인 변호사가 편지를 보낸 적이 있는데, 그는 뉘른베르크 전범 재판의 심각한 의미를 생각하다가 다음과 같이 써 보낸 것이다. "나는 그때 도덕법이 풀잎에도 물방울에도 별에도 쓰여 있지 않음을 알았습니다. 나는 구체적인 계명, 법령, 명령 그리고 판결로 이루어진 거룩한 토라에 기록된 하나님의 변하지 않는 법의 필요성을 깨달았습니다."

사회학적 선에 대한 자의적 판결

사람들은 오직 자신의 자율로부터 시작하여 자연에서 법에 대한 견고한 기반을 세우고 발견하는 데 실패했다. 그리고 오늘날 우리에게는 올리버 웬들 홈스의 '경험'과 프레더릭 무어 빈슨의 말 "현대 사회에서 절대는 없다는 원칙보다 더 확실한 것은 없다."라는 진술이 남아 있을 뿐이다. 법은 가변적인 내용을 가지고 있을 뿐이다. 현대의 많은 법은 이전 판례에 근거하고 있지도 않다. 그것은 과거의 법률적 판단의 연속성에 반드시 따라야 할 필요가 없다는 것이다.

그래서 넓은 범위에서 미국 헌법은 현재 법원이 무엇을 원하느냐에 따라 달리 해석될 수도 있다. 즉 법원이 사회학적으로 그 당시에 유익하다고 느끼는 것에 대하여 내리는 판단에 근거하고 있다.

때때로 이것은 적어도 잠정적으로 행복한 결론을 가져온다. 그러나 한 번 그 문이 열리고 나면 어떤 것도 법률이 될 수 있고 사람들의 자의적인 판단이 왕이 될 수 있다. 법은 이제 제멋대로 굴러가고 있고 법원은 입법자가 만든 법률을 해석할 뿐만 아니라 법률을 만들기도 한다. '법이 곧 왕이다.'가 '왕이 곧 법이다.'로 변했다. 현재 유력한 사회학적 선(善)에 대한 자의적인 판결이 바로 왕이다.

태아에 대한 미국 연방 대법원의 결정

자의적인 절대 기준이 공산주의적 규칙을 특징짓듯이 철의 장막 이편에서도 이런 방향으로 향하는 추세가 있다. 이 사실은 방향의 엄청난 변화가 얼마나 자의적이든지 혹은 그 변화가 과거의 법률과 과거의 합의와 얼마나 심하게 결별하든지 상관없이 그런 변화는 이루어질 수 있고 다수 사람들이 그것을 질문 없이 받아들이는 경향이 있다는 것을 의미한다.

예를 들어, 태아 즉 태어나지 않은 아이에 대한 미국 연방 대법원의 결정을 자세히 살펴볼 가치가 있다. 1973년 1월 22일 미국 연방 대법원은 아무런 논란 없이 미국의 모든 여성은 임신 첫 3개월 동안 낙태할 권리를 가진다고 판결했다. 그 다음 임신 4-6개월 동안은 낙태하는 것이 임신부의 건강에 도움이 된다는 점에 주(州)가 동의하면 낙태가 허용되었다. 임신 4-6개월 동안은 태아가 법률 아래서 유효한 보호를 받지 못하는데, 이는 (임신부의) 건강이라는 말이 아주 폭넓은 의미를 가지기 때문이다.

텍사스 대학교 법학대학원 법학 교수인 조지프 위더스푼(Joseph P. Witherspoon, 1916-)은 『텍사스 공대 법률지』(Texas Tech Law Review, 제6권, 1974-1975)에서 다음과 같이 말했다. "이 1973년 판결에서 법원은……모든 태어나지 않은 아이에게서 그들의 생명, 자유 그리고 재산에 대한 모든 헌법적 보호를 박탈하기 위하여, 태어나지 않은 아이는 수정 헌법 제14조에 사용된 '인격'이라는 용어의 의미와 보호에 속하는 인격이 아니라고 주장했다." 영국의 법률은 28주 내의 임신 중절을 허용했다. 여기에 몇 가지 주목할 점이 있다.

낙태 합법화 판결의 의학적 자의적 성격

이 사실은 전적으로 자의적인 절대 기준이다.

첫째, 이 사실은 의학적으로 자의적이다. 『우리의 미래 유산 : 선택이냐 우연이냐?』(Our Future Inheritance : Choice or Chance?, 1974)는 영국에서 대중들에게 바로 지금의 역사적 시점에서 우리 앞에 놓여 있는 유전학의 문제들에 대하여 알려 주려고 펴낸 책이다. 이 책은 미국에서 온 과학자들을 포함하여, 수많은 분야에서 일하는 과학자들의 협동으로 만들어진 일련의 보고서에 근거하고 있다. 이 책은 낙태를 지지하지만 인간 생명이 언제부터인가에 대해서

미국 워싱턴시에 소재한 미국 연방 대법원 건물. "1973년 1월 22일 미국 연방 대법원은 아무런 논란 없이 미국의 모든 여성은 임신 첫 3개월 동안 낙태할 권리를 가진다고 판결했다. ……텍사스 대학교 법학대학원 법학 교수인 조지프 위더스푼은 『텍사스 공대 법률지』에서 다음과 같이 말했다. '이 1973년 판결에서 법원은……모든 태어나지 않은 아이에게서 그들의 생명, 자유 그리고 재산에 대한 모든 헌법적 보호를 박탈하기 위하여, 태어나지 않은 아이는 수정 제14조에 사용된 "인격"이라는 용어의 의미와 보호에 속하는 인격이 아니라고 주장했다.'"

는 여지를 남겨 놓았다. 즉 "낙태는 태아가 '생존할 수 있을 때' 이전에는 행해질 수 있다. 그때가 언제인지가 논쟁점이긴 하지만 말이다."라는 것이다. 이 책은 더 나아가 "어떤 생물학자는 인간 생명은 정자와 난자가 만나 수정될 때부터 시작된다고 말하고 있다."라고 설명한다.

그 판단의 자의적 성격은 의학적으로 그 책의 어떤 부분은 낙태에 의한 태아의 제거를 받아들이고 있으나, 어떤 부분은 오늘날의 과학 기술 단계에서는 아주 제한된 며칠 동안만 살 수 있는 난자를 정자와 함께 시험관 안에서 수정시키는 것이 윤리적인가 하는 문제에 초점을 두고 있다는 사실에 의하여 강조되고 있다.

문제는 바로, 수정 후에 수정란은 "자궁에의 착상과 임신이 성공적이라면 충분히 유전적으로 사람이 될 수 있는 잠재력을 가지고 있고 또 사람이 될 것이다. 발육의 어떤 단계에서 태아를 환자의 상태로 취급해야 하는가?" 하는 점이다. 여기에서 6일 된 태아를 '환자'로 생각해야 하는가 하는 문제가 제기된다.

그 책의 다른 곳에서는, 우리가 조산아를 보살피는 것처럼 "체외에서의 아기의 완전한 발육을 기꺼이 도와야 할 것이 아닌가?" 하는 근거로, 시험관 수정을 주장한다. 이 문장 앞에 다음과 같은 문장이 나온다. "미숙아에 대한 도움은 대개 사회의 기본 의무 가운데 하나로 간주되어야 한다." 그리고 체외에서 이루어지는 완전한 발육에 대한 논의에서 미숙아라는 개념은 수정 시기까지 거슬러 올라간다. 이러한 사실은 5개월 반 된 태아의 낙태에 대하여 무슨 의미를 주는가? 그 아이는 분명히 '인간이 될 수 있는 충분한 유전적 잠재력'을 가지고 있다.

나는 여기서 오직 한 가지 사실만 지적하고자 한다. 즉 미국 연방 대법원의 판결과 영국법은 모두 의학적으로 완전히 자의적이다. 그것들은 의학적으로 그 문제가 확정되지 않아 겨우 7일 된 수정란에 대하여 제기된 윤리적인 질문을 타당한 것으로 보게 하고, 의학적으로 7일 된 수정란에 대한 질문이 '사람이 될 충분한 유전적 잠재력'을 그 수정란이 가지고 있다는 사실에 근거하고 있을 때, 수백만의 태아들에게 영향을 끼칠 의학적인 자의적 절대 기준을 수립한 것이다.

그래서 공식적인 『대법원 보고서』(Supreme Court Reporter, 제410권)가 태어나지 않은 아이는 법률에서 인격으로 인정될 수 없다고 했는데, 바로 여기에 극단적인 (인간 생명의 시점에서) 의학적인 자의적 절대 기준이 있는 것이다.

낙태 합법화 판결의 법률적 자의적 성격

둘째, 이 사실은 의학적으로 자의적일 뿐만 아니라 법률적으로도 자의적이다. 그 판결은 수정 헌법 제13조와 제14조의 의도를 무시하여 자의적인 절대 기준을 수립했다. 위더스푼 교수의 말을 다시 인용해 보자.

> 그래서 로 대 웨이드 사건(Roe v. Wade, 낙태 합헌 판결)에서, '인격' 개념에 담긴 의미를 고려할 때에 아주 긴밀하게 연결되어 있고 보충해 주는 수정 헌법 제13조와 제14조를 고안한 입법부의 실제적 목적과 의도를 법원이 조사하지 못한 것은 그 법률에 충실하지 못한 것이었거나 그 법률을 고안한 입법부를 존중하지 않은 것이었다. 이 두 수정 조항의 역사를 조심스럽게 조사해 보면, 그 작성자의 중요하고 실제적인 목적이 다음과 같다는 것이 드러난다. 즉 드레드 스콧(Dred Scott) 사건에서 보여준 법원의 초창기 재판 판결 때문에 어떤 법원이든지 심지어 미국 연방 대법원이라도 그리고 입법부나 행정부를 막론한 다른 정부 기관이라도 헌법의 보호와 헌법이 노예, 노동자, 인디언, 외국인, 여성, 가난한 자, 노인, 범죄자, 정신병자나 정신 지체자 그리고 임신 이후의 태어나지 않은 아이를 포함한 모든 아이들까지의 인간의 기본 권리를 위하여 수립한 안전 보장을 어떤 계층의 사람들에게서 박탈하려고 인격의 개념을 계속해서 다시 정의하는 일을 하지 못하도록 하려는 것이다.

미국 연방 대법원 대법관 화이트(Byron white, 1917-)는 대법원의 결정에 반대하면서 이렇게 말했다. "대법원은 순전히 사법적인 권력의 행사로서 아마도 오늘날 대법원이 하고 있는 것을 할 권한이 있을 것이다. 하지만 나의 견해로는 그 판결은 헌법이 이 법원에 부여한 사법 심사 권한을 경솔하고 지나치게 사용하는 것이다." 대법원은 이런 의학적으로나 법률적으로나 자의적

1970년대 미국, 여성의 낙태권 보장을 촉구하는 여성들. 로 대 웨이드 사건은 1973년 미국 연방 대법원이 낙태를 합법화하는 판결을 내리게 한 사건으로, 이로 인해 낙태를 금지하거나 제한하는 미국 모든 주의 법률이 폐지되었다. 이 사건의 판례는 미국 연방 대법원이 내린 판결 중 역사상 가장 논쟁이 되었고 정치적으로 의미 있는 판례 중 하나가 되었다. "로 대 웨이드 사건에서, '인격' 개념에 담긴 의미를 고려할 때에 아주 긴밀하게 연결되어 있고 보충해 주는 수정 헌법 제13조와 제14조를 고안한 입법부의 실제적 목적과 의도를 법원이 조사하지 못한 것은 그 법률에 충실하지 못한 것이었거나 그 법률을 고안한 입법부를 존중하지 않은 것이었다."

인 판결에 입각하여 연방의 거의 모든 주(州)에서 낙태 문제에 대한 법률(낙태 금지법-역자 주)을 무효화했다.

더 나아가 이런 자의적인 결정은 과거의 기독교적 합의에 완전히 위배되는 것이다. 이교 로마 제국에서는 낙태가 자유롭게 시행되었지만, 기독교는 낙태를 반대했다. 314년 앙키라 공의회는 낙태를 시술하거나 낙태를 촉진시키는 약물을 만든 사람은 모두 10년간 주의 만찬에 참여하지 못하게 금했다. 이전에 엘비라 공의회(305-306)는 이를 범한 자들을 죽을 때까지 출교시켰다.

대법원의 자의적 절대 기준은 이전 세기의 합의에 반대하고 또 과거 법률에 반대하여 받아들여졌다. 그리고 (한 가지 예로서 낙태를 들 수 있는데) 만일 절대 기준은 없고 오직 상대성만 있다는 개념에 젖어 있는 대부분의 현대인이 법률에 의한 이 자의적 절대 기준을 받아들인다면, 자유에 대한 권위주의적 제한과 같은 문제에 있어서도 그것이 사회학적으로 유용하다고 생각되는 한 자의적 절대 기준이 똑같이 받아들여지지 않을 이유가 무엇인가? 우리에게 남은 것은 제한의 확실성이 전혀 없는 사회학적 법이다.

태어나지 않은 아이들에 대한 비인격적 선언

미국 연방 대법원의 판결은 태어나지 않은 아이를 인격으로 생각하지 않는다. 우리 시대에는 분명히 흑인 노예를 비인격적으로 보았던 우리 조상들의 잔인한 점에 대하여 한탄과 외침이 있었다. 그 점은 실로 두려운 것이었다. 그것은 잔인한 행위일 뿐만 아니라 위선적인 행위였다. 그러나 이제 인본주의적 흐름에 편승하여 등장한 자의적인 절대 기준에 의하여 온갖 피부색의 수백만의 태아들이 법률에 의하여 똑같이 비인격적으로 선언되었다. 참으로 우리는 이 점을 위선의 행위로 보아야 한다.

문은 열려 있다. 법원들은 자의적으로 태아에 대하여 '살아 있음'을 '인격'에서 분리시켰다(태아는 혼자 내버려 두면 살 수 없다는 이유로 사람으로 취급하지 않았다는 뜻-역자 주). 그렇다면, 노인들에게도 자의적으로 같은 식으로 하지 않으리라는 법이 없지 않은가? 이렇게 계속 나아간다면 안락사가 점차로 자연스럽게 받아들여질 수 있을지도 모른다.

그리고 만일 그렇다면 투표 결과 대다수가 원할 때, 소위 식물인간(뇌파가 수평 상태인 사람)의 몸을 살려서 그들의 사지와 피를 이용하지 않을 이유가 없지 않은가? 윌러드 게일린(Willard Gaylin, 1925-) 박사는 『하퍼스 매거진』(Harper's Magazine, 1974. 9)지에 '죽은 자를 추수하기'(Harvesting the Dead)라는 제목으로 이런 가능성을 논의했다. 마치 문화의 성적인 관습이 단지 일반의 문제가 된 것처럼 법률은 일반의 문제가 되었다.

기독교적 합의를 대신한 사회학적 대안

기독교적 합의가 사라지기는 했지만 사회학적인 대안이 많은 것은 아니었다. 한 가지 가능성은 쾌락주의인데, 쾌락주의에서는 모든 사람이 자기 좋을 대로 하게 된다. 쾌락주의를 토대로 사회를 세우려고 노력하면 곧 혼란에 이르게 된다. 사람이 혼자서 무인도에 살면 자신에게 주어진 세계의 제한 범위 안에서 마음대로 할 수 있지만, 두 사람이 그 섬에서 살고 더구나 평화롭게 살려 한다면 둘 다 단순히 자신이 원하는 대로 할 수 없다. 거센 물결 위에 가로놓인 외나무다리에서 만난 두 쾌락주의자를 생각해 보라. 각자 자신의 일을 할 수는 없을 것이다.

두 번째 가능성은 51퍼센트의 절대성이다. 더 기독교적인 문화의 시대에는 판단할 절대 기준이 있었기 때문에 다수의 투표에도 불구하고 한 사람이 성경을 가지고 사회를 판단하고 경고할 수 있었다. 도덕과 법률에 대한 절대 기준이 있었던 것이다. 그러나 기독교적 합의가 사라진 만큼 이 절대 기준은 사회적 세력으로서는 사라졌다. 51퍼센트 투표의 절대성에 기초를 두고서 히틀러가 대중적 지지를 얻는다면 그가 원하는 대로 행할 권한을 완전하게 가질 수 있었음을 기억하자. 이런 기반 위에서는 도덕과 법률이 일반의 문제가 된다. 그리고 이런 기반 위에서는 만일 다수 투표가 지지한다면, 노인이나 난치병 걸린 사람, 정신 이상자를 죽이는 것이 '정당한' 것이 될 것이다. 그리고 다른 집단에 있는 사람들을 비인격이라고 선언할 수도 있을 것이다. 어떤 목소리도 거기에 대항하여 소리를 높일 수 없을 것이다.

인디애나 대학교 성(性) 조사 연구소의 생물학자이며 사회학자인 앨프레드 찰스 킨제이(Alfred Charles Kinsey, 1894-1956)는 영향력이 컸던 『남성의 성적 행동』(Sexual Behavior of the Human Male, 1948)과 『여성의 성적 행동』(Sexual Behavior of the Human Female, 1953)을 쓴 인물이다. 이 책들은 18,500회의 인터뷰에 근거를 두고 있다. 킨제이는 성행위에서 '정당한' 것을 통계학의 문제로 보았다. 많은 사람들은 그의 책들이 그 당시 존중할 만한 다른 책들보다 훨씬 더 흥미롭기 때문에 그 책들을 읽었다. 그러나 그것들의 실제 충격은, 성행위의 옳고 그름은 오직 대다수 사람들이 주어진 역사적 시점에서 성적으로 어떤 행위를 하느냐에 달려 있다는 기초 개념에 있었다. 이는 그 이후에 일반적으로 받아들여진 성행위의 기준이 되었다. 현대인들은 법률에서도 똑같은 일을 저질렀다.

엘리트에 의한 권위주의적 자의적 절대 기준

우리가 제1장에서 살펴본 대로, 그리스인들은 사회(폴리스)가 그 위에 무엇을 세우기에 충분할 만큼 강력한 최종 권위가 아님을 알았고, 오늘날에도 그것은 여전히 충분히 강력한 것이 아니다. 만일 절대 기준이 없다면 그리고 쾌락주의의 혼란이나 51퍼센트의 절대성을 좋아하지 않는다면, 단 한 가지 다른 대안이 남아 있다. 즉 권위주의적 자의적 절대 기준을 주는 한 사람 혹은 어느 엘리트가 그것이다.

여기에 단순하지만 심오한 규칙이 있다. 만일 사회를 판단할 절대 기준이 없다면 사회가 절대 기준이라는 것이다. 사회에 남아 있는 것은, 원래 북부 유럽과 서구에서 우리에게 형식과 자유를 주었던 기독교적 합의가 상실되고 남은 진공 상태를 채우는 어느 개인이나 엘리트뿐이다. 공산주의에서 엘리트는 성공했고, 통치는 그 엘리트에 의하여 전수된 자의적 절대 기준에 근거했다. 오늘은 이것이 절대 기준이 될 수 있지만, 내일은 저것이 될 수 있다. 만일 모택동(毛澤東, 1983-)이 법률과 동일하다면, 계속되는 문화 혁명의 개념인 '대약진'(The Great Leap Forward)은 어느 해에는 알맞지만, 그 다음 해에는 아주 알맞지 않은 것일 수 있다. 자의적 절대 기준은 전수될 수는 있지만, 그것을 판단할 절대 기준은 없다.

지금까지 두 엘리트가 우리 문화의 진공 상태를 채우기 위해서 자신을 내세웠다. 첫째는 마르쿠제의 신좌파로 그 영향력은 쇠진했다. 그것은 한때 그것이 한 행동을 행할 실제 가능성을 더 이상 보여주지 못한다. 그 다음에 존 케네스 갤브레이스(John Kenneth Galbraith, 1908-)가 자신의 엘리트 유형을 제시했다. 이 경제학자는, 버클리의 대학생들처럼 우리가 빈약한 문화에서 살고 있다고 말했다. 그는 정부와 지식인(특히 학술계와 과학계에 속하는 사람들)으로 구성된 엘리트를 제안했다. 1975년 6월 2,000명의 '미래학자들'이 워싱턴시에서 세계 미래 학회의 두 번째 총회로 모였다. 사회 경제학자인 로버트 시어볼드(Robert Theobald, 1929-)는 공로에 따라 선택된 지혜로운 사람들이 정부 정책 결정 과정에 깊이 참여하는 사회 구조, '지성적 권위'(sapientary authority)의 개념을 지지했다. "유능한 엘리트에 대한 필요성을 부인하는 것은 유치하다."라고 시어볼드는 선언했다.

하버드 대학교의 사회학 교수인 대니얼 벨(Daniel Bell, 1919-)은 선택된 지성인으로 구성된 엘리트를 구상한다. 그는 『후기 산업 사회의 도래』(The Coming of Post-Industrial Society, 1973)라는 책에서 '누가 다스릴 것인가?'(Who Will Rule)라는 장(章) 아래 다음과 같이 쓰고 있다. "대학교 혹은 다른 지식 연구소는 혁신과 지식의 새로운 원천이라는 그 역할 때문에 다음 세기의 중심 기관이 될 것이다."

그는 핵심적인 결정은 정부에서 나올 것이지만, 점점 더 기업과 정부의 결정이 정부가 지원한 연구에 기초하여 예견될 것이고 "복잡하게 얽혀 있는 그 결과의 성질 때문에 (결정은) 점차 기술적 특성을 가지게 될 것이다."라고 말하고 있다. 사회는 그래서 "결정적인 영향력이 행정과 경제의 기술자들에게 속하게 되는" 기술자 정치로 변할 것이다.

벨은 마지막 분석에서 국가 전체, 즉 사업, 교육, 정치, 심지어 보통 사람들의 일상의 삶은 기술자 정치 엘리트에 의한 통제의 문제가 된다고 보고 있다. 그들은 복잡한 사회 기계를 어떻게 운영할지를 아는 유일한 사람들이고, 그래서 정부 엘리트와 결탁하여 사회를 운영하는 데 필요한 모든 권력을 가지게 될 것이다.

벨은 이런 상황의 윤리적 함축에 대하여 가장 날카롭게 경고한다. "후기 산업 사회는 초험적 윤리를 제공할 수 없다. ……뿌리 깊은 도덕적 신념 체계의 부재는 그 사회의 문화적 모순이며, 그 사회의 생존에 대한 가장 심각한 도전이다." 그는 덧붙여, 미래에는 사람들이 다시 만들어질 수 있고, 그 행동이 조건화되거나 그 의식이 변화될 수 있다고 한다. 과거의 제한들은 사라진다. 벨의 이런 미래상이 성취되는 만큼 갤브레이스의 엘리트 형태는 실제적인 것이 될 것이다.

인본주의의 파괴적 욕망

인본주의는 그 자연스러운 결론에 이르렀다. 인본주의는 오래전 레오나르도 다 빈치가 오직 인간으로부터 시작하면 수학은 우리를 개별자에게로 이끌어 갈 뿐이고 개별자는 오직 기계에 이를 뿐이라는 사실을 깨닫고 그것을 보여주려 하였던 그 시점으로 전락했다. 인본주의는 의미와 가치의 영역에서 보편자를 발견할 길이 없었다.

나의 아들 프랭키가 표현한 것처럼 인본주의는 시편 23편을 이렇게 바꾸었다.

그들은 시작하기를 — 나는 나의 목자이니
그러고 나서 — 양들이 나의 목자이니
그러고 나서 — 모든 것이 나의 목자이니
마지막으로 — 아무것도 나의 목자가 아니로다.

인본주의에는 파괴적 욕망이 내재되어 있는데, 그것은 우리의 자유와 우리의 문화를 가능하게 하는 기반을 쳐서 허물어뜨리려는 강렬한 욕구이다.

고대 이스라엘에서 국가가 하나님과 성경에 주어진 하나님의 진리와 명령에서 멀어졌을 때 선지자 예레미야는 그 도시에 죽음이 있다고 외쳤었다. 그는 예루살렘에서 벌어진 물리적인 죽음뿐만 아니라 더 광범위한 죽음도 언급하였다. 그 당시 유대교 사회는 하나님이 성경을 통해 그들에게 주셨던 것에서 멀어졌기 때문에 그 성읍에 죽음이, 즉 전(全) 문화와 전(全) 사회에 죽음이 있었던 것이다.

우리 시대에는 사회학적으로 사람이 자신에게 무질서하지 않은 자유의 가능성을 주었던 그 기반을 파괴해 버렸다. 인본주의자들은 하나님의 지식과 하나님이 침묵하지 않으시고 성경에서 그리고 그리스도를 통하여 말씀하신 지식을 파멸시키기로 결정하였다. 그들은 가치의 죽음이 그런 지식의 죽음과 더불어 찾아올지라도 그 일을 하기로 결정하였던 것이다.

쇠퇴와 멸망의 징조

우리는 우리가 의미와 가치를 상실하여 나타난 두 가지 결과를 보고 있다. 첫 번째 결과는 퇴보(degeneracy)이다. 뉴욕시 브로드웨이와 42번가가 교차하는 지점에 있는 타임스 스퀘어를 생각해 보라. 이전에는 아름다웠던 암스테르담 칼버르스트라트에 가 보면, 그 거리도 역시 얼마나 누추해졌는지 알 수 있을 것이다. 코펜하겐에 있는 옛날 아름다웠던 거리도 마찬가지다. 폼페이가 다시 돌아온 것이다! 고대 로마의 표지들, 즉 퇴보, 타락, 부패, 폭력을 위한 폭력 추구 등이 우리의 얼굴에 상처를 남기고 있다. 상황은 분명하다. 우리가 관찰하면 그것을 알게 된다. 그리고 그것을 알면 우리는 근심하게 된다.

그러나 우리는 더욱 불길하지만 많은 사람들이 보지 못하는, 현대인의 의미와 가치 상실이 남긴 두 번째 결과가 있음을 주목해야 한다. 이 두 번째 결과는 엘리트가 존재할 것이라는 사실이다. 사회는 혼란을 견딜 수 없다. 어떤 집단이나 어떤 사람이 그 공백을 채울 것이다. 한 엘리트가 자의적인 절대 기준을 제공할 것인데, 그러면 누가 그 길을 막을 것인가?

(한동안 우리가 아주 많이 들은 적이 있는) 침묵하는 다수가 도움을 줄 것인가? 소위 침묵하는 다수는 소수와 다수로 나누어졌고 지금도 그렇게 나누어져 있다. 소수는 가치에 대한 참된 기반이 있는 기독교인이거나 적어도 가치가 참으로 존재했던 시대에 대한 기억이라도 가지고 있는 자들이다. 다수에게 남아 있는 것은 개인적 평안과 풍요라는 두 가지 빈곤한 가치뿐이다.

역사학뿐 아니라 경제학, 정치학, 문화 전반에 큰 영향을 끼친 「로마 제국 쇠망사」를 쓴 영국의 역사가, 에드워드 기번. "에드워드 기번은 「로마 제국 쇠망사」에서 로마 말기의 특징을 다섯 가지로 설명한다. 첫째, 쇼와 사치(풍요)에 대한 고조되는 애호, 둘째, 아주 부유한 자와 아주 가난한 자 사이에서 넓어져 가는 간격, 셋째, 성에 대한 집착, 넷째, 예술에서 독창성으로 가장된 기형성, 창조성인 체하는 열정주의, 다섯째, 국가를 떠나려는 욕구의 증대가 그것이다."

    사람들은 그런 가치를 가지고도 자신의 자유를 위해 일어설 것인가? 그들은 자신들의 개인적 평안과 번영이 유지되고 도전받지 않는 한, 상품들이 공급되는 한, 한 발 한 발 조금씩 조금씩 자신들의 자유를 포기하지 않겠는가? 젊은 세대와 늙은 세대의 생활 양식은 다르다. 그 순간의 외부적인 차이가 무엇이든지, 예컨대 긴 머리와 짧은 머리, 약물 복용과 약물 복용 반대 사이에는 긴장이 있다. 그러나 그들은 사회학적으로 서로를 돕고 있는데, 이는 두 세대가 모두 개인적 평안과 풍요라는 가치를 품고 있기 때문이다. 오랫동안 상당히 많은 교회가 종교적인 용어를 사용하여 상대주의적 인본주의를 가르쳐 왔기 때문에 대부분의 교회는 여기에 아무런 도움이 되지 못한다.

    침묵하는 다수 가운데 다수가 젊거나 늙었거나 상관없이 자신들의 생활 양식이 위협받지 않는 한 목소리를 높이지 않고 자유의 손실을 계속 당할 것이라고 나는 확신하는 바이다. 그리고 대체로 개인적 평안과 풍요가 다수가 갖는 유일한 가치이므로, 정치가들은 당선되려면 이런 것들을 약속해야 한다는 사실을 알고 있다. 정치는 더 이상 이상의 문제가 아니라(점차로 사람들은 자유와 진리라는 가치에 감동하지 않게 되었다) 개인적 평안과 풍요라는 사탕발림을 선거구민에게 제공하는 문제가 되고 말았다. 그들은 사람들이 이런 것들을 가지고 있는 한, 적어도 이런 것들의 환상이라도 가지고 있는 한, 목소리를 높이지 않을 것을 알고 있다.

에드워드 기번(Edward Gibbon, 1737-1794)은 『로마 제국 쇠망사』(The History of the Decline and Fall of the Roman Empire, 1776-1788)에서 로마 말기의 특징을 다섯 가지로 설명한다. 첫째, 쇼와 사치(풍요)에 대한 고조되는 애호, 둘째, 아주 부유한 자와 아주 가난한 자 사이에서 넓어져 가는 간격(이는 한 나라에서뿐만 아니라 나라 간에도 발생할 수 있다), 셋째, 성에 대한 집착, 넷째, 예술에서 독창성으로 가장된 기형성, 창조성인 체하는 열정주의, 다섯째, 국가를 떠나려는 욕구의 증대가 그것이다.

이 특징들은 모두 아주 친숙하게 들린다. 우리는 제1장에서부터 긴 여정을 거쳐 왔지만 다시 로마로 가고 있는 것이다.

제11장 우리의 사회 | 연구 문제

1. 현대에 이르러 기독교적인 기반이 사라졌을 때 사람들이 취하게 된 가치는 무엇인가? 저자는 왜 그것들을 빈약한 가치라고 하는가?

2. 이런 가치들이 실상 근거 없는 빈약한 가치임을 발견했을 때, 또 이성에 의해서는 염세주의에 빠질 수밖에 없음을 발견했을 때, 1960년대의 미국 대학생들은 어디에서 삶의 가치를 찾으려고 했는가? 그 운동은 어떤 식으로 전개되었고 그 결말은 어떠한가?

3. 마르크스-레닌주의가 어떻게 또 하나의 비이성으로의 도약이 되었는가? 그리고 그것이 왜 비이성으로의 도약인가?

4. 미국은 기독교적 토대를 잃었을 때 법의 기초를 어디에서 찾았는가? 홈스와 벤슨을 중심으로 설명해 보라.

5. 미국 연방 대법원에서 내린 낙태에 대한 판결의 내용을 설명하라. 이 판결이 어떤 의미에서 임의적인지를 설명해 보라. 이런 식의 '사회학적인 법'은 어떤 결과까지 초래하리라고 예상되는가?

6. 기독교 가치가 인정되지 않을 때 선택할 수 있는 대안에는 어떤 것들이 있는가?

7. 현대 사회의 난점은 인간 자신의 선택의 자연스러운 귀결이라는 것이 저자의 주장이다. 그것이 어떻게 자연스러운 귀결인지를 저자의 아들 프랭키가 인본주의적으로 바꾼 시편 23편을 중심으로 설명해 보라.

사방에서 사람들은 자신들이 오직 기계라고 가르침을 받고 있고, 그렇게 가르침받는 한 이런 식으로 이루어지는 조작에 대한 그들의 저항은 차츰차츰 약해진다. 현대인은 자신이 무엇을 해야 할지에 대해 참다운 경계선을 가지고 있지 않다. 그에게 남은 것은 오직 자신이 무엇을 할 수 있다는 것뿐이다. 사람들은 더 이상 자신들을 비인간과 질적으로 다르게 보지 않는다. 기독교적 합의가 하나님의 형상으로 지음 받은 사람의 독특성을 지지하는 기반을 주었지만, 이것은 거의 사그라져 버렸다. 그래서 선한 일이 있음에도 인간의 삶이라는 실제 삶에서 파멸이 점점 진행되는 경향이 있다. 또한 오랫동안 철학으로 그리고 대중 매체로 객관적 진리는 존재하지 않는다고 배웠다는 사실을 기억하라. 사람들은 모든 도덕과 법을 상대적인 것으로 본다. 그래서 점차 조작이라는 생각을 받아들이고, 다양한 형태의 조작의 관행을 수용하도록 자신을 방치하고 있다.

제12장

조작과 새로운 엘리트

권위주의 정부의 조작 기술

우리는 기독교 원리의 상실로 인해 생긴 진공 상태를 채우기 위한 엘리트, 즉 절대주의적 국가의 출현을 살펴보면서 단순히 스탈린과 히틀러의 모델을 생각해서는 안 된다. 오히려 우리는 조작적인(manipulative) 권위주의 정부를 생각해야 한다. 현대 정부는 이전 세계가 알지 못했던 여러 형태의 조작(manipulation)을 마음대로 사용할 수 있다. 우리는 먼저 심리학적 기술에, 그 다음에는 생물 과학과 연관된 기술에, 마지막으로는 몇몇 매체가 행동에 영향력을 발휘하는 새로운 방법에 집중하여 이런 조작의 방법과 이론들을 조사해 볼 것이다.

먼저, 결정론자들을 생각해 볼 수 있는데, 이들은 사람이 선택하는 데 있어서 자유가 없다고 말한다. 예를 들면, 우리는 지그문트 프로이트(Sigmund Freud, 1856-1939)의 심리학적 결정론과 스키너(B. F. Skinner, 1904-)의 조건화를 통한 사회학적 결정론, 그리고 프랜시스 크릭(Francis Crick, 1916-)의 화학적, 유전학적 결정론을 생각해 볼 수 있다.

심리학적 조작 기술

프로이트의 결정론은 아이가 어릴 때 어머니와 갖는 관계에 근거를 두고 있다. 프로이트는 이 관계가 아이의 심리학적 얼개의 유형을 정해 준다고 가르쳤다.

사회학적 결정론의 견해는 주로 조건화(행동주의)를 포함하고 있는데, 이는 스키너가 『자유와 존엄을 넘어서』(Beyond Freedom and Dignity, 1971)를 출간한 이후에 널리 논의되었다. 그의 논지는, 사람의 모든 것은 그들의 환경이 그들을 조건화시키는 방식으로 설명될 수 있다는 것이다. 사회는 그런 환경에서 특별히 중요한 역할을 담당하기 때문에, 원하는 사회를 이루기 위해서 적극적인 자극을 사용할 수 있고 또 사용해야 한다. 스키너가 이 사실을 단지 이론이 아니라 실천에 옮길 의도를 가지고 있었던 것은 그의 초기 저서 『월든 투』(Walden Two, 1948)라는 소설에서 나타난다.

『월든 투』에 등장하는 스키너의 유토피아는 완전히 조건화된 사회였다. 감독자인 프레이저(T. E. Frazier)는 모든 사람을 조작하여 사회의 모든 세세한 점을 다 통제했다. 그는 사람들이 그가 결정한 그들의 모습과 사회의 모습을 자신들이 원했던 것이라고 생각하게 만들었다. 이런 형태의 결정론이나 다른 모든 결정론에서 사람은 죽어 버린다. 사실상, 폐기되어 가고 있는 것은 사람이라는 사실을 스키너 자신이 인정했다. 그는 "사람으로서 사람에게 우리는 기꺼이 잘 없어졌다고 말한다."라고 언급하고 있다.

스키너는 (버트런드 러셀과 조지 월드처럼) 생물학적 연속성이라는 가치만을 지니고 있다. "생존은 결국 문화를 결정할 수 있는 유일한 가치이며 따라서 생존을 돕는 행위라면 당연히 유지될 가치가 있다." 그러나 우리가 이미 살펴본 다른 사람들처럼, 스키너는 자신의 체계에 근거하여 살 수 없었다. 그는 자신의 체계가 들어설 여지가 없는 기독교적 가치를 기억하면서 모순되게 살았다.

기독교적 입장은 생활에 조건화가 전혀 없다는 것이 아니고 조건화로는 결코 전인적으로 사람을 설명하지 못한다는 것이다. 하지만 결정론자에게는 인간에게서 일단의 조건화를 모두 제거해 버린다면 사람으로서의 사람은 존재하지 않을 것이다. 기독교는 바로 이 점을 거부하는 것이다. 기독교는 각 개인이 하나님의 형상으로 지음을 받은 대로 존재하고 따라서 각 사람이 존엄함을 가지고 살아가는 실체라고 주장한다. 자신이 자율적이기를 요하는 자신만만한 인본주의자에게는 이런 저런 기술이, 자율적인 사람이 보기에는 참을 수 없을 정도로 제한하는 인간의 본성을 포함한 자연의 한계를 제거하는 데 사용될 수 있다. 여기에 현대인에게 특히 학생들 사이에 긴장이 있다. 현대인들은 자신의 운명을 자유롭게 형성하기를 원하지만, 그들은 자신들이 결정되어 있음을 알고 있다고 생각하는 것이다.

사드 후작(Donatien Alphonse François, marquis de Sade, 1740-1814)의 사디즘은 결정론자의 뒤에 서 있는 유령과 같은 것인데, 이는 사드의 사디즘의 기초가 자기 나름의 결정론적 이해에서 나온 것이기 때문이다. 사드의 입장은 존재하는 것은 모두 옳다는 입장이었다. 만일 어떤 사람이 어떤 형태의 결정론을 붙잡고 있다면, 그는 사드의 결론이 유일한 필연적 결론이라는 점에 동의해야 한다. 이 점은 결정론자들이 항상 사드의 필연적 결론으로 자기 입장을 이끌고 간다는 것을 이야기하는 것이 아니다. 그것이 결론이라는 점을 이야기하는 것이다. 어떤 형식의 결정론에서건 옳다고 혹은 받아들일 수 있다고 생각되는 것은 자의적인 것이다.

현대 결정론자들의 실제적 결과

현대의 결정론자들이 추상적인 이론만을 제안한 것은 아니다. 오히려 두 가지 실제적인 결과들이 있다. 첫째, 가장 중요한 것인데, 사람의 정체에 대한

'사디즘'이라는 용어를 낳은 프랑스의 작가이자 사상가, 사드 후작. 성도착자라는 오명이 따라다니나 한편으로는 성 본능을 관찰하여 인간의 자유와 악의 문제를 파헤친 인물이라는 평가도 받고 있다. "사드 후작의 사디즘은 결정론자의 뒤에 서 있는 유령과 같은 것인데, 이는 사드의 사디즘의 기초가 자기 나름의 결정론적 이해에서 나온 것이기 때문이다. 사드의 입장은 존재하는 것은 모두 옳다는 입장이었다. 만일 어떤 사람이 어떤 형태의 결정론을 붙잡고 있다면, 그는 사드의 결론이 유일한 필연적 결론이라는 점에 동의해야 한다. ……어떤 형식의 결정론에서건 옳다고 혹은 받아들일 수 있다고 생각되는 것은 자의적인 것이다."

그들의 생각이 점차 받아들여지자, 사람들은 의식적으로나 무의식적으로나 자신이 기계로 취급받고 다른 사람들을 기계로 취급하게 내버려 두게 되었다. 둘째, 모든 결정론에는 조작의 방법이 있다. 그래서 거의 대부분의 사람들은 사람이 전적으로 심리학적, 사회학적 혹은 화학적 조건화의 산물이라는 개념을 거부하겠지만, 이 방법들에 의한 조작은 여전히 아주 가능성 있는 일이다. 실상, 이러한 기술들은 모두 권위주의적 국가의 손아귀에 달려 있고, 어느 정도는 이미 사용되고 있다.

어떤 사람들은 이런 결정론적 생각들이 단순히 공상 과학 소설일 뿐이라고 말할 수 있지만 그렇지 않다. 조지 해리스(T. George Harris, 1924-)는 『사이칼러지 투데이』(Psychology Today, 1971. 8.)지에서 스키너의 저술을 논평하면서 "스키너가 단지 말로만 우리의 자유개념에 공격을 했다면 그것에 대하여 아무도 경악하지 않을 것이다. 그러나 그에게는 계획과 그것을 추진시킬 추종자들이 있다."라고 했다.

스키너의 견해와 행동주의 전반에 대하여 반대하는 견해들이 생겨났다. 예를 들면, 노엄 촘스키(Noam Chomsky, 1928-)는 스키너의 초기 저서 가운데 하나인 『언어 행동』(Verbal Behavior, 1957)에 반대하는 논문을 1959년에 『랭귀지』(Language)지에 실었다.

그러나 행동주의자들은 수가 많고 해리스가 말한 바와 같이 그들에게는 계획과 그것을 추진시킬 추종자들이 있다. 행동주의의 개념을 취하는 자들은 자주 영향력 있는 위치에 있다. 예를 들면, 그들은 종종 가장 낮은 단계에 이르기까지 교육을 통제한다. 언론 기사들은 계속해서 우리에게 행동주의가 많은 대학교의 심리학과를 장악하고 있음을 깨닫게 한다. 이러한 교수 혹은 저술가 혹은 다른 이들은 명성을 얻었다가 나중에는 덜 중요해지기는 하지만, 행동주의는 사회에서 계속 진행되고 진보하는 요인이 되고 있다.

인간은 조작되고 통제될 수 있다

조작적 기술을 발전시키라는 압력은 현재 생물학적 탐구와 생물학적 발전에서 강력하게 제기되고 있다. 우리는 이 사실을 1962년 DNA 암호를 해독하여 제임스 왓슨(James D. Watson, 1928-), 모리스 윌킨스(Maurice Wilkins, 1916-)와 함께 노벨 생리학 의학상을 수상한 바 있는 프랜시스 크릭(Francis Crick, 1916-)의 견해에서 분명히 보게 된다.

『워싱턴 유니버시티 매거진』(Washington University Magazine)지 1971년 봄호에는 크릭이 쓴 '내가 생물학을 연구하는 이유'(Why I Study Biology)라는 제목의 논문이 실려 있다. 그는 즉각 유전 공학을 충분히 활용할 것을 요청하면서 자

1962년 노벨상 시상식에 참석한 모리스 윌킨스, 제임스 왓슨, 프랜시스 크릭(좌측부터). "조작적 기술을 발전시키라는 압력은 현재 생물학적 탐구와 생물학적 발전에서 강력하게 제기되고 있다. 우리는 이 사실을 1962년 DNA 암호를 해독하여 제임스 왓슨, 모리스 윌킨스와 함께 노벨 생리학 의학상을 수상한 바 있는 프랜시스 크릭의 견해에서 분명히 보게 된다."

신이 생물학을 연구하는 기본 동기가 무엇인지 우리에게 말한다.

지금까지 내가 유일하게 다룬, 나 자신의 동기는 오히려 다른 곳에 있다. 그것을 몇 마디로 말하기란 어려운 일이다. 만일 여러분이 내가 생물학 연구를 하는 이유를 간단한 기술(記述)을 통해서 알아야겠다면, 그것은 철학적이고 소위 종교적인 이유들이라고 말할 수 있다.

그가 설명하고 있는 인생관은, 우리가 그의 글을 통해서 분명하게 볼 수 있는 것처럼, 사람은 본질적으로 DNA 주형을 구성하고 있는 화학적 물리학적 성질로 환원될 수 있다는 생각이다. 그러므로 프랜시스 크릭은 철학적으로

DNA 이중 나선 구조를 규명한 제임스 왓슨(좌측)과 프랜시스 크릭(우측). "프랜시스 크릭이 설명하고 있는 인생관은, 사람은 본질적으로 DNA 주형을 구성하고 있는 화학적 물리학적 성질로 환원될 수 있다는 생각이다. 그러므로 크릭은 철학적으로 환원주의자, 즉 인간을 전기 화학적 기계로 환원하려는 사람이다. 그런 견해는 곧바로, 인간은 조작되고 통제될 수 있고 그렇게 되어야 한다는 생각에 이른다."

환원주의자, 즉 인간을 전기 화학적 기계로 환원하려는 사람이다. 그런 견해는 곧바로, 인간은 조작되고 통제될 수 있고 그렇게 되어야 한다는 생각에 이른다.

비인격적 우주의 인격화

이 논문에서 크릭은 어느 대학교를 방문하려고 캘리포니아에 갔을 때, 거기서 만난 한 매력적인 소녀가 그의 생일을 묻고 점성술과 '물병자리의 시대'(Age of Aquarius)에 대하여 말했던 사실을 언급한다. 그는 또한 서점들이 신비주의에 대한 책으로 가득 차 있음을 주목했다. 여기에 그의 반발을 인용해 보자.

……나는 사람들이 과학적으로 점성술은 정말 완전히 말도 안 되는 소리라고 말해야 한다고 생각한다. 나는 점성술이 무슨 의미를 가질 수 있는지 그 방법

에 대하여 생각하려고 매우 애를 썼지만 그것은 벅찬 일이었다. 나는 그런 식으로 생각하는 사람들이 대학교에 있어야 하는지 의심스럽다.

그러면 누가 대학교에 남을 수 있겠는가? 그가 말하는 것은 점성술의 내용이 그르다거나 무의미하다는 것이 아니다. 사람들이 그런 견해를 가지고 대학교에 남아 있어야 하는지의 문제를 제기하고 있는 것이다.
프랜시스 크릭은 계속해서 말한다.

사람들이 오늘날 생물학에서 끌어내는 중요한 결론은 자연 선택의 중요성이다. 자연 선택의 본질은 (사람들이 받아들이기 어려워하지만) 그것이 우연적 사건에 의해서 유발된다는 점이다. 그것은 미리 계획된 것이 아니고 우연적인 사건으로 추진된다. 여러분은 우연이 진정한 신기함의 참된 유일한 원천이라고 주장할 수 있다.

자연 선택은 계획된 것이 아니다. 그것은 우연에 의하여 생겨난다. 논문을 조금 더 읽다 보면, 크릭은 "여러분은 (진화 과정의) 일반적인 경향을 정할 수 없다. 즉 자연 선택은 그것보다 더 현명한 것이다. 자연 선택은 전에 예측하지 못했던 일을 행할 방식과 구성을 생각해 낼 것이다."라고 말한다. 여기에서 재미있는 것은 자연 선택에 인격성을 부여하고 있다는 점이다.
『유전자 암호의 기원』(The Origin of the Genetic Code, 1968) 중반부쯤에서 크릭은 자연을 대문자 N이라고 불렀고, 『분자와 인간에 대하여』(Of Molecules and Men, 1967)에서는 자연을 '그녀'(she)라고 언급한다. 다른 말로 하면, 그는 정의에 의하면 인격이 아닌 것을 자신의 체계에 의거하여 인격화하고 있다.
이유가 무엇인가? 그것은 그가 비인격성의 함축을 참을 수 없고, 이런 유의 의미론적 신비주의가 비인격적인 것의 거미줄에 걸려 있는 사람들을 안심하게 해주기 때문이다. 크릭은 그의 정의에 따르면 비인격적 우주에 살고 있지만, 자신이 사용하는 언어의 내포에 의하면 비인격적 우주를 인격화하여 자연 선택을 '현명하다.'라고 하고 또 그것이 '생각한다.'라고 말하고 있다. 그런 언어는 압박을 완화시키므로 사람들은 자신이 읽고 있는 것을 이해하지 못한다.

크릭은 자신의 과학적 업적은 어떤 기본적인 종교적 입장에 의해 지배되고 있다고 말한다. 그리고 그는 자신이 취한 구체적 입장이 관습적인 용어로 반종교적인 것을 인정하는 반면, "……그것이 종교적 문제와 관련하고 있기 때문에 종교적인 태도라고 한다." 그가 옳다. 비록 제안하는 바는 과학의 권위가 근거하고 있는 것과 논리적으로 상관은 없지만, 크릭이 하고 있는 것은 과학의 권위에 기초한 어떤 신념 체계를 만들고 있는 것이다.

혁명적 주제로서의 생물학

논문 후반부에서 크릭은 정신 행동의 영역으로 돌아가 그것이 어떻게 결정되는지를 다룬다. 그는 이렇게 말한다. "우리는 정신 건강에 대하여, 유전학적으로 얼마만큼 결정되고 환경에 얼마나 의존하고 있는지 더 알기를 원한다. 우리는 또한 지성과 창조성에 대해서도 같은 것을 알기를 원한다." 사람이 얼마나 갑자기 사라지는지 여기서 분명하게 나타나지 않는가? 오직 두 가지 요인, 즉 첫째로 유전, 둘째로 환경이 있을 뿐이다. 전자가 90퍼센트이고 후자가 10퍼센트인가? 혹은 그 반대인가? 실상 아무런 차이가 없다. 어느 한 요소이건 아니면 두 요소 모두이건 다 기계적인 것이다. 사람은 유전자 암호를 가지고 있다. 그는 유전자 암호의 산물로서 나타나는 것에 영향을 줄 환경을 가지고 있다. 그것이 사람의 모든 것이다.

논문 마지막 부분에서 그는 새로운 주제를 시작한다. "이로써 우리는 나의 개인적인 기질과 맞지 않아서 거북스러운 영역, 즉 생물학과 정치의 문제에 이르게 된다." 국가가 생물학과 무슨 관계가 있는가? 크릭은 우리에게 이렇게 말한다.

……내가 생각하기에, 우리는 모두 미래가 우리 자신의 손에 달려 있다는 것과 우리는 어느 정도 우리가 원하는 바를 할 수 있다는 사실을 알고 있다. 또는 그 사실을 깨닫기 시작하고 있다.

지금 이 순간에 무슨 일이 일어나고 있는가? 우리는 우리가 과학 기술로 인간을 위하여 삶을 더 안락하게 만들 수 있고 변화를 일으킬 수 있다는 것을 알고 있다. 실로 우리가 지금 하고 있는 것은 체계를 어설프게 고치는 법을 배우는 것이다. 그러나 우리는 어떤 사람을 원하는지에 대해서는 근본적인 차원에서 거의 생각하고 있지 않다. 장기적으로, 이것은 여러분이 대처해야 할 문제이다. 여러 가지 상황에서 우리가 현재 방식대로 나아간다면 일어날 일이 실상 사람들이 원하는 것이 아니라는 것을 여러분이 깨달아야 한다고 생각한다.

……많은 질병, 특히 암과 심장병을 가능한 한 고치려 애쓰는 것이 의학 연구의 목적이다. 그 질병들은 분명 주요 사망 원인들이다. 그러나 그런 상황에서 어떤 일이 일어날 것인가? 기본적으로 발생할 일은, 안정된 인구 구조 아래에서는 사망률을 근거로 하여 연령 분포에 어떤 변화가 올 것인지를 쉽게 파악할 수 있다는 점이다. 이는 인류가 점점 나이를 아주 많이 먹게 될 것을 의미한다. 의학 연구가 이때 목표로 삼는 것은 노인들을 위하여 세상을 더 안전하게 만드는 것이다.

크릭은 사실상 이렇게 말하고 있다. "인본주의적 의학 개념을 바로잡자." 더 나아가 지금 그것을 시작하자는 것이다. 논문은 다음과 같이 계속된다.

……그것에 맞닥뜨려야 할 사람은 15세에서 25세 사이의 사람들일 것이므로, 그들은 지금부터 그것에 대하여 생각하는 것이 좋을 것이다.

……우리는 방금, 얼마나 많은 사람이 세상에 남아 있어야 하는가에 대한 토론이 이제 거의 받아들여지게 된 것을 보았다. 지금은 누가 다음 세대의 부모가 되어야 하며, 누구를 낳아야 하며, 누가 아이를 가져야 하는지에 대해서 토론하는 것이 용납되지 않는다.

일반적인 생각은 만일 우리가 모두 서로에게 친절하다면, 그리고 모든 사람이 2.3명의 아이를 가지고 있다면, 모든 것이 잘 될 것이라고 하는 것이다. 나는 그것이 맞다고 생각하지 않는다. 유전적인 이유 때문에 더 좋은 의학적 치료와 기관 이식 그리고 이들 모두를 누릴지라도, 건강하지 못한 생물학적 환경이 될 것이다. 어떤 집단의 사람들은 어떤 사람들이 더 많은 아이를 낳아야 하고 어떤 사람들이 더 적게 낳아야 하는지를 결정해야 한다. ……여러분은 누가 태어날지를 결정해야 한다.

이런 식으로 생물학을 보게 되면, 생물학은 실제로 혁명적인 주제이다. 사실상, 생물학은 보다 중요한 혁명적 주제이다. 그것은 사회적 사고방식에 나타날 새로운 개념을 만들고 있는 것이다. 말하자면, 생물학은 단순히 여러분이 가축 무리를 어떻게 다룰 수 있느냐 하는 것과 같은 것이 아니다. 사회 속에서 서로 작용하고 있는 심리학적인 차원에서의 사람을 포함하여 훨씬 복잡한 일들이 아주 많이 있지만, 나는 여러분이 단지 유전적인 문제를 어설프게 다루면서 이 모든 문제를 해결할 것이라고 생각하지 않는다. 나는 이런 노선을 따르는 사고방식이 반드시 생겨나게 될 것이라고 생각한다. 여러분이 이 나라에서 이런 일을 하지 않는다면, 그것은 다른 나라에서 시작될 것이다.

프랜시스 크릭은 다음과 같이 '내가 생물학을 연구하는 이유'를 맺는다.

이 사실은 내가 이야기하고자 하는 기본적인 사실에 도달하고 있다. 실로 요구되는 것은 교육, 젊은 사람들의 교육이다. 『타임』(Time)지나 『라이프』(Life)지에 실린 글을 읽는 것도 좋지만, 여러분이 학교에 다니면서 뭔가를 배운다면 더 표준적인 방식으로 배우게 될 것이다. 여러분은 그것을 어느 정도 감수성이 더 예민할 때에 소화하고 그것에 기초해서 실천하게 된다. 그리고 나는 사실, 우리가 인간을 보는 이 새로운 관점을 취해야 할지 생각해 볼 필요가 있다고 생각한다.

크릭은 분명하게 인간의 생물학적 본성에 대한 문제와 더 낮은 단계의 교육에까지 이르는 인간 공학의 수용 가능성에 대한 문제를 끌어들이기를 바라고 있다.

만일 인간이 프랜시스 크릭이 말하는 그런 존재라면, 인간은 비인격적인 것 + 시간 + 우연의 총합에 불과하다. 그는 확장되어 더 복잡한 에너지 소립자에 불과하다. 그래서 바로 우리 시대는 인간의 삶을 무시할 수 있게 되었다. 한편으로 우리는 태아를 낙태시켜 죽이고, 다른 한편으로는 노인에게 안락사를 소개할 것이다. 전자는 이미 실행되고 있고, 후자에 대한 문도 열렸다.

프랜시스 크릭은 모든 범위의 '유전 공학'을 즉각 활용하자고 강력하게 강조하는 사람 가운데 하나이다. 이에 따르면 누가 다음 세대의 부모가 되어야 하며, 누구를 낳아야 하며, 그리고 누가 아이를 가져야 하는지를 어떤 집단이 결정하게 된다. 유전 공학의 주제는 깜짝쇼의 분위기나 '일요 특집'과 같은 사고방식과 너무 비슷해지고 있다. 그러나 크릭 같은 사람들을 우리는 생물학적 조작의 영역에서 영향력 있는 인물로 진지하게 생각해야 한다. 크릭만이 현대 의학은 약한 자를 살려 최상보다 못한 다음 세대를 낳게 하는 하나의 위협이라고 주장하는 것이 아니다. 스위스 대학교 가운데 한 대학교의 총장도 수년 전에 취임 연설의 주제로 이 문제를 다루었다.

선택이냐 우연이냐

하지만 유전 공학의 문제는 균형 있게 보아야 하는데, 거기에 관계된 사람이 모두 내가 이미 언급했던 그런 극단적인 인물인 것은 결코 아니기 때문이다. 앞 장에서 거론한 영국 책 『우리의 미래 유산 : 선택이냐 우연이냐?』(Our Future Inheritance : Choice or Chance?, 1974)는 내가 보기에 그 제목 자체가 선택이라는 말이 우연이라는 말보다 훨씬 좋게 들려서 유전 공학을 받아들이는 방향으로 기울어진 감이 있기는 해도 균형 잡힌 견해를 취하려고 애썼다. 그 책은 많은 과학자들의 보고서를 기초로 하여 쓰여진 것이기 때문에 특별한 중요성을 지니고 있다. 다음 몇 페이지의 내용은 그 책에서 나온 자료나 그 책에 있는 자료가 제기하는 주제에 주로 근거하고 있다.

우리는 유전 공학을 평가할 때, 먼저 어떤 것은 예컨대 완전히 체외에서(시험관에서) 자란 아이라든가 남성 요소나 여성 요소 없이 어떤 한 개인을 무한 복제하는 일 따위는 바로 우리 주위에 있는 것이 아니라는 점을 지적해야 할 것이다. 하지만 이러한 현상은 후에 가능할 수 있으며 그래서 윤리적으로나 실제적으로 전체 문제의 일부분이 된다. 어떤 일들은, 예를 들면 기관 이식은 지금 시행되고 있다. 가장 성공을 거둔 것은 신장 이식이다.

이것은 확실히 우리가 기뻐할 만한 도약이지만, 이러한 의학적 업적도 문제를 일으킨다. 필요한 신장이나 다른 기관을 초기에 확보하는 일을 정당화하려고, 사망의 기준이 이제 차츰 24시간 이상 뇌파가 수평 상태인 것으로 받아들여지고 있다. 이 사실은 그 자체로는 윤리적 문제가 아니지만, 우리가 살펴본 대로 장기 이식이나 시험을 위해서 피나 기관을 거둬들일 수 있도록 (수평 뇌파 상태이지만 기관이 모두 계속 기능하고 있는 상태로) 인체를 무한정 살려 둘 수 있는 길이 열렸다. 문제는 분명하다. 기독교가 사람의 독특성에 대하여 부여한 절대적 노선 없이는 그 자체로는 선한 것이라도 인간성이 점차 상실되게 한다.

이 문제에 대한 다른 예로서 생식력 없는 남편에 의해서 생긴 불임의 치료를 들 수 있다. 그런 불임은 자주 남편의 정자를 사용한 인공 수정(A.I.H.)으로 고쳐질 수 있다. 확실히 이 방법은 많은 부부들에게 도움을 준다. 그러나 기증자 즉 다른 남자의 정자를 사용한 인공 수정(A.I.D.)의 경우는 어떤가? 경계선이 어디인가?『우리의 미래 유산 : 선택이냐 우연이냐?』는 영국 현행법에 따르면 그렇게 태어난 아이는 불법이고, 미국에서는 어떤 이혼 사건에서 A.I.D.로 인해 태어난 아이를 간음에 의한 불법적인 산물로 판시하고 남편에게 양육권을 주지 않거나 그에게서 양육비 부담 의무를 덜어 주었다고 말한다.

그러면 그 다음 단계는 무엇인가? 이 책은 이렇게 대답하고 있다. "아마도 가장 그럴듯한 제안을 하자면, 합법성의 개념이 완전히 제거되어야 한다는 것이다." 만일 이 제안을 따른다면, 윤리가 변화하고 더욱이 인간성이 약해져 버린다. 가족이라는 것이 약화된다. 부모와 자식 사이의 관계는 어떻게 될 것인가? 이 책에서는 도덕과 법률에서 생기는 이런 변화가 '사회적 장애'(social hindrance)의 기반 위에서 이루어진다. 이것이 바로 내가 '사회학적 법'(sociological law)이라고 부르는 것이다.

조작에 대한 저항의 붕괴

우리 가운데 누구라도 유전병을 고쳐 주고 개인을 도와주는 유전적 치료법은 달가워할 것이다. 하지만 기독교가 사람들에게 부여하고 있는 독특성과 기독교적 절대 기준에서 이런 일들을 분리시켜 버리는 것은 아무리 그 형태가 드러나지 않는다 해도 인간성이 점점 손실되게 하는 경향이 있다. 유전 공학을 충분히 사용하자고 하는 요청 속에 가장 광범위한 조작을 돕는 길이 넓게 열려 있다. 이런 호소는 누가 아이를 가져야 하는가 그리고 그들은 어떤 아이를 가져야 하는가 하는 문제와 관련이 있다. 그것은 어떤 인간을 바랄 것인지를 결정할 사회의 어느 집단을 원하는 요청이며 유전학을 통해 그런 사람들을 만드는 데 착수하라는 요청이다.

프랜시스 크릭과 나란히 1962년 DNA 암호를 해독하여 노벨상을 받은 제임스 왓슨(James D. Watson, 1928-)은 아주 주의를 기울여야 한다고 공개적으로 말한 바 있다. 그는 의회 위원회에 이 영역에서 이루어지는 실험의 위험을 경고하고, 『애틀랜틱』(The Atlantic, 1971. 5.)지에 '복제 인간을 향한 움직임, 그것이 바로 우리가 바라는 바인가?'(Moving Toward the Clonal Man, Is This What We Want?)라는 제목의 글을 실어 같은 경고의 소리를 높였다.

사방에서 사람들은 자신들이 오직 기계라고 가르침을 받고 있고, 그렇게 가르침받는 한 이런 식으로 이루어지는 조작에 대한 그들의 저항은 차츰차츰 약해진다. 현대인은 자신이 무엇을 해야 할지에 대해 참다운 경계선을 가지고 있지 않다. 그에게 남은 것은 오직 자신이 무엇을 할 수 있다는 것뿐이다. 이런 상황에서 오늘날 생각할 수 없는 것들이 10년이 지나도 여전히 생각할 수 없는 것이 될 것인가?

사람은 더 이상 자신을 비인간과 질적으로 다르게 보지 않는다. 기독교적 합의가 하나님의 형상으로 지음받은 사람의 독특성을 지지하는 기반을 주었지만, 이것은 거의 사그라져 버렸다. 그래서 선한 일이 있음에도 인간의 삶이라는 실제 삶에서 파멸이 점점 진행되는 경향이 있다.

또한 오랫동안 철학으로 그리고 대중적으로는 대중 매체로 객관적 진리는 존재하지 않는다고 배웠다는 사실을 기억하라. 사람들은 모든 도덕과 법을 상대적인 것으로 본다. 그래서 점차 조작이라는 생각을 받아들이고, 좀 더 심하게 다양한 형태의 조작의 관행을 수용하도록 자신을 방치하고 있다.

자의적 가치 선택의 문제

우리는 또한 자크 모노(Jacques Monod, 1910-1976)의 『우연과 필연』(Chance and Necessity, 1971)을 언급할 수 있다. 여기서는 모든 가치가 쉽게 얻어진다. 모든 것은 우연의 산물이라는 모노의 이론은 그의 과학적 작업에 기초하지 않고 오히려 그가 카뮈의 철학을 따른다는 사실에 근거를 두고 있다. 모노는 많은 사람에게 자신의 작품이 그의 고유한 과학적 명성의 근거라고 제시하는데, 그는 과학을 사변으로 흐려 놓아 사실상 그 책의 사변적인 부분과 과학적인 부분 사이에는 필연적 관계가 전혀 존재하지 않는다.

모노는 자연의 기반 위에서는 사람이 존재에서 당위를 이끌어 낼 수 없다고 바르게 논증했다. 그에게서 존재는 단지 거기 자연적으로 있는 것, 우연히 이러저러하게 생겨난 것이다. 따라서 존재가 당위에 아무런 단서를 주지 않기 때문에 우리는 우리의 가치를 자의적으로 선택해야 한다는 것이다. 한 번 사람들이 이런 정신 자세를 받아들이면 자의적인 절대 기준을 부과하는 것은 훨씬 더 쉽다.

화학적 조작 기술

아서 케스틀러(Arthur Koestler, 1905-)는 『호라이즌 매거진』(Horizon Magazine, 1968. 봄호)지에 화학 약품을 개발하여 인간을 어떤 안정(tranquility)의 상태로 이끌어야 한다고 주장했다. 케스틀러는 자신의 진화론에 입각하여 인간이 과거로부터 세 가지 두뇌를 가지고 있다고 가정한다. 즉 파충류의 두뇌, 말의 두뇌, 그리고 독특한 인간의 두뇌가 그것이다. 그는 이들 두뇌 사이에 평화를 가져와 사람에게서 공격성을 제거할 화학물의 발견을 촉구한다. 본질적으로 그는 초(超)안정제를 요구하고 있다. 그는 어떤 위원회가 이것을 마시는 물에 넣어 모든 사람이 그것을 강제로 받아들이도록 하는 것의 가능성을 제안한다. 이 점은 실제로, 마시는 물을 이용해서 대도시 주민에게 환각제(LSD)를 투여하려 한 이상주의적 약물 복용 개념을 가지고 있던 자들의 제안과 별반 다르지 않다.

1969년 10월, 캔자스 대학교의 산부인과 과장이던 커미트 크랜츠(Kermit Krantz, 1923-)는 출생 억제 약품을 세계의 급수 시설에 넣어 인구를 억제해야 한다고 촉구했다. 어떤 사람들은 정부가 물에 든 약을 무효화시키는 다른 약물을 선택해서 나누어 줌으로써 아이를 낳을 수 있는 사람이 누구인지 결정할 수 있어야 한다고 제안했다. 그것은 모두 C. S. 루이스(C. S. Lewis, 1898-1963)의 『그 무시무시한 힘』(That Hideous Strength, 1945)에서 묘사된 추잡함과 아주 똑같다. 이것은 가상이 아니다. 이것은 실제 오늘날의 뉴스로, 이는 호세 델가도(José M. Delgado, 1915-), 케네스 클라크(Kenneth B. Clark, 1914-) 그리고 러셀 리(Russel V. Lee, 1895-)와 같은 사람들의 활동을 알려 주는 뉴스 이야기로 증명된다.

예일 대학교의 호세 델가도는 원숭이와 간질병자의 뇌에 센서를 사용하여 그들의 행동을 통제하려 한 사람 가운데 하나였다. 델가도는 인간의 공격성에 대한 유네스코 위원회에서 한 연설에서, 우리는 다음 몇 년 내에 의학이 이러한 수단으로 공격적 성격을 처리하는 혁명을, 즉 몇 년 전에 항생 물질로 전염병을 치료함으로 나타난 혁명과 같이 위대한 혁명을 보게 될 것이라고 말했다. 그는 미래 사회는 뇌 전기 자극(E. S. B.)을 통해 심리적으로 개화될 것이라고 말한다.

미국의 사회 심리학자인 케네스 클라크는 1971년 미국 심리학회의 회장이 되었을 때, 모든 정치 지도자들은 반공격성 알약을 복용해야 한다고 제안했다. 그러면 지도자들은 공격적으로 될 수 없다는 것이다. 보다 최근에 그는 '심리 공학'(psychotechnology), 곧 두뇌 조정 실험을 주창했다.

신문에 따르면, 스탠퍼드 대학교 의학대학원의 명예 임상 교수인 러셀 리는, 모든 공무원이 매년 철저한 심리 검사를 받아야 한다고 제안했다. 고위 공무원의 경우에 검사자가 그것이 필요하다고 결정하면, 발견 사항을 의회 위원회로 전송하여 그 관리를 사임시킬 것을 권고할 수 있다. 클라크와 리는 둘 다 작은 일, 즉 알약을 나누어 주거나 심리 검사를 통제했던 사람들이 왕이 될 것이라는 사실을 잊고 있었던 것이다.

조작 기술의 도약적 발전

사회 조작에 대한 이러한 토론에 비추어 보면, 세 가지 문제가 생긴다. 첫째, 누가 통제자들을 통제할 것인가? 둘째, 사람들이 자신이 무엇을 할 수 있는가에 반하여 자신이 무엇을 해야 하는가를 지시해 주는 경계선을 가지고 있지 못할 때 어떤 일이 일어나겠는가? 셋째, 만일 인류가 현대인이 말하는 그런 존재일 뿐이라면, 사람의 생물학적 연속성이 가치를 가지는 이유는 무엇인가?

이 모든 조작 기술에 대한 이야기는 대중 매체에서 중요한 자리를 차지해 왔다. 그리고 이런 이야기들이 아무런 분석 없이 더 많이 받아들여질수록 그것들은 사람들이 자신에 대하여 다르게 생각할 수 있는 길을 더 열어 주고 조작이 더 잘 받아들여지게 한다.

많은 기사들과 발레리 타르시스(Valery Y. Tarsis, 1900-)의 책 『제7병동 : 자전적 소설』(Ward 7 : An Autobiographical Novel, 1965)을 통해서 볼 때, 러시아에서 정치범들이 정신 병동에 갇혀서 '재조정'되고 있다는 사실은 비밀이 아니다. 사회 질서에 동의하지 않는 사람은 '병든' 사람으로 낙인찍히고 비인격이 되어, 정신 병원에 갇혀 더 이상 시민권을 가지지 못한다. 그러나 조정이 제7병동의 조정처럼 미숙할 것이라고 가정하지 말자.

앞서 살펴본 대로, 철의 장막 이쪽에서 사회를 조작하려는 엘리트의 등장을 지지하는 제안이 있었다. 그리고 이 사실을 가능하게 하는 데 필수적인 기술상의 도약적인 발전은 거의 완성되었다. 현대의 어떤 권위주의 정부라도 거의 무한한 조작 수단을 가지고 있다.

잠재 의식적 조작 기술

우리는 한 가지 더 중요한 예로서 잠재 의식적 영향을 생각할 수 있다. 텔레비전이나 영화 스크린에 아주 빠르게 어떤 것을 반복해서 자꾸 비춤으로써 관람자는 자신이 보았다는 사실을 알지 못하지만 그에게 강력한 영향을 끼치는 일이 가능하다. 한 실험에서, 사람들이 잠재 의식적으로 어떤 음료수를 사라는 광고를 듣게 되었다. 사람들은 이 반복된 메시지를 본 것을 알지 못했지만, 영화가 끝나자 주변에 있는 그 음료수 판매대는 곧 바닥이 나고 말았다.

이 기술은 서구에서 법으로 금지되어 있지만, 전체주의 국가에서는 그것을 사용하지 말아야 할 이유가 있는가? 심지어 서구 세계에서도 오직 법만이 우리와 그 기술 사용 사이에 놓여 있을 뿐이다. 우리는 사회학적으로 좋은 것이라고 생각되는 것으로 향하는 법의 경향을 잊어서는 안 된다. 잠재 의식을 통한 텔레비전 메시지가 사용되기 시작했는지의 여부를 알 길이 전혀 없는 것이다.

편집된 영상에 의한 조작

실제로, 텔레비전은 시청자를 정상적인 조정 방식으로도 조작한다. 많은 시청자들은 텔레비전에서 무엇을 보게 되면 그것을 자기의 눈으로 직접 보았다고 생각하는 것 같다. 텔레비전은 시청자들을 실제로 그 장면에 있었다고 생각하도록 만든다. 그는 자신의 눈으로 보았기 때문에 알고 있다. 그에게는 이전보다 더 강력하게 직접적인 객관적 지식에 대한 인상이 있다. 많은 사람들에게, 텔레비전에서 본 것이 외부 세계에서 자신의 눈으로 본 것보다 더 진실된 것이 되고 있다.

그러나 사실은 그렇지 않은데, 이는 텔레비전의 각 장면은 편집된 것이라는 사실을 결코 잊어서는 안 되기 때문이다. 시청자는 그 사건을 보고 있는 것이 아니다. 그는 사건의 편집된 어떤 형태를 보고 있다. 보이는 것은 사건 자체가 아니라, 그 사건의 편집된 상징이나 편집된 영상일 뿐이다. 객관성과 진상에 대한 아우라(aura)나 환상은 조작된 것으로 그것은 영화를 촬영하는 사람들이 완전히 중립적이라고 가정해도 전적으로 그 사건 자체가 될 수는 없다. 카메라의 물리적 제한은 전체 상황 가운데 오직 한 면만을 비추게 만든다. 만일 카메라가 왼쪽으로 10피트에 혹은 오른쪽으로 10피트에 초점을 맞추면, 전혀 다른 '객관적 이야기'가 등장할 수도 있다.

그리고 그것을 숙지하고서, 영화를 촬영하는 사람이나 그것을 편집하는 사람은 자주 주관적 관점으로 영화에 개입한다. 우리가 텔레비전에서 어떤 정치적 인물을 볼 때, 우리는 그의 본모습을 보는 것이 아니다. 오히려 우리는 어떤 사람이 우리로 보게끔 결정한 이미지를 보고 있는 것이다. 레니 리펜슈탈(Leni Riefenstahl, 1902-)의 『의지의 승리』(Triumph of the Will, 1934년 뉘른베르크에서 열린 나치 전당 대회에 대한 기록 영화)가 전체주의 정부를 지지할 때 전율하리만큼 효과적인 선전 수단이 될 수 있었다면, 실재에 대한 편집된 가상으로 적절하게 조종된 텔레비전 계획이 모든 가정집에 들어가서 젊은이나 늙은이나 할 것 없이 무한정 그것을 시청할 때 어떻게 될 것인가?

조작의 수단으로서의 대중 매체

자의적인 절대 기준을 엘리트가 제공한다면, 텔레비전뿐만 아니라 전반적인 대중 매체 수단이 조작의 수단이 될 것이다. 공모나 모의를 할 필요가 없는 것이다. 필요한 것은 단지 그 엘리트의 세계관과 중앙 뉴스 매체의 세계관이 결합하는 것뿐이다. 사람들은 계획된 모의가 때때로 존재하고 있는지 토론할 수 있지만, 음험한 모의의 가능성만 살펴보는 것은 훨씬 더 큰 위험을 보지 못하게 되는 길을 여는 셈이다. 그것은 가장 영향력을 미칠 수 있는 지위에 있는 많은 사람들과 무엇이 뉴스가 될지를 결정하는 많은 사람들이, 우리가 이 책에서 길게 설명했던, 그 현대적인 인본주의적 세계관을 함께 가지고 있다는 것이다. 자신이 하고 있는 것이 무엇인지 의식하는 정도가 차이가 나고 누가 누구를 사용하고 있는지 의식하는 정도도 역시 다르지만, 그들이 이런 관점에 따라 행동하는 것은 당연한 것이다. 그들의 세계관은 자신의 주장을 결정하는 틀인 것이다.

한 가지 좋은 예는, 많은 신문들이 (그리고 많은 외교관들도 역시) 스탈린의 압제가 알려지기 훨씬 전에 히틀러의 압제를 보고 그것에 반대하였다는 사실이다. 이 사실은 그 신문이 공산주의적이었기 때문이 아니다. 왜냐하면 그 신문의 구성원 대부분이 분명히 공산주의자가 아니었기 때문이다. 오히려 그들에게는 어떤 세계관, 어떤 전체 틀이 있어서 그것 때문에 히틀러 지배하의 독일에서 일어나고 있는 일과 러시아에서 일어나고 있는 일을 두 가지의 전혀 다른 관점으로 관찰했던 것이다. 『뉴스위크』(Newsweek)지 유럽 지구 편집장인 에드워드 베어(Edward Behr, 1926-)는 1975년 올리비에 토드(Olivier Todd, 1929-)의 『카마우의 오리들』(The Ducks of Ca Mau)이란 책을 서평하면서 그 문제를 잘 설명하고 있다. "……자유주의적 딜레마 : 불의에 대항하지만……그러나 혁명적인 과정을 거쳐서 그런 불의를 전혀 다른 질서의 독재로 대체하는 권위주의적 정부 형태를 무찌를 정도로 명철을 유지할 수 있는 방법."

그리고 모든 매체가 조작이 효과적으로 시행되도록 하는 데 개입될 필요는 없다. 사실상, 모든 매체가 개입하는 예는 거의 없다. 단순히 '언론'이나 '매체'가 이렇다는 둥 저렇다는 둥 하고 말하는 것은 공평하지 않다. 그것들은 마치 획일적인 전체인 양 한 덩어리로 뭉쳐질 수는 결코 없다. 그럼에도 대중 매체는 조작의 수단이 될 수 있다.

뉴스를 만들 수 있는 능력이 있는 것에는 어떤 언론사, 신문, 시사 잡지, 통신사, 방송국 등이 있다. 그것들은 모두 '뉴스 창출자'(news maker)이며, 그들에게 어떤 이야깃거리가 나타나면 뉴스가 되어 버린다. 뉴스를 만들 수 있는 이런 능력은 언론 단체들뿐만 아니라 국회 의원, 정부 관리 그리고 교수들로 이루어진 영향력 있는 집단에서 나타나는 어떤 증후군이나 심리 혹은 마음 자세에 근거를 둔다. 그 영향력은 반드시 발행 부수에만 기초를 두는 것은 아니고, 오히려 그 사람들의 명성에 근거한다. 때때로 이러한 영향력은 의식적으로 촉진된다. 예를 들면, 어떤 뉴스 방송국은 '특종 기사'가 신문 가판대에 오르기 전에 그 특종 기사를 통신사나 라디오나 텔레비전 방송망으로 공개한다.

이 뉴스 창출자들은 어떤 일들을 ('없어져 버리게' 놓아 두는 것이 아니라) 뉴스로 만들 뿐만 아니라, 뉴스에 그들이 집어넣는 색채를 선택하는 경향도 있다. 자주 이런 색조는 눈길을 끄는 방식으로 이야기를 압축하는 뉴스 기사의 첫 문장, 소위 '전문'(前文, hard lead)으로 시작하게끔 되어 있다. 만일 이것이 미묘하게 왜곡되면, 전체 이야기의 논조는 정해져 버리고, 그것은 일종의 색안경이 되어 독자는 이를 통해 그 이야기와 심지어는 그에 연관된 이야기를 이해하게 된다.

앞서 사용했던 용어로 이것을 표현하면, 우리가 이제 사회학적 과학과 사회학적 법을 가지는 경향이 있듯이 사회학적 뉴스를 가지는 경향이 있다는 것이다. 언론의 오래된 이념 가운데 하나는 객관성이지만, 뮤추얼 라디오 방송국(Mutual Broadcasting System)의 백악관 특파원 포레스트 보이드(Forrest Boyd, 1921-)가 내게 지적해 준 바와 같이 "객관성은 최근에 공격을 받고 있다." 뉴스 칼럼과 사설란의 구별은 가장 영향력 있는 여러 신문들에서 점차 더 분명치 않게 되고 있다. 논평되는 이야깃거리와는 아무 상관 없는 이데올로기적 입장이 사회란이나 영화 평론에도 관련될 수 있게 되었다. 뉴스 창출자들은 분명히 엄청난 힘을 가지고 있고, 만일 엘리트가 이들을 사로잡거나 이 사람들과 엘리트의 세계관이 결합된다면, 그 매체는 조작적 권위주의의 수단이 이미 된 것이다.

컴퓨터의 조작적 능력

마지막으로 우리는 초고속 컴퓨터의 조작적 능력을 잊어서는 안 된다. 컴퓨터는 도구로서 유용하지만, 가치 중립적인 것은 아니다. 그것은 선한 목적을 위하여 사용되기도 하고 해를 입히는 데도 역시 사용될 수 있다. 그것은 과학적 절차나 사업 절차에 유익을 줄 뿐만 아니라 이제 의학에도 도움을 주어 더 빨리 진단을 내리게 한다.

그러나 이전에 사람들과 정부가 보유한 것 이상의 정보가 축적되어 있어서 단추 하나만 눌러도 개인의 전 역사를 (유치원 선생이 그 사람의 능력과 개성에 관하여 기록부에 써넣은 내용을 포함하여) 이용할 수 있게 만들었다. 그리고 컴퓨터는 오늘날 음성 통신과 문자 통신의 대부분을 떠맡은 전화, 전보, 텔렉스, 극초단파 전송의 대규모 조종을 위해 있는 현대 과학 기술 능력을 대신할 것이다. 초고속 컴퓨터과 결합된, 이 모든 통신 형태를 도청할 수 있는 기술적 능력의 사용은 문자 그대로 프라이버시를 숨겨 주는 어떤 공간도 남겨 두지 않는다.

그리고 잠재 의식적 영향을 주는 텔레비전의 경우와 마찬가지로, 그런 압력이 사회에 가중될 때 어떤 일이 일어나겠는가? 무엇이 우리를 컴퓨터 통제에서 보호해 줄 것인가? 다른 말로 하면, 현재 전체주의 국가는 그들에게 유용하도록 만들어진 초고속 컴퓨터를 어떻게 사용할 것인가?

통제와 조작의 범위와 한계

그러나 문제는 현재 전체주의적 권력이 컴퓨터를 사용하게 될 것에 국한되는 것은 아니다. 문제는 이 모든 사용 가능한 조작적 기술들이 국가에서 의미하는 바가 무엇인가 하는 것이다. 우리는 하룻밤의 변화를 생각하지 말아야 한다. 오히려 더 철저한 개인 통제와 개인 조작을 향한 지도력의 교묘한 경향을 생각해야 한다. 물론, 어떤 사람들은 이 상대주의적 시대에 이렇게 계속 늘어 가는 통제와 조작에 대하여 불편을 느낄 수 있겠지만, 그러나 그들은 도대체 어디에다 선을 그을 것인가? 시민의 자유를 이야기하는 많은 사람들 역시, 모든 문제를 해결하는 것은 국가의 책임이라는 개념에 빠져 있다. 그래서 덮쳐 오는 압력 속에 (그리고 사람과 사람 아닌 것 사이의 질적인 차이가 사라져 버린 현대에) 어떤 순간 불편한 감정은 사라질 것이다.

그러면 내일은 어떤가? 예를 들면, 미국에서는 조작적인 권위주의 정부가 행정부나 입법부에서 등장할 수 있다. 미국의 한 고위 공무원은 현명하게도 이렇게 이야기했다. "입법적 독재는 행정적 폭정보다 나을 것이 없다." 그리고 변화 가능한 법률 개념과 법원이 법률을 만든다는 것을 생각할 때 조작적인 권위주의 정부가 사법부에서도 등장할 수 있다고 덧붙여야 할 것이다. 대법원은 행정부와 입법부의 행위에 대하여 최종적인 발언권을 가지고 있고 변화 가능한 법률이라는 개념을 가지고 점점 권력의 핵심이 될 수 있다. 이것을 일러 '제국주의적 사법 제도'(imperial judiciary)라고 할 수 있을 것이다. 법원의

로마 공화정을 제정으로 바꾼 로마 제국 제1대 황제, 아우구스투스. "엘리트, 권위주의는 점차로 사회에 형식을 강요하여 사회가 혼란에 이르지 않게 할 것이다. 그리고 대부분의 사람들은 개인적 평안과 풍요를 향한 욕망에서, 무관심에서 그리고 어떤 정치 체제, 사업 그리고 일상사의 기능을 확고하게 하려고 질서를 열망하여 그것을 받아들일 것이다. 그것이 바로 카이사르 아우구스투스와 함께 로마가 행했던 바이다."

권력은 그것의 참된 기반에서 단절되면, 무제한적인 힘의 수단밖에 되지 않는다. 이것은 법원이 올리버 웬들 홈스가 '공동체의 지배적인 세력'이라고 부르는 것에 결합할 때 특히 그렇다.

또한 통제는 시민의 혼란에 대한 공포에 대처하기 위하여 영국과 미국에서 제안되었던 그런 반(半)공식적 기관이나, 심지어 국제적인 기관에서까지 실시될 수 있다. 그리고 생각해 볼 수 있는 가능성으로 들 수 있는 것은 자기 편의 힘과 다른 편의 약함을 '바르게' 섞은 외래적인 힘이 통제를 부과할 수 있다는 점이다.

물론, 다른 나라의 정부의 얼개는 다르다. 하지만 그것은 사소한 문제일 뿐이며, 어떤 특정한 나라의 어떤 정부 조직에서 등장하는 조작적이고 권위주의적인 정치의 가능성을 보여주는 기본적인 핵심 사항은 바뀌지 않는다. 우리에게 성경적인 틀 안에서 자유를 주었던 기독교적 합의에 대한 기억을 잃어버리면, 조작적 권위주의가 그 공백 상태를 메우려고 할 것이다.

자유를 파괴하는 질서를 향한 열망

성경적 기독교의 중심 메시지는 사람들이 그리스도의 사역을 통하여 하나님께 다가갈 수 있는 가능성이다. 하지만 그 메시지에는 또한 이차적인 결과가 있는데, 그 사람들 사이에 성경적 기독교가 합의를 이룬 나라에 주는 특별하고 광범위한 자유를 준다. 하지만 이 자유는 기독교적인 기반에서 분리될 때 혼돈을 향한 파괴의 힘이 된다. 오늘날과 같이 이런 일이 일어나면, 에릭 호퍼(Eric Hoffer, 1902-)의 말처럼 "자유가 질서를 파괴할 때 질서를 향한 열망이 자유를 파괴할 것이다."

그때는 우익이라는 말이나 좌익이라는 말이 아무 차이가 없을 것이다. 그것들은 같은 목표에 도달하는 두 가지 길일 따름이다. 우익이든 좌익이든 어디서 시작했건 상관없이 권위주의적 정치는 아무런 차이가 없다. 결과는 동일할 뿐이다. 엘리트, 권위주의는 점차로 사회에 형식을 강요하여 사회가 혼란에 이르지 않게 할 것이다. 그리고 대부분의 사람들은 개인적 평안과 풍요를 향한 욕망에서, 무관심에서 그리고 어떤 정치 체제, 사업 그리고 일상사의 기능을 확고하게 하려고 질서를 열망하여 그것을 받아들일 것이다. 그것이 바로 카이사르 아우구스투스(Caesar Augustus, B. C. 63-A. D. 14)와 함께 로마가 행했던 바이다.

제12장 조작과 새로운 엘리트 | 연구 문제

1. 인간의 심리적 현상에 대한 스키너의 이론을 설명해 보라. 이런 이론은 기독교적인 관점에서 어떻게 평가될 수 있는가? 또 이들처럼 심리학적 결정론의 입장에 서 있을 때 실질적으로 어떤 결과가 따르는가?

2. 유전 공학자 크릭의 자연관, 인간관을 설명해 보라. 그가 유전 공학을 공부하는 궁극적인 목적은 어디에 있다고 생각되는가?

3. 자연과 인간을 크릭처럼 이해한다면 인간은 원칙적으로 얼마든지 우리가 원하는 방식으로 바꿀 수 있는 존재가 될 것이다. 크릭은 현재의 의술을 어떻게 비평하고 있는가? 또 앞으로 우리가 어떤 문제들을 구체적으로 결정해야 할 것이라고 제안하는가?

4. 인공 수정을 실시할 때 어떤 문제들이 발생하는가? 이런 문제를 해결하는 방책의 하나로 제시된 안은 무엇인가? 그 안이 함축하고 있는 내용을 설명할 수 있겠는가? 이 제안이 '사회학적 법'의 사고방식을 어떻게 노출하고 있는지를 설명해 보라.

5. 영상을 통해 잠재 의식을 조작하는 예를 설명해 보라. 서방 국가에서는 이를 법으로 금지하고 있다고 하는데 그것으로 안전하다고 할 수 있는가? 그렇지 않다면 그 이유는 무엇인가?

6. 대중 매체를 통한 조작은 어떤 식으로 일어날 수 있는가? 또 고도로 발전하고 있는 컴퓨터가 어떻게 악용될 수 있는가?

오직 두 가지 대안만이 있을 뿐이다. 첫째, 강요된 질서. 둘째, 다시금 혼란 없는 자유를 주었던 그 기반, 즉 성경에 있는 하나님의 계시와 그리스도를 통한 하나님의 계시를 인정하는 것이 그것이다. 강요된 질서가 어떤 결과들을 함축하는지 충분히 보았다. 우리는 두 손 들고 항복하기보다는 두 번째 대안을 심각하게 생각해야 한다. 하지만 기독교적 가치는 마치 목적에 대한 수단처럼 최상의 공리주의로는 받아들일 수 없다. 성경의 메시지는 진리이며 이것은 진리에 헌신할 것을 요구한다. 이것은 만물이 비인격적인 것+시간+우연의 결과가 아니고, 시공간의 연속체인 우주의 창조자이신 무한하고 인격적인 하나님이 계심을 뜻한다. 이것은 그리스도를 구원자와 주님으로 받아들이는 것을 뜻하며, 하나님의 계시에 따라서 사는 것을 뜻한다. 이것은 결코 공리주의도, 이성에서의 도약도 아니다. 이것은 모든 지식과 모든 삶에 통일을 부여하는 진리이다.

제13장

대안

현대인에게 가해지는 압박들

아무런 절대 기준을 가지고 있지 않고 다만 개인적 평안과 풍요라는 빈곤한 가치만 가지고 있는 사람들에게 압도적인 압박이 덮치고 있다. 그 결과 현대인들은 점점 조작적인 권위주의 정치를 받아들일 태세를 갖추고 있다. 불행하게도, 이미 여러 종류의 압력이 지금 우리에게 가해지고 있다.

경제적 붕괴

경제적 경기 후퇴를 일으키지 않으면서 인플레이션의 문제를 해결할 해법을 찾지 못하는 현대 사회는 경제적 붕괴로 치달을 가능성이 크다. 인플레이션, 규제 시도, 경기 후퇴의 위협 그리고 마지막으로 규제 완화의 순환은 인플레이션을 가중시킨다. 하지만 대부분의 사람들이 지속적으로 성장하는 풍요의 개념에 사로잡혀 있는 상황에서 그들로 경기 후퇴의 위험에 직면하게 하는 것은 정치적으로 대단히 어렵거나 불가능한 것이다. 그래서 경제적 후퇴의 위협은 그 다음에 더 높은 인플레이션 상태를 이끈다. 어느 시점에서는 경제적 붕괴가 일어날 가능성이 높아 보인다.

나는 독일인들이 도무지 받아들일 수 없었던 인플레이션 때문에 히틀러 바로 전의 바이마르 공화국이 신뢰감을 잃었던 사실을 잊어버릴 수 없다. 역사는 경제적 붕괴의 시점에서는 사람들이 개인의 자유에 대해서는 무감각해지고 오히려 통제를 받아들이려고 한다는 사실을 가르친다. 대다수 사람들의 두 가지 중요한 가치가 개인적 평안과 풍요일 때는 위험이 훨씬 더 크다.

팽창주의 국가, 제국주의 국가, 공산주의 국가와 서구 사이의 전쟁이나 전쟁의 심각한 위협

앨리스테어 쿡(Alistair Cooke, 1908-)은 『아메리카』(America, 1973)에서 그 점을 잘 말했다. "오늘날 공산주의 국가와 비공산주의 국가 사이에 격렬하게 논의되고 있는 점은 미국 문명의 질과 유지 능력이다." 나는 다만 미국뿐만 아니라 서구 전체도 포함된다는 사실을 덧붙이고자 한다. 서구 자유의 기독교적 기반이 거의 사라져 버린 상황에서 서구는 전체주의 국가에 대항할 능력이 있을까? 이 사실은 분명히 한 가지 사실, 즉 서구의 경제적 붕괴 가능성을 지적하는 것과도 연결될 수 있다.

공산주의 국가로부터 오는 압력은 몇 가지 방식 가운데 하나 혹은 그것들의 결합으로 등장할 수 있는데, '군사적으로는' 세계 어떤 지역에서 등장하는 위기에 대하여 군사적으로 덜 강한 서구에 반대하는 강력한 동구에 의하여, '경제적으로는' 서구의 경제 붕괴 사건으로, 또 '정치적으로는' 남부 유럽 몇 나라가 그 나라들 안에 있는 보수주의 공산당에 의해 전복됨으로 나타날 수 있다. 후자는 러시아와 러시아의 군사력과 공개적으로 결합하여 갑자기 나타날 수 있고 혹은 위기나 막바지에 이를 때까지 표면적 명분을 세우면서 교묘하게 천천히 나타날 수 있다. 남부 유럽에서는 보수주의 공산당에 의한 동요가 있고, 이 국가들은 북부 유럽 국가들이 종교 개혁 이후에 갖게 된 성경적 기반을 전혀 갖고 있지 않다는 점을 주목해야 한다. 이들 나라에서 자유란 수입된 것이지 자생한 것이 아니다.

이러한 상황 속에서 전쟁, 특히 핵전쟁의 위협은 개인적 평안과 번영의 가치만을 가진 사람들로 하여금 쉽게 전쟁의 위협을 제거할 수 있을 듯한 어떤 권위주의 정치를 지지하게 할 것이다. 특히 (고대 로마 시대에 아우구스투스가 한 것처럼) 외부적으로는 합헌적인 형식을 유지하는 듯하는 사이에 권위주의 정치가 도입될지라도 그렇다. 객관적인 하나님의 존재에 대해서 거의 등을 돌리고 인간만이 지성을 가지고 해가 지는 것이나 새가 나는 것을 지켜보려고 존재한다고 믿는 세대에게는 원자탄이 특별히 위협거리가 된다.

네빌 슈트(Nevil Shute, 1899-1960)의 소설 『해변에서』(On the Beach, 1952)는 여전히 타당성 있게 이야기하고 있다. 슈트는 이 소설에서 핵폭발이 일어난 후 아무도 살아남지 못하는 때를 그리고 있다. 불빛은 도시에 얼마간 비칠 테지만, 아무도 그것을 보지 못한다. 얼마 전 사람들은 화성에 의식을 가진 생명체가 살고 있을지 모른다고 생각했다. 찰리 채플린(Charlie Chaplin, 1889-)이 광대가 아니라 철학자로서, 그곳에는 의식 있는 생명체가 없다는 말을 듣고 "나는 고독하다."라고 말했다고 한다. 궁극적 가치가 인간 종족의 생물학적 생존이라고 생각하는 많은 사상가들에게, 원자탄은 전쟁의 위협을 조금이라도 줄이기 위해서는 거의 모든 것을 포기해야 한다는 특별한 압박을 가져다준다.

폭력의 혼돈, 특히 개별 국가나 세계에서 일어나는 임의적 폭력이나 정치적인 폭력과 무차별 테러 행위

개별 국가나 전(全) 세계나 할 것 없이, 정치적 테러 행위의 광범위한 사용은 이 시대의 현상 가운데 하나이다. 임의적이고 무차별한 테러 행위는 더욱 두려운 것이다. 마찬가지로 테러주의자의 조직이 전 세계에서 자신들의 노력을 어떤 방식으로 결집하고 있다는 지적은 역시 놀라운 것이다. 우리는 이미 사람들이 테러 행위의 위협에 직면할 때 어떻게 자유를 포기하는가에 대해 살펴본 바 있다.

세계의 부의 급진적인 재분배

세계의 부의 재분배에는 적어도 두 가지 일이 뒤따른다.

첫째, 점차 높은 수준으로 번영하는 것을 당연한 것으로 생각하게 된 개인이나 국가에서 번영과 풍요의 하락이 있을 것이다. 최근 역사는 우리에게 국가와 개인이 다른 나라나 개인에 대한 원칙이 위협받을 때에 그것을 얼마나 빨리 바꾸는지를 보여주었다.

둘째, 세계의 권력의 분배가 나타날 것이다. 번영과 세계 권력이 계속 감소하는 중에 조작적 권위주의 정치는 그 정치가 좌우간 번영과 세계 권력의 감소로 인하여 생긴 유쾌하지 않은 결과를 약화시킬 것이라는 기대 속에서 쉽게 환영을 받을 것이다.

세계의 식량과 다른 자연 자원의 계속되는 부족

이 마지막 요점은 틀림없이 점점 중요하게 될 것이다. 이전에 있었던 기독교적 합의가 나라에서 사라질 때, 우리는 그것이 국가 안에서뿐만 아니라 다른 나라에 대한 동정심에서도 차이를 나타냄을 보게 된다. 남게 될 것은 동정심이 아니라 공리주의뿐이다.

기록이 완전한 것은 아니지만, 우리는 명백한 실용주의가 이전에 존재했던 부분적인 동정심을 차츰 대신하는 것을 보게 될 것이다. 식량 부족의 증가는 해결책을 약속하는 권위주의를 따라 사람들이 표류하게끔 자꾸 압박을 가할 것이다. 불안이 심해지면 (어떤 희생을 치르더라도 양보할 수 없는 개인적 평안과 풍요라는 목적을 가진) 탐욕이 자라난다.

시대의 규칙이 된 권위주의

만일 이러한 압박이 계속하여 커진다면, 실상 그렇게 될 것 같은데, 여러분은 사람들이 젊은이나 늙은이나 할 것 없이 손해를 크게 보고 혹은 현재 가지고 있는 개인적 평안과 풍요를 희생하면서까지 자유나 개인을 위하여 일어설 것 같은가? 기독교적인 종교 개혁의 기반을 가져 본 적이 없는 나라들은 먼저 권위주의에 굴복할 것이다. 이미 아시아와 아프리카의 많은 나라들이 이 길로 접어들었다. 대개 현대인이었던 서구 정부에 속한 사람들은 혼돈 없는 자유가 다른 곳에서도 쉽게 심어질 수 있는 그런 마술적인 공식이 아니라는 점을 이해하지 못했다. 오히려 그들은 현대인이므로, 인간 종족이 1950년 정도까지는 어느 정도로 진화됐기 때문에, 민주주의는 어디에서도 외부에서 이식될 수 있다는 견해를 보였다. 그들은 혼돈 없는 자유가 기독교적 기반에서 나왔다는 사실을 외면해 버렸다. 그들은 혼돈 없는 자유가 그 뿌리와 분리될 수 없다는 점을 이해하지 못했다.

그리고 이런 외형적인 형식이 처음에 혼돈 없는 자유를 만들지 못했던 세계관에 부과될 때 사람들은 심해지는 압박을 견디지 못할 것이다. 신문 기사들을 통해서 우리는 민주주의가 외부에서 들어왔거나 위에서 아래로 부과된 많은 나라들에서 권위주의가 점점 시대의 규칙이 된다는 것을 상기하게 된다. 우리는 그런 나라들의 목록을 길게 작성할 수 있을 것이다.

일본에서 가장 큰 종합적 학문 연구 기관인 노무라 종합 연구소의 전무 이사 도쿠야마 지로(德山二郞, 1919-)는 『뉴스위크』(Newsweek)지에 이렇게 썼다. "서구 종교가 영원하신 절대자 하나님에 대한 믿음에 기반을 두고 있는 반면, 일본은……옳은 것이 시간과 변화하는 상황에 따라 변한다." 도쿠야마는 사람의 세계관이 개인 도덕과 사회 형태도 결정할 것이라는 사실을 잘 이해했다.

더 나아가, 자기 나라에 민주주의적 절차를 위한 기반이 없는 이 나라들이 국제 조직에 참여하여 다수를 형성하게 되었을 때, 그들이 국제 조직의 규약이나 헌장에 반대하여 불법적으로 활동할지라도 자기 나라에서 하듯이 그렇게는 하지 않을 것이라고 생각하면 어리석다. 이는 유엔뿐만 아니라 그런 단체 모두에서 마찬가지이다. 우리는 정치적 변화의 와중에 나타나는 다수의 독재를 보게 될 것이다.

절대 원칙과 혼돈 없는 자유의 붕괴

개인의 자유는 종교 개혁주의적 배경을 가지고 있는 나라에서도 마술을 부리지는 못한다고 말해야겠다. 기독교적 기반에 대한 기억이 점차 흐릿해지면, 자유는 이들 나라에서도 붕괴될 것이다. 그리고 그 흐름은 어떤 정당이 정권을 잡을지라도 마찬가지이다. 원리들이 사라지면, 오직 모든 희생을 감수하는 편의만이 남는다.

기독교적 기반이 있던 나라의 지도자들은 대부분이 이제 '현대인'이다. 다행히도 괄목할 만한 예외가 있지만 그들은 예외에 불과하다. 자율적으로 되고자 하는, 즉 하나님과 하나님이 성경에서 가르치신 것 그리고 그리스도 안에 있는 하나님의 계시로부터 독립하려는 시도는 대학 교수나 보통 사람들뿐만 아니라 정치 지도자들에게도 영향을 미친다. 이들 지도자들 대부분은 고정된 표준과 절대 기준 대신에 종합의 관점에서 생각하며, 이 사실은 국내나 국외 문제 모두에서 정치 행위로 나타난다.

종합(synthesis)은 철의 장막 양편에서 승리를 거두었다. 사람들은 고정된 최종적인 옳고 그름을 전혀 보지 못하고 오직 개인 윤리나 공적 태도에서, 국내 문제나 국제 문제에서 혼합만을 볼 뿐이다. 이 사실은 기독교적 기반을 버림으로써 그 필연적 결과에 이르게 된 지성인에게서 특히 그렇다. 하지만 이 점은 그것을 분석하지 않지만 이런 사고에 영향을 입은 사람들에게 있어서도 마찬가지이다. 옳고 그름에 대한 고정된 원리를 고려하지 않고 효과적인 듯이 보이는 것을 행하는 실용주의가 거의 지배하고 있다. 국제 문제나 국내 문제 모두에서 (어떤 희생을 감수할지라도 개인적 평안과 풍요를 그 순간 유지하려고 하는) 편의는 받아들여진 당연한 절차이다. 절대 원칙은 서구 사상이 몰락에 도달하는 곳에서는 거의 혹은 아무런 의미가 없다.

왕을 저울에 달아 보니 부족함이 보였다 함이요

우리에게는 심기를 불편하게 하는 기억이지만 반드시 기억해야 할 것이 있다. 그것은 '우리 시대의 평화'를 얻는다는 착각 속에서 체코슬로바키아를 희생하고 그 다음에 따라오는 모든 것을 희생하고, 1938년 9월 30일 히틀러와 뮌헨 협정에 서명한 영국 수상 네빌 체임벌린(Neville Chamberlain, 1869-1940)에 대한 기억이다.

뮌헨 협정이 체결된 후에 하원에서 행한 윈스턴 처칠(Winston Churchill, 1874-1965)의 연설은 이제 예언처럼 들린다. "(사람들은) 우리가 전쟁 없이 패전하였음을 알아야 한다. ……그들은 우리가 역사에서 두려운 획기적인 사건을 통과시킨 것과……'왕을 저울에 달아 보니 부족함이 보였다 함이요'(단 5:27)라는 두려운 말들이 잠시 서구 민주주의에 대하여 선포되었음을 알아야 한다. 그리고 이것으로 끝났다고 생각하지 말라. 이것은 겨우 계산의 시작에 불과하다. 이것은 만일 도덕적 건강함과 용맹스러운 활력을 최고로 회복하여 다시 이전처럼 자유를 위하여 일어나 굳게 우리 자리를 지키지 않으면 매년 우리에게 닥쳐올 쓴 잔의 첫 모금, 첫 맛보기에 불과하다."

전쟁의 위기 이후에 새로운 방식으로 도덕적 전투가 사라졌음을 서구에 경고하는 비전 있는 지도자가 없다는 사실은 불행이다. 전쟁이 끝나고 50,000명의 카자크족은 자신들의 뜻과 무관하게 스탈린에 의하여 러시아로 강제로 끌려가서 죽음을 당하고 감옥에 갇혔다. 솔제니친(Aleksandr I. Solzhenitsyn, 1918-)은 『수용소 군도』(The Gulag Archipelago, 1974)에서 이렇게 물었다. "스탈린의 손에서 수십만 명이 죽은 것을 정당화하는 정치적, 군사적 이유가 무엇인가?" 『공산주의 : 공포의 유산』(Communism : A Legacy of Terror, 1975)에서 솔제니친은 공산주의 러시아로 돌아가기를 원하지 않은 150만 명의 소련 시민들이 강제로 스탈린에게 넘겨져 숙청을 당했다고 말했다. 그리고 니콜라스 베델(Nicholas Bethell, 1938-)이 쓴 『마지막 비밀』(The Last Secret, 1974)을 보면, 카자크족을 넘겨주는 일을 감독한 영국의 고급 장교가 베델에게 이렇게 말했다고 한다. "우리가 이 가난하고 가련한 사람들을 도울 수 있는 길은 이제 없지만, 우리는 적어도 그들의 운명에서 무엇인가를 배울 수 있다."

하지만 세월이 흐른 지금 사람들이 그런 교훈을 배웠다는 아무런 표시도 보이지 않는다. 옳고 그름에 대한 기반 없이 오직 종합의 개념, 실용주의 그리고 공리주의만으로는 국내 문제나 국제 문제에서 당장 시급한 평안과 풍요를 위해 포기하지 않을 것이 무엇인가? 연약한 인본주의적 이상은 우리 시대에나 미래에도 충분하지 않고 또 충분하지 않을 것이다.

제1장에서 언급한, 사람들이 지나가면 괜찮지만 트럭의 무게에는 무너질 작은 로마의 다리를 기억하는가? 만일 경제적 경기 후퇴가 더해진다면, 만일 개인적 평안과 번영이 없어지리라는 두려움이 커진다면, 만일 전쟁과 전쟁의 위협이 증가된다면, 만일 폭력과 테러 행위가 만연해진다면, 만일 세계에 있는 식량과 다른 자원이 점차 고갈된다면, 그리고 이 모든 것이 단순한 가능성 이상의 것이라면, 그 경향은 가속된다. 이러한 일이 오직 개인적 평안과 풍요의 가치만을 가지고 있는 사람들에게 미치면, 그것들은 6륜 트럭이 작은 다리를 붕괴시키듯이 그들을 파괴시킬 것이다.

현대의 위기 상황에 대한 두 가지 대안

그런 상황에서 사건의 자연스러운 흐름을 보아 오직 두 가지 대안만이 있을 뿐이다. 첫째, 강요된 질서, 둘째, 다시금 혼란 없는 자유를 주었던 그 기반, 즉 성경에 있는 하나님의 계시와 그리스도를 통한 하나님의 계시를 인정하는 것이 그것이다. 우리는 앞 장에서 강요된 질서가 어떤 결과들을 함축하는지 충분히 보았다. 하지만 우리는 두 손 들고 항복하기보다는 두 번째 대안을 심각하게 생각해야 할 것이다.

하지만 기독교적 가치는 마치 목적에 대한 수단처럼 최상의 공리주의로는 받아들일 수 없다. 성경의 메시지는 진리이며 이것은 진리에 헌신할 것을 요구한다. 이것은 만물이 비인격적인 것 + 시간 + 우연의 결과가 아니고, 시공간의 연속체인 우주의 창조자이신 무한하고 인격적인 하나님이 계심을 뜻한다. 우리는 이 사실이 바로 근대 과학의 기초자들이 기초로 삼았던 것임을 잊어서는 안 된다.

이것은 그리스도를 구원자와 주님으로 받아들이는 것을 뜻하며, 이것은 하나님의 계시에 따라서 사는 것을 뜻한다. 여기에는 단순히 통계학적인 평균의 결과가 아닌 도덕, 가치 그리고 (사람의 의미를 포함한) 의미가 있다. 이것은 결코 공리주의도, 이성에서의 도약도 아니다. 이것은 모든 지식과 모든 삶에 통일을 부여하는 진리이다. 이 두 번째 대안은 개인이 여러 사람이 공통적으로 이 기반을 가지고 있는 곳으로 가서 전체 사회의 합의에 영향을 주게 됨을 뜻한다. 그러한 기독교인은 사회에 이런 영향을 주려고 다수가 되어야 할 필요는 없다.

그리스 로마 세계관의 불충분성

A. D. 60년경, 기독교인이었고 또한 당대의 그리스와 로마의 사고방식을 알고 있었던 한 유대인이 로마에 사는 사람들에게 편지를 썼다. 전에 그는 같은 이야기를 아테네(아덴)에 있는 마르스 언덕(아레오바고)에서 연설할 때 그리스 사상가들에게 말했던 적이 있다. 그는 그 위로는 아크로폴리스가 있고 아래에는 고대 시장이 있는 장소, 곧 아테네의 사상가들이 토론하기 위해 모였던 곳에서 말했다. 한 명판이 오늘날 그 장소를 표시해 주고 그 당시에 사용했던 일반 헬라어로 된 그의 설교 내용을 보여준다. 그는 아테네에서 이야기할 때 방해를 받았지만, 그의 로마 교회에 보내는 편지(로마서)는 그가 그 당시 사상가들에게 말하고자 했던 바를 아무런 방해도 받지 않고 우리에게 전해 준다.

그는 그리스와 로마의 세계관의 통합 내용은 우주의 존재와 우주의 형태 혹은 인간의 독특성이 제기하는 문제에 대답을 주기에 충분하지 않다고 말했다. 그는 그들이 그 세계관이 우주와 인간의 존재에 의하여 제기된 문제를 답하기에 충분한 해답을 가지지 못한 것을 알면서도 그 문제 자체를 감추고 거부했기 때문에 심판받아 마땅하다고 말했다. 그의 편지를 인용해 보자. "하나님의 진노가 불의로 진리를 막는 사람들의 모든 경건하지 않음과 불의에 대하여 하늘로부터 나타나나니 이는 하나님을 알 만한 것이 그들 속에 보임이라(비인간과 대조되는 인간의 독특성) 하나님께서 이를 그들에게 보이셨느니라 창세로부터 그의 보이지 아니하는 것들 곧 그의 영원하신 능력과 신성이 그가 만드신 만물(즉 우주의 존재와 그 형태)에 분명히 보여 알려졌나니 그러므로 그들이 핑계하지 못할지니라"(롬 1:18-20).

유일한 희망, 혼돈에 이르지 않는 기독교적 기반

여기서 그는 우주와 그 형태와 인간의 인간됨은 성경이 아주 자세하게 보여주는 것과 똑같은 진리를 말해 준다고 한다. 이처럼 하나님은 살아 계시고 침묵하지 않으시며 성경으로 그리고 그리스도를 통하여 사람들에게 말씀해 오셨다는 사실은 종교 개혁자들의 시대에 더 풍성하게 성경적인 기독교로 돌아갈 수 있게 하는 기반이었다. 그것은 사람들이 오직 그리스도의 죽으심을 기반으로 하여 하나님께 돌아갈 수 있다는 가능성에 대한 메시지였다. 하지만 그것과 함께 보다 더 성경적인 기독교 위에 세워진 사회와 문화에 나타난 형식과 자유를 포함하여 다른 많은 사실들이 나왔다. 그렇게 해서 생긴 자유는 거대한 것이지만, 성경에 나타난 형식을 가지고 있던 그 자유는 혼돈에 이르지 않았다. 그리고 이것이 바로 우리에게 미래에 대한 희망을 줄 수 있는 것이다. 이것이 아니면 강요된 질서뿐이다.

제1장에서 말한 바와 같이 사람들은 자신이 인식하는 것보다 더 일관성 있게 자신의 세계관에 따라 행동한다. 문제는 외부의 것이 아니다. 문제는 올바른 세계관을, 모든 사람에게 존재하는 것에 대한 진리를 주는 세계관을 가지고 그것에 따라 행동하는 것이다.

제13장 대안 | 연구 문제

1. 저자는 이 책을 저술할 당시의 어떤 현실들이 현대인으로 하여금 권위주의적 정부를 받아들이게 하는 압력으로 작용할 수 있다고 하는가? 지금의 현실에서는 어떤 요소가 그런 압력으로 작용하는가?

2. 저자에 의하면 현대인들은 자유를 보장받기 위해 권위주의적 정부의 출현에 대항하지 않을 것이라고 하는데, 그렇게 판단하는 이유는 무엇인가? 특히 어떤 지역이 권위주의적 정부를 받아들일 것으로 예상되는가?

3. 현대의 지도자들이 따르고 있는 원칙은 무엇인가? 그런 원칙이 어떤 문제점을 갖고 있는지 뮌헨 협정과 카자크족의 소련 송환을 예로 들어 설명하라.

4. 이런 상황에서 현대인이 택할 수 있는 두 가지 대안은 무엇인가? 혼란 없는 자유로 돌아가는 길로 저자가 제시하는 대안은 무엇인가? 그것이 충분한 대안이 되리라고 생각하는가?

"우리의 허물과 죄가 이미 우리에게 있어 우리로 그 가운데에서 쇠퇴하게 하니 어찌 능히 살리요(How should we then live)"

에스겔 33장 10절

특별한 노트

이 특별한 노트는 주로 기독교인을 위한 것이다.

첫째, 지금 세대의 인본주의적 사고방식의 특징이 무엇인가를 기억하자. 그 특징은 이분법, 즉 의미와 가치에 대한 낙관론을 이성의 영역에서 분리하는 것을 수용한다는 점이다. 개인이 일단 이 분리를 받아들이면, 그가 비이성의 영역에 두는 것은 우연적인 것일 뿐이다. 최근 인본주의적 사고방식의 형태를 보여주는 표지는 이러한 '실존주의적 방법론'(existential methodology)이다.

기독교인으로서 우리는 우리 시대의 실존주의적 방법론의 형태로 빠져들어 가서는 안 된다. 만일 우리가 가치 체계, 의미 체계 그리고 성경에 있는 '종교적인 문제'를 계속 고수하면서도 성경이 우주, 역사 그리고 특별한 도덕적 명령에 대하여 확증하는 바를 무시한다면, 우리는 그 방법론에 빠져들고 있는 것이다. 만일 우리가 성경이 우주, 역사, 절대적 도덕 명령에 대하여 말하는 것을 그 시대의 문화에 의해서 방향지어진 것으로 파악한다면, 우리는 우리 시대의 실존주의적 방법론 형태를 따르고 있는 것이다.

만일 우리가 이렇게 한다면, 다음 세대는 분명히 역사적 기독교에 관한 한 치명적인 타격을 받을 것이다. 또한 우리 자신이 우리 세대의 핵심적인 특징을 가지고 있다면, 우리는 역사상의 이 시점에서 가난하고 분열된 우리 세대에 마땅히 울려야 할 목소리가 될 수 없다. 성경에 관하여 실존주의적 방법론에 빠져 있다면, 우리는 기독교인이 자기 세대와 자기 문화에 대해 마땅히 되어야 할 회복시키는 소금이 될 수 없다. 만일 우리가 그런 방법론에 빠져 있다면, 우리는 문화, 국가 그리고 사회를 판단하고 도울 참된 절대 기준을 가지지 못할 것이다.

둘째, 기독교인으로서 우리는 참된 세계관, 존재하는 것에 대한 진리를 말해 주는 세계관을 알아야 할 뿐 아니라, 의식적으로 그 세계관에 따라 행동하여 우리의 개인적 역량과 집단적 역량이 미치는 한도 내에서 삶 전반에 걸쳐 있는 모든 부분과 모든 국면에서 사회에 영향을 끼칠 수 있어야 한다.

셋째, 우리는 노예 제도 시대와 산업 혁명 이후의 시대를 돌아보면서 노예 제도에 반대하여, 축적된 부의 무자비한 사용에 반대하여 공개적으로 소리를 높이고 행동했던 엘리자베스 프라이, 섀프츠베리 경, 윌리엄 윌버포스, 존 웨슬리 같은 기독교인들에게 감사를 표한다. 나는 미래의 기독교인들이, 우리 시대에 우리가 인종 분야와 축적된 부의 무자비한 사용 분야에서 발생하는 악습에 반대하여 소리를 높이고 행동한 것에 감사할지 의심스럽다. 그럼에도 동시에 똑같이 우리 시대의 특별한 질병이며 위협인 권위주의 정치의 발흥에 반대하여 역시 목소리를 높이고 행동하는 데에 균형을 취할 것인가? 즉 우리는 권위주의 정치가 지니고 있는 이름표에 무관하게 또 그 기원에 무관하게 그 모든 형태의 권위주의 정치에 대하여 저항할 것인가? 권위주의 정치에 관련된 위험은, 기독교인은 자신의 종교적 활동, 복음 전도, 생활 양식이 방해받지 않는 한 침묵할 것이라는 점에 있다.

이제 문화와 사회가 한때 그랬던 것만큼 기독교적 사고방식에 근거를 두지 않는다는 사실이 우리가 침묵해도 된다는 핑계가 되지는 않는다. 게다가 사회에 영향을 주기 위해 기독교인들이 다수에 속할 필요는 없다.

하지만 우리는 현실론자가 되어야 한다. 세례 요한은 성경적 절대 기준에 기반을 두고서 헤롯 개인을 권력의 화신으로 보는 것을 반대하였고, 그 대가로 목숨을 잃었다. 로마 제국에 살던 기독교인들은 그리스도와 나란히 카이사르를 숭배하기를 거부했고, 이것은 권좌에 있는 자들에게 제국의 통일성을 방해하는 것으로 비쳤다. 이 사실은 많은 사람의 큰 희생을 초래했다.

하지만 또한 다른 방식으로 현실을 직시하자. 만일 기독교인으로서 권위주의 정치가 내부에서 자라거나 외부에서 나타날 때 발언하지 않으면, 결국 우리나 우리 아이들은 사회와 국가의 적이 될 것이다. 참으로 권위주의 정부는 그 정부의 자의적 절대 기준을 판단할 참된 절대 기준을 가지고 있고 그 절대 기준에 기초하여 말하고 행동하는 자들을 묵인하지 못한다. 이는 로마 제국에게 있어서 초대 교회가 갖고 있는 문제였다. 이 특별한 문제가 카이사르 숭배와는 다른 형태를 취할 것이 분명할지라도, 국가와 사회를 판단하는 절대 기준을 가지고 있다는 사실의 기본 문제는 동일할 것이다.

여기에 기억해야 할 문장이 있다. "권위주의 정치의 성장에 관하여 아무런 판단도 내리지 않는 것은 이미 그것을 지지하는 판단이다."

『그러면 우리는 어떻게 살 것인가』(How Should We Then Live?)라는 이 책의 제목과 영화 시리즈의 제목은 에스겔 33장 1-11절, 19절의 파수꾼 구절에서 나온 것이다. 정확히는 10절에 있다.

여호와의 말씀이 내게 임하여 이르시되 인자야 너는 네 민족에게 말하여 이르라 가령 내가 칼을 한 땅에 임하게 한다 하자 그 땅 백성이 자기들 가운데의 하나를 택하여 파수꾼을 삼은 그 사람이 그 땅에 칼이 임함을 보고 나팔을 불어 백성에게 경고하되 그들이 나팔 소리를 듣고도 정신 차리지 아니하므로 그 임하는 칼에 제거함을 당하면 그 피가 자기의 머리로 돌아갈 것이라 그가 경고를 받았던들 자기 생명을 보전하였을 것이나 나팔 소리를 듣고도 경고를 받지 아니하였으니 그 피가 자기에게로 돌아가리라 그러나 칼이 임함을 파수꾼이 보고도 나팔을 불지 아니하여 백성에게 경고하지 아니하므로 그 중의 한 사람이 그 임하는 칼에 제거당하면 그는 자기 죄악으로 말미암아 제거되려니와 그 죄는 내가 파수꾼의 손에서 찾으리라

인자야 내가 너를 이스라엘 족속의 파수꾼으로 삼음이 이와 같으니라 그런즉 너는 내 입의 말을 듣고 나를 대신하여 그들에게 경고할지어다 가령 내가 악인에게 이르기를 악인아 너는 반드시 죽으리라 하였다 하자 네가 그 악인에게 말로 경고하여 그의 길에서 떠나게 하지 아니하면 그 악인은 자기 죄악으로 말미암아 죽으려니와 내가 그의 피를 네 손에서 찾으리라 그러나 너는 악인에게 경고하여 돌이켜 그의 길에서 떠나라고 하되 그가 돌이켜 그의 길에서 떠나지 아니하면 그는 자기 죄악으로 말미암아 죽으려니와 너는 네 생명을 보전하리라

그런즉 인자야 너는 이스라엘 족속에게 이르기를 너희가 말하여 이르되 우리의 허물과 죄가 이미 우리에게 있어 우리로 그 가운데에서 쇠퇴하게 하니 어

찌 능히 살리요(How should we then live) 하거니와 너는 그들에게 말하라 주 여호와의 말씀이니라 나의 삶을 두고 맹세하노니 나는 악인이 죽는 것을 기뻐하지 아니하고 악인이 그의 길에서 돌이켜 떠나 사는 것을 기뻐하노라 이스라엘 족속아 돌이키고 돌이키라 너희 악한 길에서 떠나라 어찌 죽고자 하느냐 하셨다 하라
……만일 악인이 돌이켜 그 악에서 떠나 정의와 공의대로 행하면 그가 그로 말미암아 살리라

이 책은 이 세대가 피조물을 창조주의 자리에 두는 가장 극심한 사악함에서 돌아서고 사망의 길에서 떠나 살기를 바라는 마음에서 쓴 것이다.

참고 문헌

아래에 실린 도서 및 논문들의 목록은, 이 책에 제시된 복잡하고 다원적인 논제를 이끌어 갈 완벽한 참고 문헌이라고는 말하기 어렵다. 오히려 필자가 직접 이용한 문헌들을 책임지고 공개한다는 정신으로 이 책에서 실제로 언급된 제서(諸書)를 알파벳 순서로 나열한 것이다.

책명 옆 괄호 안의 숫자는 그 책이 처음 출판된 연대이며, 가능한 한 현 출판사의 이름 및 출판 연도를 밝히려 하였다.

Alberti, Leone Battista. *On Painting and on Sculpture* (1435). New York : Phaidon, 1972.

Anderson, F. M., ed. *Constitutions and Other Select Documents Illustrative of the History of France, 1789-1907.* 2nd rev. & enl. ed. 1908. New York : Russell & Russell, 1967.

Anderson, J. N. D. *Christianity : The Witness of History.* Downers Grove, Ill. : Inter-Varsity, 1970.

Apel, Willi, ed. *Harvard Dictionary of Music.* Cambridge, Mass. : Harvard University Press, 1969.

Archimedes. *Opera* (1543).

Arp, Hans. "Für Theo Van Doesburg." *De Stijl*, January 1932.

Augustine, St. *The City of God* (413-426). 2 vols. New York : Dutton, 1945.
Ayer, A. J. *What I Believe*. 1966.
Bacon, Francis. *The New Organon* (1620). New York : Bobbs, 1960.
Bagehot, Walter. *Physics and Politics, or, Thoughts on the Application of the Principles of Natural Selection and Inheritance to Political Science* (1872). Lexington, Mass. : Gregg Intl. Pub. Ltd., 1971.
Balsdon, J. P. V. D. *Life and Leisure in Ancient Rome*. New York : McGraw-Hill, 1969.
Barth, Karl. *The Epistle to the Romans* (1919). New York : Oxford University Press, 1933.
Beauvoir, Simone de. *L'Invitée*. New York : French & European, 1943.
Bell, Daniel. *The Coming of Post-Industrial Society : A Venture in Social Forecasting*. New York : Basic Books, 1973.
Benda, Julien. *The Treason of the Intellectuals* (1928). Translated by Richard Aldington. New York : Norton, 1969.
Bernstein, Leonard. *Norton Lectures* at Harvard University, 1973.
Bethell, Nicholas. *The Last Secret*. New York : Basic Books, 1974.
Bezzant, J. S. "Intellectual Objections." *Objections to Christian Belief*. Vidler, ed. 1963.

Blamires, Harry. *The Christian Mind*. New York : Seabury, 1963.

Boccaccio, Giovanni. *The Decameron* (c. 1350). Translated by Richard Aldington. New York : Doubleday, 1949.

Bonjour, E. ; Offler, H. S. ; Potter, G. R. *A Short History of Switzerland*. New York : Oxford University Press. 1952.

Boorstin, Daniel. *Image ; or, What Happened to the American Dream*. New York : Atheneum, 1962.

Borsook, Eve. *Florence*. 1973.

Boyd, Forrest. *Instant Analysis : Confessions of a White House Correspondent*. Richmond, Va. : John Knox, 1974.

Brinton, Crane, ed. *Portable Age of Reason Reader*. New York : Viking, 1956.

Bronowski, Jacob. *The Ascent of Man*. Boston : Little, Brown, 1973.

Brown, Colin. *Philosophy and the Christian Faith*. Downers Grove, Ill. : Inter-Varsity, 1969.

Büchner, Ludwig. *Force and Matter* (1855).

Bulteau, L'Abbé. *Monographie de la Cathédrale de Chartres* (1887-92). Vol. I.

Burckhardt, Jacob. *The Civilization of the Renaissance in Italy* (1860). New York : Phaidon, 1952.

Burgess, Anthony. *The Clockwork Orange*. New York : Norton. 1963.

Calvin, John. *The Institutes of the Christian Religion* (1536, 1559). Edited by John T. McNeill. 2 vols. Philadelphia : Westminster, 1960.

Camus, Albert. *The Stranger*. New York : Knopf, 1946.

_____. *The Plague*. New York : Knopf, 1948.

Canons of the Council of Ancyra. *Sacrorum Conciliorum Nova*. Vol. 2. Edited by Mansi.

Cellini, Benvenuto. *Autobiography* (1558f.). Translated by J. Bull. Baltimore : Penguin, 1956.

Chomsky, Noam. Review of *Verbal Behavior* by B. F. Skinner. *Language* 35 (Jan.-March, 1959) : 26-58.

Clark, Kenneth. *Civilisation : A Personal View*. New York : Harper & Row, 1969.

Condorcet, Marquis Antoine Nicolas de. *Sketch for a Historical Picture of the Progress of the Human Mind* (1793-4). Atlantic Highlands, N. J. : Humanities, 1955.

Constant, Pierre. *Les Hymnes et Chansons de la Révolution Française* (1901).

Cooke, Alistair. *Alistair Cooke's America*. New York : Knopf, 1973.

Copernicus, Nicholas. *De Revolutionibus Orbium Coelestium* (1543). New York : Johnson Reprint Corp., 1973.

Copleston, Frederick. *A History of Philosophy*. 8 vols. Paramus, N. J. : Paulist-Newman, 1946-1966.

Crick, Francis. *Of Molecules and Men*. Seattle : University of Washington Press, 1967.

_____. *Origins of the Genetic Code*. 1968.

_____. "Why I Study Biology." *Washington University Magazine*, Spring 1971, pp. 20-24.

Dante, Alighieri. *La Vita Nuova (The New Life)* (1293). Bloomington, Ind. : Indiana University Press, 1973.

_____. *The Divine Comedy* (1300-1320). Translated by J. B. Fletcher. New York : Columbia University Press, 1951.

Darwin, Charles. *The Origin of Species by Means of Natural Selection or the Preservation of Favoured Races in the Struggle for Life* (1859). New York : Oxford University Press, 1963.

_____. *The Descent of Man* (1871). Philadelphia : R. West, 1902.

David, Hans T. and Mendel, Arthur, eds. *The Bach Reader : A Life of Bach in Letters and Documents*. New York : Norton, 1945.

Dickens, Charles. *American Notes* (1842). Baltimore : Penguin Books, 1972.

_____. *A Tale of Two Cities* (1859). Gloucester, Mass. : Peter Smith, 1957.

Drew, Donald. *Images of Man*. Downers Grove, Ill : Inter-Varsity, 1974.
Duncan, David B. *Picasso's Picassos*. New York : Harper & Row, 1961.
Durant, Will and Ariel. *The Age of Reason Begins*. New York : Simon & Schuster, 1961.
_____. *Rousseau and Revolution*. New York : Simon & Schuster, 1967.
_____. *Interpretations of Life*. New York : Simon & Schuster, 1970.
Dürer, Albrecht. *Diary* (1521). Translated by Udo Middelmann, 1975.
Eden, Murray. "Inadequacies of Neo-Darwinian Evolution As a Scientific Theory." *Mathematical Challenges to the Neo-Darwinian Interpretation of Evolution*. The Wistar Symposium Monograph No. 5, June 1967, pp. 5-12. "Discussion," of same, pp. 12-19.
_____. "Heresy in the Halls of Biology-Mathematicians Question Darwin." *Scientific Research*, November 1967, pp. 59-66.
Eicher, D. L. *Geologic Time*. Englewood Cliffs, N. J. : Prentice-Hall, 1968.
Einstein, Albert. "Physics and Reality." *Journal of the Franklin Institute* : 221 (March 1936) : 349-382.
Einstein, Alfred. *Mozart, His Character, His Work*. New York : Oxford University Press, 1945.
Eliot, T. S. *The Wasteland and Other Poems*. New York : Harcourt Brace Jovanovich, 1923.

Ellul, Jacques. *The Technological Society*. New York : Knopf, 1964.

Esslin, Martin. *The Theatre of the Absurd*. New York : Doubleday, 1961.

Fichtenau, Heinrich. *The Carolingian Empire*. Atlantic Highlands, N. J. : Humanities, 1957.

Flew, Anthony. "Must Morality Pay?" *The Listener*, 13 October 1966.

Galbraith, John Kenneth and Randhawa, M. S. *The New Industrial State*. Boston : Houghton Mifflin, 1967.

Garin, Eugenio. *Italian Humanism : Philosophy and Civic Life in the Renaissance*. Translated by P. Munz. New York : Harper & Row, 1966.

Gay, Perter, ed. *The Enlightenment : A Comprehensive Anthology*. New York : Simon & Schuster, 1973.

Gaylin, Willard. "Harvesting the Dead." *Harper's Magazine*, September 1974.

Geneva Psalter, 1562.

Gentile, Giovanni. *Leonardo da Vinci*. 1956.

Gibbon, Edward. *The Decline and Fall of the Roman Empire* (1776-1788). 6 vols. New York : Dutton, 1910.

_____. *Autobiography*. Oxford University Press.

Gierke, Otto von. *Natural Law and the Theory of Society, 1500-1800*. New York : Cambridge University Press, 1934.

Gombrich, E. H. *The Story of Art*. New York : Oxford University Press, 1966.

Gospel According to the Mark of Silver (12th century).

Gough, Michael. *The Origins of Christian Art*. New York : Praeger, 1973.

Green, E. M. B. *Evangelism in the Early Church*. Grand Rapids : Eerdmans, 1970.

Grout, Donald J. *A History of Western Music*. New York : Norton, 1960.

Guinness, Os. *The Dust of Death*. Downers Grove, Ill. : Inter-Varsity, 1973.

Haeckel, Ernst. *The Riddle of the Universe at the Close of the Nineteenth Century* (1899). Saint Clair Shores, Mich. : Scholarly Press, 1900.

Harris, T. George. "All the World's a Box. An Introduction" (to B. F. Skinner). *Psychology Today* 5:3 (August 1971) : 33-35.

Hartt, Frederick. *History of Italian Renaissance Art*. New York : Abrams, 1969.

Headlam, Cecil. *The Story of Chartres*. 1971.

Hegel, George W. F. *The Logic of Hegel* (1812-1816). New York : Oxford University Press, 1892.

_____. *The Phenomenology of Mind* (1807). Atlantic Highlands, N. J. : Humanities, 1964.

_____. *Encyclopaedia of the Philosophical Sciences* (1817).

_____. *Lectures on the Philosophy of History* (1822-3). New York : Dover, 1956.

_____. *Philosophy of Right* (1821). New York : Oxford University Press, 1942.
Heidegger, Martin. *Being and Time* (1927). New York : Harper & Row, 1962.
_____. *What Is Metaphysics?* (1929).
_____. *An Introduction to Metaphysics* (1953). New Haven, Conn. : Yale, 1959.
_____. *What Is Philosophy?* (1956). Boston : Twayne, 1958.
_____. *The Question of Being* (1956). Boston : Twayne, 1958.
_____. *Essays in Metaphysics* (1957).
_____. *Discourse on Thinking* (1959). New York : Harper & Row, 1966.
Heller, Erich. *The Disinherited Mind*. Chester Springs, Penna. : Dufour, 1953.
Hibbert, Christopher. *Garibaldi and His Enemies*. Boston : Little, Brown, 1966.
Hill, Christopher. *The Century of Revolution, 1603-1714*. New York : Nelson, 1961.
Holmes, Oliver Wendell. *The Common Law* (1881). Boston : Little, Brown, 1964.
Huizinga, Johann. *The Waning of the Middle Ages*. New York : St. Martins, 1924.
_____. *Erasmus of Rotterdam* (1924). New York : Doubleday, 1953.
Hutchins, Farley K. *Dietrich Buxtehude* (1955).
Huxley, Aldous. *Brave New World*. New York : Harper & Row, 1932.

_____. *The Doors of Perception*. New York : Harper & Row, 1954.

_____. *Heaven and Hell*. New York : Harper & Row, 1956.

Huxley, Julian. *The Humanist Frame*. New York : Harper & Row, 1962.

_____. *The Human Crisis*. Seattle : University of Washington Press, 1963.

_____. *Essays of a Humanist*. New York : Harper & Row, 1964.

Huxley, T. H. *Science and Hebrew Tradition*. Vol. 4 of *Collected Essays* (1902). Westport, Conn. : Greenwood, 1969.

Jaki, Stanley L. *Science and Creation : From Eternal Cycles to an Oscillating Universe*. New York : N. Watson, 1974.

Jaspers, Karl. *Man in the Modern Age*. New York : Doubleday, 1957.

_____. *Nietzsche*. Tucson : University of Arizona Press, 1965.

_____. *The Origin and Goal of History*. Translated by Michael Bullock. New Haven, Conn. : Yale University Press, 1953.

_____. *Philosophical Faith and Revelation*. 1967.

_____. *Philosophy*. Translated by E. B. Ashton. 3 vols. Chicago : University of Chicago Press, 1969-1970.

_____. *Reason and Existenz*. Translated from German by William Earle. New York : Farrar Straus and Giroux, 1956.

Jones, Alun and Bodmer, Walter F. *Our Future Inheritance : Choice or Chance?* New York : Oxford University Press, 1974.

Kandinsky, Wassily. "About the Question of Form." *The Blue Rider* (1912).
Kant, Immanuel. *Critique of Pure Reason* (1781). New York : Dutton, 1934.
_____. *Critique of Practical Reason* (1788). New York : Bobbs, 1956.
_____. *Critique of Judgement* (1790). New York : Oxford University Press, 1952.
_____. *Prolegomena to Any Future Metaphysics That Will Present Itself As a Science*. New York : Barnes & Noble, 1953.
_____. *Religion Within the Limits of Reason Alone*. New York : Harper & Row, 1934.
Katzenellenbogen, Adolf. *The Sculptural Programs of Chartres Cathedral*. Baltimore : Johns Hopkins Press, 1959.
Kaufmann, Walter. *Hegel : Reinterpretation, Texts, and Commentary*. New York : Doubleday, 1965.
Khayyam, Omar. *Rubaiyat of Omar Khayyam*. Translated by Edward Fitzgerald. New York : Doubleday, 1930.
Kierkegaard, Søren. *Either/Or* (1843). Gloucester, Mass. : Peter Smith, 1959.
_____. *Fear and Trembling* (1843), and *The Sickness Unto Death* (1849). Princeton, N. J. : Princeton University Press, 1974.
_____. *Philosophical Fragments* (1846). Princeton, N. J. : Princeton University Press, 1974.

_____. *Concluding Unscientific Postscript* (1846). Princeton, N. J. : Princeton University Press, 1941.

_____. *Purity of Heart* (1847). New York : Harper & Row, 1956.

_____. *Christian Discourses, and Lilies of the Field, and Birds of the Air, and Three Discourses at the Communion on Fridays*. New York : Oxford University Press, 1939.

_____. *Training in Christianity* (1848). Princeton, N. J. : Princeton University Press, 1944.

Kinsey, Alfred. *Sexual Behavior of the Human Male*. Philadelphia : Saunders, 1948.

_____. *Sexual Behavior of the Human Female*. Philadelphia : Saunders, 1953.

Klee, Paul. *Creative Confession* (1920).

Koestler, Arthur. *Darkness at Noon*. New York : Macmillan, 1941.

_____. *The Ghost in the Machine*. New York : Macmillan, 1968.

_____. "Is Man's Brain an Evolutionary Mistake?" *Horizon* X : 2 (Spring 1968) : 34-43.

Kristeller, P. O. "Thomism and the Italian Thought of the Renaissance." *Medieval Aspects of Renaissance Learning*, 1974, pp. 27-91.

Kunzle, David. *The History of the Comic Strip : Vol. 1 : The Early Comic Strip : Picture Stories & Narrative Strips in the European Broadsheet, ca. 1450-1826*. Berkeley : University of California Press, 1973.

Latourette, Kenneth Scott. *A History of Christianity*. New York : Harper & Row, 1953.

Leach, Edmund. Review in *New York Review of Books*, 3 February 1966, pp. 13, 14.

Lefebvre, Georges. *The French Revolution*. 2 vols. New York : Columbia University Press, 1962-64.

Leff, Gordon. *Medieval Thought : St. Augustine to Ockham*. Santa Fe, N. M. : Gannon, 1958.

Lenin, V. I. and Marx, Karl. *Civil War in France : The Paris Commune* (1917). New York : International Publishing Co., 1968.

Leonardo da Vinci : A Definitive Study. New York : Reynal & Company, 1963.

Lewis, C. S. *That Hideous Strength*. New York : Collier, 1945.

_____. *The Discarded Image*. New York : Cambridge University Press, 1964.

Locke, John. *Essay Concerning Human Understanding* (1690). Gloucester, Mass. : Peter Smith, 1973.

Luther, Martin. *Ninety-Five Theses* (1517). Philadelphia : Fortress, 1957.

_____. *Luther's Primary Works* (1896).

_____. German translation of the Bible (1534).

Lyell, Charles. *Principles of Geology* (1830-33). 3 vols. New York : Hafner Service, 1970.

Machen, J. Gresham. *Christianity and Culture* (1912). Republished 1969 by L'Abri Fellowship. Huémoz, Switzerland.

Machiavelli, Niccolo. *The Prince* (1513). New York : Penguin, 1961.

_____. *The Discourses of Niccolo Machiavelli* (1517). 2 vols. Atlantic Highlands, N. J. : Humanities, 1950.

Machlis, Joseph. *Introduction to Contemporary Music*. New York : Norton, 1961.

MacKay, Donald. *The Clockwork Image*. Downers Grove, Ill. : Inter-Varsity, 1974.

Macquarrie, John. "History and the Christ of Faith." *The Listener*, 12 April 1962.

Malraux, André. *The Voices of Silence*. New York : Doubleday, 1953.

Malthus, Thomas R. *Population : The First Essay* (1798). Ann Arbor, Mich. : University of Michigan Press, 1959.

Manetti, Antonio di Tuccio. *Vita di Filippo di ser Brunellesco* (15th century).

Manuel, Frank E. *The Prophets of Paris*. Boston : Harvard University Press, 1962.

Marcuse, Herbert. *One Dimensional Man*. Boston : Beacon Press, 1964.
_____. *A Critique of Pure Tolerance*. 1969.
Markham, Felix. *Napoleon*. New York : Mentor Books (Imprint New American Library), 1963.
Marx, Karl and Engels, Friedrich. *The Manifesto of the Communist Party* (1848). San Francisco, Calif. : China Books, 1965.
McCurdy, Edward, ed. *Notebooks of Leonardo Da Vinci* (1923). New York : Tudor, 1954.
McManners, John. *The French Revolution and the Church*. New York : Harper & Row, 1969.
McNeill, William H. *A World History*. New York : Oxford University Press, 1971.
Middelmann, Udo. *Pro-Existence*. Downers Grove, Illinois : Inter-Varsity, 1974.
Moeller, Bernd. *Imperial Cities and the Reformation*. Philadelphia : Fortress, 1972.
Molapoli, Bruno. *Florence*. New York : Holt, Rinehart & Winston, 1972.
Monod, Jacques. *Chance and Necessity*. New York : Knopf, 1971.
Muggeridge, Malcolm. *The Thirties*. 1940.
Muller, Herbert. *The Uses of the Past*. New York : New American Library, 1954.

Needham, Joseph. *The Grand Titration : Science & Society in East and West.* Buffalo, N. Y. : University of Toronto Press, 1970.

New Cambridge Modern History. Vol. 2 : *The Reformation, 1520-1559.* New York : Cambridge University Press.

Newton, Isaac. *The Mathematical Principles of Natural Philosophy* (1687). 2 vols. 1729 ed. Atlantic Highlands, N. J. : Humanities, 1968.

Oppenheimer, J. Robert. "On Science and Culture." *Encounter*, October 1962.

Packer, J. I. *Knowing God.* Downers Grove, Ill. : Inter-Varsity, 1973.

Panikkar, Raymond. *The Unknown Christ of Hinduism.* Atlantic Highlands, N. J. : Humanities, 1968.

Panofsky, Erwin. *Studies in Iconology : Humanistic Themes in the Art of the Renaissance.* Gloucester, Mass. : Peter Smith, 1962.

_____. *The Life and Art of Albrecht Dürer.* 2 vols. Princeton, N. J. : Princeton University Press, 1955.

Pevsner, Nikolaus. *An Outline of European Architecture.* New York : Penguin, 1960.

_____. *Pioneers of Modern Design : From William Morris to Walter Gropius.* Santa Fe, N. M. : Gannon, 1974.

Plato. *Timaeus* (c. 360-50 B. C.). New York : Dutton.

_____. *Plato : Timaeus and Critias*. New York : Penguin, 1972.

Plumb, J. H. *England in the Eighteenth Century*. Santa Fe, N. M. : Gannon, 1950.

Plutarch. *Lives of the Noble Greeks and Romans*. New York : Dell, 1968.

Pocock, J. G. A. "Civic Humanism and Its Role in Anglo-American Thought." *Politics, Language and Time*, 1973, pp. 80-103.

Polanyi, Michael. *Personal Knowledge : Towards a Post-Critical Philosophy*. Chicago : University of Chicago Press, 1958.

Pound, Roscoe. *Jurisprudence*. Vol. 1. St. Paul, Minn. : West Pub., 1959.

Read, Herbert. *The Contrary Experience*. New York : Horizon, 1974.

_____. *The Philosophy of Modern Art*. Folcroft, Penna. : Folcroft, 1973.

Ricardo, David. *Principles of Political Economy and Taxation* (1817). New York : Dutton, 1933.

Richardson, Alan. "When Is a Word an Event?" *The Listener*, 3 June 1965.

River, Louis. *Le Peintre Paul Robert* (1930).

Rookmaaker, H. R. *Art and the Public Today* (1968).

_____. *Modern Art and the Death of a Culture*. Downers Grove, Ill. : Inter-Varsity, 1970.

_____. *Synthetist Art Theories : Genesis and Nature of the Ideas on Art of Gauguin and His Circle* (1959). Republished under the title *Gauguin and Nineteenth Century Art Theory*. Atlantic Highlands, N. J. : Humanities, 1972.

Rousseau, Jean-Jacques. *The Social Contract* (1762). New York : Oxford University Press, 1972.

_____. *Politics and the Arts : Letter to M. d'Alembert on the Theatre* (1758). Ithaca, N. Y. : Cornell University Press, 1968.

_____. *Emile* (1762). New York : Larousse, 1962.

_____. *Confessions* (1766-70). New York : French & European, 1782.

Rutherford, Samuel. *Lex Rex* (1644). (In *The Presbyterian Armoury* 1843.)

Sade, Marquis de. *La Nouvelle Justine* (1791-1797). New York : French & European, 1960.

Sartre, Jean-Paul. *Nausea*. New York : French & European, 1938.

_____. *Existentialisme Est un Humanisme*. New York : French & European, 1947.

Scholes, Percy. *The Oxford Companion to Music* (1938). New York : Oxford University Press, 1970.

Schultz, William L. "The Father's Rights in the Abortion Decision." *Texas Tech Law Review*, VI (Spring, 1975) : 1075-1094.

Schweitzer, Albert. *The Quest for the Historical Jesus* (1906). New York : Macmillan, 1968.

_____. *J. S. Bach*. New York : Macmillan, 1962.

Senghor, Léopold Ségar. *Selected Poems*. New York : Atheneum, 1964.

_____. *On African Socialism*. New York : Praeger, 1964.

Seznec, Jean. *The Survival of the Pagan Gods*. Princeton, N. J. : Princeton University Press, 1972.

Shute, Nevil. *On the Beach*. New York : Morrow, 1957.

Sire, James W. *The Universe Next Door*. Downers Grove, Ill. : Inter-Varsity, 1976.

Skinner, B. F. *Walden Two* (1948). New York : Macmillan, 1960.

_____. *Science and Human Behavior*. New York : Macmillan, 1953.

_____. *Verbal Behavior*. Englewood Cliffs, N. J. : Prentice-Hall, 1957.

_____. *Beyond Freedom and Dignity*. New York : Knopf, 1971.

Slack, Charles W. *Timothy Leary, the Madness of the Sixties and Me*. New York : Wyden, 1974.

Solzhenitsyn, Alexander. *The Gulag Archipelago* I & II. New York : Harper & Row, 1974, 1975.

_____. *Communism : A Legacy of Terror*. 1975.

Southern, R. W. *The Making of the Middle Ages*. New Haven, Conn. : Yale, 1953.

Spencer, Herbert. *Principles of Biology* (1864-1867). 2 vols.

_____. *Principles of Sociology* (1880-1897). 3 vols. Westport, Conn. : Greenwood, 1974.

_____. *Principles of Ethics* (1892-1893). 2 vols.

Spengler, Oswald. *The Decline of the West* (1918-1922). 2 vols. New York : Knopf, 1945.

Sprigge, Sylvia. *Bernard Berenson : A Biography*. Boston : Houghton Mifflin, 1960.

Strayer, J. R. ; Gatzke, H. W. ; Harbison, E. H. ; Dunbauh, E. *The Mainstream of Civilization*. New York : Harcourt Brace Jovanovich, 1969.

Tarsis, Valeriy. *Word 7*. New York : Dutton, 1965.

Taylor, Gordon R. *The Biological Time-Bomb*. New York : New American Library, 1969.

Teilhard de Chardin, Pierre. *The Phenomenon of Man*. New York : Harper & Row, 1959.

Tillich, Paul. *The Courage To Be*. New Haven, Conn. : Yale, 1952.

_____. *Dynamics of Faith*. New York : Harper & Row, 1957.

_____. *Systematic Theology* (1951-1963). 3 vols. Chicago : University of Chicago Press.

Toynbee, Arnold. *A Study of History* (1934-1961). 12 vols. New York : McGraw-Hill, 1972.

Trevelyan, G. M. *English Social History* (1946). New York : Barnes & Noble, 1961.

Valla, Lorenzo. *Treatise of Lorenzo Valla on the Donation of Constantine* (1440). Reprint of 1922. New York : Russell & Russell, 1971.

Vasari, Giorgio. *The Lives of the Painters, Sculptors and Architects* (1550). 4 vols. New York : Dutton.

Vesalius, Andreas. *De Humani Corporis Fabrica* (1543).

Virgil. *The Aeneid* (29-19 B. C.). New York : St. Martins Press, 1964.

Voltaire, Francois Marie Arouet de. *Letters Concerning the English Nation* (1733). Buffalo, N. Y. : University of Toronto Press.

Walther, Johann. *Wittenberg Gesangbuch* (1524).

Watson, James D. "Moving Towards the Clonal Man." *The Atlantic* 227:5 (May 1971) : 50-53.

Westminster Larger Catechism (1648). 1963.

Whitehead, Alfred North. *Science and The Modern World*. New York : Macmillan, 1926.

Windelband, Wilhelm. *A History of Philosophy* (1898). New York : Harper & Row, 1968.

Witherspoon, Joseph P. "Representative Government, the Federal Judicial and Administrative Bureaucracy, and the Right to Life." *Texas Tech Law Review*, VI (Symposium, 1975) : 363-384.

Wordsworth, William. "The Tables Turned." *The Complete Poetical Works of William Wordsworth* (1896). Boston : Houghton Mifflin, 1971.

Wycliffe, John. *The New Testament in English According to the Version by J. Wycliffe About A. D. 1380* (1879).

사명선언문

너희가 흠이 없고 순전하여……세상에서 그들 가운데 빛들로
나타내며 생명의 말씀을 밝혀 _ 빌 2:15-16

1. 생명을 담겠습니다
만드는 책에 주님 주신 생명을 담겠습니다.
그 책으로 복음을 선포하겠습니다.

2. 말씀을 밝히겠습니다
생명의 근본은 말씀입니다.
말씀을 밝혀 성도와 교회의 성장을 돕겠습니다.

3. 빛이 되겠습니다
시대와 영혼의 어두움을 밝혀 주님 앞으로 이끄는
빛이 되는 책을 만들겠습니다.

4. 순전히 행하겠습니다
책을 만들고 전하는 일과 경영하는 일에 부끄러움이 없는
정직함으로 행하겠습니다.

5. 끝까지 전파하겠습니다
모든 사람에게, 땅 끝까지, 주님 오시는 그날까지
복음을 전하는 사명을 다하겠습니다.

서점 안내

광화문점	서울시 종로구 새문안로 69 구세군회관 1층 02)737-2288 / 02)737-4623(F)
강남점	서울시 서초구 신반포로 177 반포쇼핑타운 3동 2층 02)595-1211 / 02)595-3549(F)
구로점	서울시 동작구 시흥대로 602, 3층 302호 02)858-8744 / 02)838-0653(F)
노원점	서울시 노원구 동일로 1366 삼봉빌딩 지하 1층 02)938-7979 / 02)3391-6169(F)
일산점	경기도 고양시 일산서구 중앙로 1391 레이크타운 지하 1층 031)916-8787 / 031)916-8788(F)
의정부점	경기도 의정부시 청사로47번길 12 성산타워 3층 031)845-0600 / 031)852-6930(F)
인터넷서점	www.lifebook.co.kr

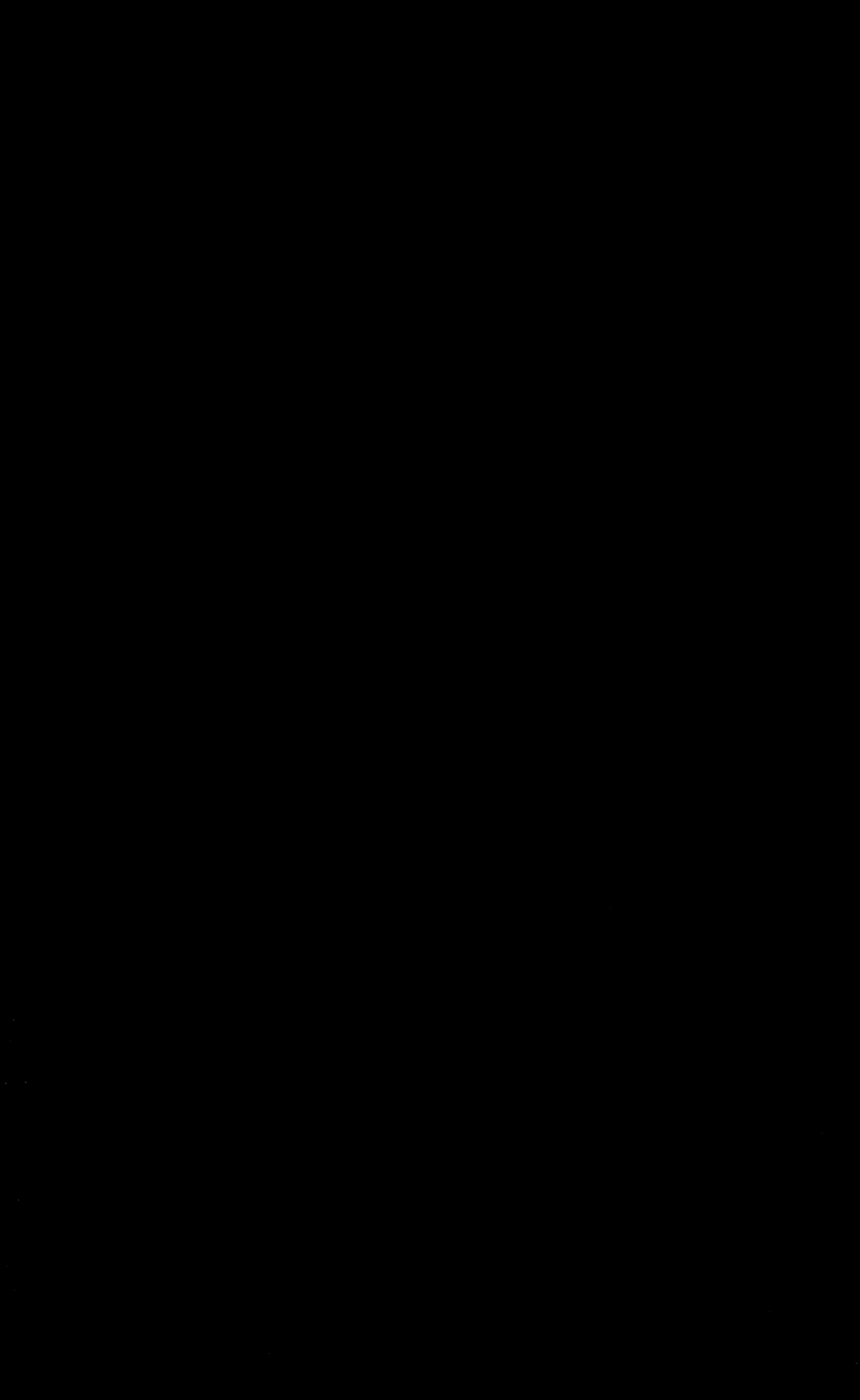